Eva Kantůrková
Verbotene Bürger
Die Frauen der Charta 77

Eva Kantůrková, seit 1970 für ihre literarische und journalistische Tätigkeit mit Berufs- und Publikationsverbot bestraft, erforscht in zwölf Gesprächen die Emanzipationsbestrebungen von zwölf Frauen unter den schwierigen und gefährlichen Bedingungen eines totalitären Staates, der Tschechoslowakei. Frau Kantůrková fragt die Frauen nach ihrem Alltag: Wie kommt eine Frau mit ihrer Familie und den materiellen Umständen zurecht, wenn ihr Mann im Gefängnis sitzt? Wie sieht eine solche Frau, seit Jahren aus der Gesellschaft ausgestoßen, also ein »verbotener Bürger« ihre Aufgaben als Partnerin und Stütze des Mannes? Eva Kantůrková und ihre Gesprächspartnerinnen schlüpfen nicht in die Rollen von Heldinnen oder Märtyrerinnen. Die Sachlichkeit aller ihrer Aussagen ist überzeugend und vermittelt dem Leser Einsicht in eine Welt, in der die Frau, gemeinsam mit ihrem Mann, einen unerbittlichen Kampf für Freiheit und Emanzipation gegen ein allmächtiges politisches System ausficht. Diese Frauen, die alle ein »Familienleben unter Polizeiaufsicht« führen, beweisen bewundernswerten Mut und demonstrieren eine innere Freiheit, die beeindruckt. Die Hoffnung auf ein besseres, auch äußerlich freieres Dasein hat ihnen das »Leben im Ghetto« nicht genommen. Vergebens sucht man Selbstmitleid oder Verbitterung. Jiřina Hrábková, die fünfundzwanzig Jahre als Rundfunk- und Fernsehreporterin arbeitete, mußte nach ihrer Entlassung als Kellnerin in einem Restaurant jobben, später als Verkäuferin. Jarmila Bèliková, die nach einem abgeschlossenen Studium der Psychlogie bei der Resozialisierung von Strafgefangenen mitwirkte, verdient jetzt ihren Lebensunterhalt als Putzfrau. Dennoch: keine Klagen, keine Empörung. Vielmehr werden dem Leser Erfahrungen übermittelt, Schicksale anderer als die der Befragten erzählt, die »noch schlimmer dran sind als wir«. Werte, die sich in unserer Konsumgesellschaft immer mehr verflüchtigen, dringen hier nachhaltig ins Bewußtsein des Lesers, und der Begriff Freiheit zeigt andere Dimensionen auf, andere Inhalte, als der bei uns zum Wahlslogan verwässerte Wortgebrauch.

Eva Kantůrková

Verbotene Bürger

Die Frauen der Charta 77

Mit einem Vorwort von Jiří Lederer

Aus dem Tschechischen übersetzt von
Marianne Pasetti-Svoboda

Langen Müller

Lektorat: Bärbel Lang
Umschlaggestaltung: Nick Hermanns, München
Satz: Filmsatz Schröter GmbH, München
Druck und Binden: Kösel, Kempten
Printed in Germany 1982
ISBN: 3-7844-1934-8

Inhalt

Lob den Frauen, die es ablehnten, den Kopf zu senken ...

I

Meiner Meinung nach sind diese Gespräche mit Frauen eines der bemerkenswertesten Bücher, das in den letzten Jahren in der tschechischen Literatur erschienen ist.
Zwölf Frauen trafen zusammen. Die dreizehnte ist die Autorin, die ihre Fragen stellte. So beinhaltet dieses Buch dreizehn Frauenschicksale. Schicksale, die bei Beendigung des Buches noch nicht abgeschlossen waren. Schicksale, die nach den Gesetzen des Landes, in dem die Gespräche geführt wurden, weitergehen.
Als dieser kleine Band im Exil erschien, wurde seine Autorin – Eva Kantůrková – Verhören des Staatssicherheitsdienstes unterworfen. Während der Verhöre drohte man ihr, falls dieses Buch noch in irgendeiner Fremdsprache erscheinen sollte, würde sie eingesperrt. Und sie wurde eingesperrt. Anfang Mai 1981. Zusammen mit vielen anderen. In dem Augenblick, da ich diese Zeilen schreibe, befindet sich Eva Kantůrková schon sieben Monate hinter den Gittern der Haftanstalt Ruzyň am Rande der Hauptstadt der Tschechoslowakei. Sie hat Verhöre hinter sich, bei denen sie sich würdevoll verhielt. Sie wartet auf ihre Verurteilung, auch wenn ihr die Anklageschrift noch nicht übergeben wurde.
Zusammen mit Eva Kantůrková wurde der Journalist Jiří Ruml und sein Sohn Jan Ruml verhaftet. Beide sind in dem gleichen Gefängnis wie Eva Kantůrková. Die Ehefrau und Mutter der beiden – Jiřina Hrábková – die hier unter den zwölf Frauen vertreten ist, sagte bei ihrem Gespräch: »... in der Familie bilden wir ein Team, das etwas aushält.« Sie blieb

mit ihrem jüngeren Sohn Jakub zu Hause zurück. Sie blieben ein Team, auch wenn es durch den Willen der Machthaber getrennt wurde.
Der Mann Olga Havlovás, der Schriftsteller Václav Havel, ist immer noch im Gefängnis. Der Mann von Anna Šabatová, Peter Uhl, ebenfalls.
Zwei dieser zwölf Frauen sind gezwungen, im Ausland zu leben, weit entfernt von ihren Freunden, weit von diesem schweren Leben, das jedoch auch ihr Leben war: Zdena Tominová in England, Elzbieta Ledererová in Deutschland.

2

Ich weiß nicht, das wievielte Buch von Eva Kantůrková das hier vorliegende ist. Doch in der Literatur kommt es nicht auf die Anzahl der Werke an. Die einundfünfzigjährige Autorin begann ihre Laufbahn als politisch engagierte Journalistin und Kommunistin, die in den Jahren zwischen 1956 und 1968 von der Kommunistischen Partei enttäuscht, sich von ihr löste. In den sechziger Jahren wechselte sie vom journalistischen ins literarische Fach über und schrieb eine Reihe bemerkenswerter Romane und Novellen, *Smuteční slavnost* (Das Trauerfest), *Po potopě* (Nach der Sintflut), *Nulový bod* (Der Nullpunkt), *Pozůstalost pana Abela* (Der Nachlaß des Herrn Abel).In den siebziger Jahren erschienen die Romane *Černá hvězda* (Der schwarze Stern) und *Pán věže* (Der Turmherr), Bücher, die nicht veröffentlicht werden durften.
Als ich in den Jahren 1975–76 mein Buch *Tschechische Gespräche*[1] zusammenstellte, das Aussagen von sechzehn

[1] 1979 in deutscher Übersetzung bei Rowohlt erschienen.

tschechischen Schriftstellern enthalten, unterhielt ich mich auch mit Eva Kantůrková. In diesem eigenen Buch gibt es etliche Stellen, zu denen ich eine außergewöhnliche Beziehung habe, weil sie in verkürzter Form unser Leben, das Schicksal unserer Nation erhellen. Zu ihnen gehören auch die Betrachtungen der Eva Kantůrková. Sie erzählte mir von ihrem Wochenendhäuschen auf dem Land und von den Landbewohnern. Sie sagt über sie: »Es sind intelligente Menschen dort, sie haben viel gelesen, sie kennen die Welt, sie besitzen eine bemerkenswerte Kultur, und sie sind ausgezeichnete Landwirte, geschickte, fähige Menschen mit ausgeprägten und beständigen Ansichten. In einer Hinsicht erstaunen sie mich immer wieder: ihrem gesamten Handeln liegt die Überzeugung zugrunde, daß man nicht mit dem Kopf durch die Wand rennen kann! Die meisten von ihnen haben in den fünfziger Jahren viel mitgemacht, sie wurden gegen ihren Willen in die Landwirtschaftliche Genossenschaft getrieben, und wenn sie mir ihre damalige Haltung schildern oder wenn sie die heutigen Geschehnisse kommentieren, klingt immer wieder eine Einstellung durch: der Weise weiß, wann er den Kopf senken und sich unterwerfen muß. Diese Ansicht kennt natürlich jeder Tscheche, der sich seiner Herkunft bewußt ist; es ist die historisch gewachsene Eigenschaft eines kleinen Volkes, das es geschafft hat, als äußerste Vorhut des Slawentums zu überleben, und wenn es woanders wie eine nicht gerade sympathische Schlauheit klingen sollte, so ist es hier Teil einer zwar etwas sachbezogenen, sonst aber strengen Moral. Der Kraft auszuweichen, das ist in den Augen dieser Menschen nichts Unehrliches, sondern im Gegenteil, eine andere Haltung sehen sie als Narrheit, als Unvernunft an, die nicht ganz moralisch ist. Moralisch ist, sich zu retten, unmoralisch, sich vernichten zu lassen.

So lassen sich zwei grundsätzlich mögliche Einstellungen

finden. Und offensichtlich braucht ein Volk wie das unsere beides: »diejenigen, die mit gesenktem Kopf überleben, und diejenigen, die es ablehnen, den Kopf zu senken und dem Überleben auf diese Weise den eigentlichen Sinn geben«.
Eva Kantůrková lehnte und lehnt es ab, den Kopf zu senken. Darum macht sie das durch, was sie jetzt durchmacht.

3

In unserer Geschichtsschreibung stellen die fünfziger Jahre einen ganz selbständigen Begriff dar. Es ist zugleich ein *terminus technicus,* der laufend im allgemeinen Sprachgebrauch verwendet wird. Die fünfziger Jahre, das heißt bei uns – Justizmorde, Konzentrationslager, Arbeitslager, politische Verfolgung, die Vernichtung der Kirche, die Erniedrigung des Menschen, der Mutwille der politischen Polizei.
Es ist eine Epoche, die – wie viele sagten – die Dunkelperiode in unserer Geschichte darstellt. Es war eine Dunkelheit, die die Kommunistische Partei bewirkt hatte, jene Partei, der die tschechische Bevölkerung im Jahre 1946 das meiste Vertrauen schenkte, über vierzig Prozent der Stimmen. Zur Kommunistischen Partei bekannte sich ein wesentlicher Teil der tschechischen Intelligenz, vor allem der geisteswissenschaftlichen Intelligenz, Schriftsteller, Künstler, viele junge Intellektuelle. Sie alle hatten die Vorstellung, daß die Kommunistische Partei jene gesellschaftliche Kraft ist, die uns alle fast in das Paradies auf Erden führen würde. Statt dessen führte uns diese gesellschaftliche Kraft in die »fünfziger Jahre«.
Diese Jahre bedeuten zugleich den Beginn der Ernüchterung für viele Kommunisten. Sie begann mit Fragen nach den Wurzeln des Übels. Die Entlarvung Stalins und seiner Verbrechen aus dem Frühjahr 1956 war der Anfang. Und der

Höhepunkt dieses Prozesses war der 21. August 1968, die Sowjetinvasion in der Tschechoslowakei, die Okkupation unseres Landes.
Damals begannen die siebziger Jahre. Eine neue Etappe. Ohne Justizmorde, ohne Konzentrationslager, diese so offensichtlichen Methoden der Verfolgung wurden durch ein unvergleichlich feineres Netz von Techniken und Methoden der Staatspolizei ersetzt. Zehntausende Menschen ereilte das Berufsverbot aus politischen Gründen. Eine Menge Künstler, Schriftsteller, Wissenschaftler und Journalisten wurden auf die Liste der Verbotenen gesetzt. Zehntausende Familien mußten ihre Lebensweise ändern, unter ihnen auch viele Arbeiterfamilien.
Die siebziger Jahre begannen im Jahre 1968, als alle Tschechen und Slowaken sagen konnten, was sie dachten und fühlten. Diese Zeit nannten westliche Journalisten »Prager Frühling«. Die Sowjetinvasion kam wie ein verspäteter Frost, der alle Blüten erfrieren ließ.
Die Regierungsmacht der fünfziger Jahre war nach den für die Kommunisten erfolgreichen Wahlen des Jahres 1946, und nach dem Umsturz im Februar 1948, als die Opposition machtlos war, ans Ruder gekommen. Auch wenn es eine undemokratische Macht war, sah es so aus, als repräsentiere sie den Willen der Volksmassen.
Die Regierungsmacht der siebziger Jahre begann nach der Sowjetinvasion und Okkupation. Sie entstand ganz eindeutig durch fremden Willen, durch den Willen des Kremls. Zuerst mußte sie viele freimütige Sprecher der Öffentlichkeit zum Schweigen bringen. Das war der erste Schritt zu Pazifikation beider Nationen – der Tschechen und Slowaken.
Alle literarischen und gesellschaftspolitischen Zeitschriften, die bisher etwas bedeutet hatten, wurden liquidiert. Für einen großen Teil unserer Schriftsteller schlossen sich die Pforten

aller Verlage. Für zahlreiche Künstler schlossen sich Galerien und Ausstellungssäle. Hervorragende Lehrer mußten ihre Schulen verlassen, am meisten betroffen davon waren die Hochschulen. Über eintausend Mitglieder des Journalistenverbandes wurden nicht nur ihrer Mitgliedschaft enthoben, sondern auch ihrer Arbeit in den Redaktionen.

Es begann eine neue Welle der kommunistischen Verfolgung. Wieder öffneten sich die Gefängnisse für politisch Verfolgte. Über zehntausend Tschechen und Slowaken flüchteten ins Ausland.

Die Tschechoslowakei erlosch. Ihre Stimme verstummte. Die kommunistische Macht, ohne jedwede soziale Unterstützung, fühlte sich schwach, isoliert, ratlos. Sie wehrte sich gegen die Proteste aus dem Ausland und schrie in die Welt hinaus, daß in der Tschechoslowakei weder jemand für seine politische Tätigkeit im Jahre 1968, noch für seine politische Überzeugung verfolgt würde. Und während dieses Geschreis wurden die Menschen aus ihren Wohnungen geholt und hinter Gitter gesetzt.

Die Regierungsmacht kümmerte sich vor allem darum, daß das Land schwieg, daß sich keine noch so kleine Stimme meldete, und zugleich kümmerte sie sich darum, daß sie den Leuten so viel Konsumgüter wie möglich anbieten konnte. Das Ziel war klar: aus den Bürgern Konsumenten zu machen. Schweigende Konsumenten.

Und so begannen die durch den Willen des Kremls an die Macht Gekommenen eine ohrenbetäubende Propaganda gegen das Jahr 1968, eine Propaganda, die den Leuten vorlog, daß die Sowjetarmee mit ihrer Invasion die Tschechoslowakei vor einem Blutvergießen bewahrt habe. Und sie begann eilends mit größter Mühe den Markt mit verlockenden Waren zu füllen. Und sie begann denen, die sich nicht anpassen wollten, an die Gurgel zu greifen.

Die Listen der Verbote nahmen ständig zu. Was bisher und was jetzt alles zum Verbotenen gehörte: Autoren, Bücher, Filme, Bilder, Plastiken, Theaterstücke, Kompositionen, wissenschaftliche Werke, philosophische Essays, und vor allem Geschichtswerke.
Solche Regierenden leben nur aus der Angst. Sie fürchten alles, was anders aussieht als sie selbst, was anders klingt, als ihre eigene Stimme. Sie fürchten sich vor allem, was nach Gedanken nur riecht, was mit dem eigenen Verstand und mit brennendem Herzen schreit. Und dabei sind gerade Letztere die eigentlichen Repräsentanten der siebziger Jahre in der Tschechoslowakei.

4

Zu Beginn jener Jahre schrieb Ludvík Vaculík den Roman *Morčata* (Die Meerschweinchen)[1]. Und er schrieb das Manuskript auf der Schreibmaschine in mehreren Kopien ab, Freunde banden sie ihm zu Büchern. Zehn Stück »Meerschweinchen«, das war der Anfang von dem, was sich zu der sogenannten *Edice Petlice*[2] ausweitete. Es war ein Akt der Selbsterhaltung. Die Kultur schützte sich selbst gegen ihre Schergen, die kein Erbarmen kannten.
Auf dem geistigen Friedhof der Tschechoslowakei der siebziger Jahre begann selbständig eine neue Blume zu wachsen.

[1] Deutsch 1970 im Reich Verlag, Luzern, erschienen.

[2] *Edice Petlice,* Edition hinter Schloß und Riegel, im Jahr 1972 von Ludvík Vaculík gegründete »Herausgebergemeinschaft«, in welcher 30mal auf der Schreibmaschine abgeschrieben Werke derjenigen tschechischen und slowakischen Autoren erscheinen, die Berufs- und Publikationsverbot haben; es sind seit 1969 an die dreihundert Schriftsteller, Lyriker und Theaterautoren. In dieser Edition, die Ludvík Vaculík leitet, erschienen seit 1972 bis 1981 an die 220 neue Werke der verbotenen Autoren.

Leise, unauffällig, ohne Geschrei, doch um so zäher schlug sie Wurzeln. Und sie bewies vielen, daß man sich gegen alle und gegen alles zur Wehr setzen kann. Selbst gegen das Schlimmste.

Zweihundert Bücher sind im Laufe der zehn Jahre in der *Edice Petlice* erschienen. Und außerhalb dieser Edition noch viele andere Bücher. Es entstanden Zeitschriften – literarische, theologische, politische, ökonomische, historische. Der tschechoslowakische *Samizdat*[1] der siebziger Jahre stellt eine umfangreiche Bibliothek dar. Unabhängiges Denken, unabhängiges Schaffen bewies sich, der Nation und der Welt, daß es lebensfähig ist.

Eine große Hilfe für diese Kulturbewegung war das Echo im Ausland. Vor allem im tschechoslowakischen Exil, das hervorragende Zeitschriften und gut funktionierende Verlage besitzt. Und wichtig war auch die Tatsache, daß unsere Autoren ins Deutsche, Französische, Italienische, Englische, Schwedische und andere Sprachen übersetzt wurden.

Die verbotenen Musiker spielten in geschlossenen häuslichen Gesellschaften. In Privatwohnungen wurden Theatervorstellungen veranstaltet. Die bildenden Künstler organisierten ihre Ausstellungen auf privatem Grund und Boden oder in Privathäusern. Daran beteiligten sich auch katholische und evangelische Geistliche, sie sangen, predigten und schrieben. Es entstand sogar ein konfessioneller *Samizdat,* der in seiner Breitenwirkung und Intensität die anderen noch übertraf.

Auf dieser Grundlage und in dieser Atmosphäre wurde – unter dem Einfluß einer Reihe von internationalen Faktoren, wie der Konferenz von Helsinki und dem polnischen KOR, der Ausschuß zum Schutze der Arbeiter – eine weite Selbst-

[1] *Samizdat,* aus dem Russischen übernommene neue Wortbildung, die allgemein die Herausgebergemeinschaften und Publikationen im literarischen Untergrund bezeichnet.

verteidigungsbewegung geboren – die Charta 77. Eine humanitäre Bewegung, die nichts mehr wollte, als daß die tschechoslowakischen Machtorgane die Menschenrechte und geltenden Gesetze respektieren. Eine Bewegung, die allen Menschen guten Willens offensteht, ohne Rücksicht auf ihre Herkunft und ihre Weltanschauung. Eine Bewegung, die öffentlich arbeitet, ohne ihre Vorhaben und Schritte zu verbergen, ohne konspirative Methoden. Unmittelbar nach Verkündigung des Manifests der Charta 77 begann die Regierungsmacht nicht nur eine lange noch nicht dagewesene Verleumdungskampagne, sondern auch eine Jagd nach den Chartisten, vor allem nach denen, welche die Machthaber für ihre Inspiratoren hielt. Propaganda und Staatssicherheitsdienst arbeiteten auf vollen Touren.

Die Bewegung der Charta bedeutete den befreienden Augenblick für alle, die sich an ihr beteiligten. Sie zertrümmerte den Panzer der Isolation, auf den das Regime seit dem Jahre 1969 hingearbeitet hatte. Sie wurde zu einer Gemeinschaft von Menschen eines Glaubens. Die Gemeinschaft stärkte jeden Einzelnen, der bisher allein gegen Macht und Willkür des Partei- und Polizeiapparates zu kämpfen hatte. Die Unterzeichner der Charta 77, jetzt eine feste Gemeinschaft, bildeten 1978 den Ausschuß zur Verteidigung zu Unrecht Verfolgter (VONS = Výbor na abranu nespravedlivě stíhaných). Er wurde von siebzehn Bürgern gegründet – sechs davon waren Frauen.

Unter den ersten Sprechern der Charta war ebenfalls eine Frau.

5

Was ich bisher geschrieben habe, skizziert die Entwicklung der siebziger Jahre in der Tschechoslowakei. Nach diesem Schema läuft das gewöhnliche, alltägliche Leben ab. Die Leidtragenden sind – so ist es nun einmal – vor allem die Frauen, die sich um den Ablauf des Haushalts und um die Kinder kümmern müssen und häufig auch noch zur Arbeit gehen.

Diese Sorge haben auch die Frauen in Deutschland, in Frankreich, in Schweden und anderswo im Westen. Unsere Sorgen sind jedoch dank der überall gegenwärtigen Polizeispitzel weitaus vielschichtiger. Sie führen Akten über uns, setzen ihre Leute auf unsere Fährte, folgen uns überall hin – hören unsere Telefone ab. Sie machen selbst vor unserem Arbeitsplatz nicht halt, sie fordern genaue Informationen darüber, wie wir denken. Sie verfolgen unsere Kinder in den Schulen.

In politisch extremen Fällen bespitzeln uns ihre rüden Polizisten rund um die Uhr. Manchmal stehen sie vierundzwanzig Stunden täglich vor den Türen unserer Wohnungen und notieren jeden, der uns besuchen will, und den sie meist nicht einlassen.

Die Polizisten brechen mit Gewalt in unsere Wohnungen ein. Ohne Rücksicht darauf, daß dort vielleicht alte oder kranke Menschen leben, und ohne Rücksicht auf anwesende Kinder. Sie wühlen in unseren Kleiderschränken, in unseren Betten, in unseren Schreibtischen und vor allem in unseren Bibliotheken. Wie Jagdhunde stürzen sie sich auf alles bedruckte und beschriebene Papier. Sie beschlagnahmen unsere Schreibmaschinen, sie beschlagnahmen einfach alles.

Die Polizei veranlaßt unseren Hinausschmiß aus der Arbeit, und der Leiter des Betriebes entläßt uns ohne Wimpernzuk-

ken und völlig grundlos, sobald er den Befehl dazu bekommt. Sie nehmen uns die Telefone weg. Sie nehmen uns die Führerscheine ab.
Man kann keinen Tag, keine Nacht davor sicher sein, ob sie nicht wiederkommen. Man lebt in einem kräftezehrenden Spannungszustand, in einer entsetzlichen Unruhe, die einem den Schlaf raubt und Nerven-, Magenstörungen und andere Krankheiten verursacht.
Niemals weiß man, wann sie einen zum Verhör holen, wo sie einen anschreien werden, wo sie sich irrwitzige Anschuldigungen ausdenken. Die Frauen führen sie gewaltsam zur Untersuchung in die Venerische Abteilung eines Krankenhauses, um sie zu demütigen und zu verletzen.
Und weil dies alles nichts half, und weil die Menschen sich weiterhin ihren Teil denken, weil sie nicht auf ihre unabhängige Meinung und freie Meinungsäußerung verzichten wollen, greifen sie immer öfter zu brutalen Mitteln. Vier Stunden ohne Unterbrechung schlugen sie einen Mann, brannten ihn mit dem Feuerzeug, drohten ihn zu erschlagen. Andere wieder brachten sie gefesselt weit aus der Stadt heraus, fünfzig, sechzig, siebzig Kilometer, und setzten sie dort mitten in der Nacht auf freiem Feld aus, stießen sie zu Boden, bis sie bewußtlos waren, und ließen sie einfach liegen. Nur durch Zufall hat bisher keiner von uns sein Leben verloren. Obgleich in dem Augenblick, da ich diese Zeilen schreibe, ich die Nachricht erhalte, daß es bereits das erste Todesopfer gab. Einer von uns ist in den Abgrund einer Schlucht geworfen worden, die bezeichnenderweise *Macocha* (Stiefmutter) heißt, eine Schlucht in der Nähe von Brünn.
Spät nach Mitternacht stürmten sie in die Wohnung einer Frau, die allein lebt, banden ihr die Augen zu, rissen ihr die Kleider vom Leib und vergewaltigten sie.
Niemand kann sich an irgend jemanden wenden. Man kann

an den Generalstaatsanwalt, an den Ministerpräsidenten, an den Präsidenten der Republik schreiben – niemand hört einen. Die Polizei hat freie Hand. Uneingeschränkt.

Und die Frauen zittern. Aus Angst um den Mann, um die Kinder, um Freunde, um Nahestehende, auch um sich selbst.

In einer solchen Atmosphäre leben nicht nur diese zwölf Frauen, mit denen Eva Kantůrková ihre Gespräche führte. So leben alle, die es ablehnen, den Kopf zu senken. Es sind ihrer Tausende. Und neben ihnen Millionen von denen, die mit gesenktem Kopf zu überleben versuchen.

Jiří Lederer

Griesbach (BRD)
November 1981

Olga Havlová:
»Was ist denn schon sicher?«

Mit Olga Havlová traf ich mich im Café Slavia, einem der letzten stilechten Kaffeehäuser in Prag, in dem schon im letzten Drittel des vorigen Jahrhunderts die Prager intellektuelle Oberschicht zu sitzen pflegte. Wie sich doch alles verändert hat. Im Kaffeehaus überwiegen jetzt Afrikaner und Araber, andere vermögende Ausländer halten sich wohl nicht für längere Zeit in Prag auf. Fast verschwunden ist das zärtliche Geplauder der Homos, und die Damen bei ihrem Täßchen Kaffee sind auch schon recht altersgrau. Unerschütterlich harrt hier seit mehr als zwei Jahrzehnten der literarische Stammtisch der unabhängigen Schriftsteller aus. Durch die breiten Fenster schauen Olga und ich auf die Burg, die Karlsbrücke, und die Inseln in der Moldau leuchten herbstlich. Frau Havlová trägt einen weißen Sweater und einen braunbeigen Rock und sieht sehr hübsch aus.

»Ich weiß nichts von Ihnen, Frau Olga. Sie sind eine Frau, die irgendwie unnahbar wirkt. Sie sind leicht verletzlich und, wie ich glaube, introvertiert, obwohl Sie nach meinem ersten Eindruck recht selbstbewußt auftreten und eine ausgeprägte Meinung haben. Vielleicht ist das aber auch nur ein oberflächlicher erster Eindruck. Können Sie mir sagen, aus welchem Milieu Sie kommen und was für einen Beruf Sie haben, können Sie mir überhaupt etwas über sich erzählen?«
»Ich stamme aus Žižkov[1], Mutter und Vater waren Arbeiter. Als ich sechs Jahre alt war, ließ Mutter sich scheiden und

[1] Žižkov, deutsch Veitsberg, Stadtteil von Prag, das Proletarierviertel, vor dem II. Weltkrieg die Hochburg der tschechischen KP.

sorgte allein für uns. Ich habe noch eine Schwester und einen Bruder. Ich wuchs vorwiegend auf der Straße auf, ich war wild und ungezogen. Ich erkannte keine Autorität an. Ich las was ich wollte, ging in jugendverbotene Filme. Nebenbei mußte ich mich um die fünf Kinder meiner elf Jahre älteren Schwester kümmern. So war ich schon seit meinem zehnten Lebensjahr damit beschäftigt, meine Neffen und Nichten zu baden, zu füttern und zu wickeln. Auf der einen Seite die absolute Freiheit, auf der anderen die Verantwortung. Wir sind eine große Familie. Es ist gut, eine große Familie zu haben. Wenn ich noch die Havels dazuzähle – wir halten alle fest zusammen.«

»Haben Sie studiert?«

»Nein.«

»Also haben Sie einen praktischen Beruf erlernt?«

»Nein. Ich wurde nur angelernt. Als Strumpf-Repassiererin bei Baťa[1]. Ich wollte eigenes Geld verdienen.«

»Und dann?«

»Ich hatte einen Unfall. Meine Neugier war schuld daran. Ein Arbeiter hatte seine Schneidemaschine verlassen, ich wollte sie ausprobieren, es wurden gerade Oberteile für Hausschuhe zugeschnitten. Die Maschine schnitt mir die Fingerkuppen der linken Hand ab. Danach arbeitete ich im Büro. Ich war einige Jahre Kontoristin, auch Verkäuferin und Lagerverwalterin. Zuletzt Platzanweiserin.«

»Wann haben Sie Václav Havel geheiratet?«

»Im Jahre 1964. Vorher ging ich acht Jahre lang mit Vašek.«

»Wo haben Sie einander kennengelernt?«

[1] Baťa, Schuhfabrikant aus der mährischen Stadt Zlin (seit 1949 Gottwaldov), hatte bis zur Verstaatlichung seiner zahlreichen Schuh- und Textilfabriken 1945 fast in jedem größeren Ort der CSR seine eigenen Schuhwarenhäuser und Reparaturwerkstätten aufgebaut.

»Hier im Café Slavia. Ich hatte eine Freundin. Vašek arbeitete eine Zeitlang im chemischen Labor mit ihr zusammen, sie brachte mich hierher. Es gefiel mir hier. Hier wurden Schauspieler ›eingekauft‹. Früher gab es mehr Stammtische hier, nicht nur den literarischen. Es kamen auch viele Schwule her. Die Schriftsteller haben uns von Anfang an fasziniert. Jiří Kolář[1] saß damals schon hier. Josef Hiršal[2], Jan Vladislav[3]. Auch Hrabal[4] war dabei. Dann luden sie auch uns manchmal ein.«

»Schrieb da Havel schon?«

»Vašek war damals Kulissenschieber, dann Dramaturg im ›Theater am Geländer‹. Ich arbeitete als Kontoristin im Bazar in der Skořepka, doch das ging nicht lange. Tagsüber zu arbeiten, abends mit ihm im Theater zu sein, und dann oft noch bis in die Nacht hinein Gespräche mit Freunden! ›Am Geländer‹ suchten sie gerade eine Platzanweiserin, so nahm ich das an.«

»Haben Sie groß geheiratet?«

»Wir heirateten ganz heimlich. Ich war einunddreißig, Vašek achtundzwanzig.«

1 Jiří Kolář, * 1914, Dichter und international bekannter Collagist. Lebt in Prag. (Kurzbiographie Fischer TB 2157, S. 369)

2 Josef Hiršal, * 1920, bekannter Lyriker, Übersetzer und Herausgeber einzelner Werke von Heinrich Heine, Christian Morgenstern, Hans Magnus Enzensberger. Lebt in Prag.

3 Jan Vladislav, * 1923, Lyriker, Essayist, Übersetzer und Kinderbuchautor. Lebt in Paris. (Kurzbiographie Fischer TB 2157, S. 376)

4 Bohumil Hrabal, * 1914, Prosaist, eine der herausragendsten Persönlichkeiten der zeitgenössischen tschech. Literatur. (Siehe die Studie von Václav Černý, *Der große Bafler,* in *Kontinent,* Sondernummer Prag). In deutscher Übersetzung sind im Suhrkamp Verlag erschienen: *Tanzstunden für Erwachsene und Fortgeschrittene* (1966), *Die Bafler* (1966), *Reise nach Sondervorschrift, Zuglauf überwacht* (1968), *Moritaten und Legenden* (1973).

»Also Liebe.«

»Wir mögen dieselben Bilder. Wir lachen über dieselben Dinge, dieselben Dinge fuchsen uns. Wir essen beide gern gut. Wir haben gemeinsame Freunde. Als wir heirateten, wurden meine Freunde auch die von Vašek und umgekehrt. Wir waren dauernd zusammen, bis ich ihm sagte – ›geh auch mal allein weg, laß uns nicht wie Siamesische Zwillinge zusammenhängen!‹ Vašek begann zuerst Gedichte zu schreiben. Ich ging gern ins Theater, durch mich begann er sich fürs Theater zu interessieren. Vašek schreibt lange an einem Stück, macht mehrere Versionen. Und manchmal weckt er mich mitten in der Nacht und liest mir eine Szene vor, die er gerade geschrieben hat. Wir haben immer alles gemeinsam gemacht.«

»Sie sagten, daß Sie beide gern essen. Wer kocht?«

»Vašek! Kochen ist seine Leidenschaft. Auf seinen Ruf als Koch bildet er sich mehr ein als auf seinen Ruf als Schriftsteller. Er experimentiert gern. Manchmal gelingt ihm ein Experiment auch nicht. Er würzt die Speisen scharf und pikant. Wer seine Schöpfungen kostet, vergißt sie nie. Ich koche mehr klassisch, hauptsächlich ausgiebige Suppen und Soßen. Und ich backe. Für sich selbst kocht Vašek nicht, nur für andere. Wenn wir Gäste erwarten, bereitet er sich den ganzen Tag darauf vor. Ich mache das Konzept, Vašek das Essen. Kochbücher sind meine liebste Lektüre. Ein Kochbuch lese ich vom Anfang bis zum Ende durch. Ich suche ein Rezept aus und Vašek paßt es seiner Fantasie an.«

»Haben Sie irgendein Rezept, das Sie besonders mögen?«

»Jetzt richte ich nach einem Spezial-Rezept die Päckchen für Vašek ins Gefängnis her. Damit alles nahrhaft ist und viele Vitamine und Abwehrstoffe enthält. Wichtig sind Zwiebel und Knoblauch. Ich kaufe Fisch und schichte ihn in Kunststoffbehälter mit Zwiebelscheiben, Knoblauch und Kräutern. Die Kräuter ziehe ich selbst, Liebstöckl, Salbei, Thymian, Melisse, Minze, Basilikum.«

»Also, Sie sind verheiratet. Sie arbeiten mit Ihrem Mann im Theater, alles erleben Sie mit ihm gemeinsam. Er schreibt Stücke, Premieren werden vorbereitet, sie führen Diskussionen, es geht fröhlich zu, Sie sind überall dabei ... «

»Das Theater ›Am Geländer‹ wurde später renoviert. Und als das Jahr 1968 kam, ging ich nicht mehr dorthin zurück. 1969 verdrängte Vodička Vašek aus dem Theater, und 1969 waren wir das letzte Mal zusammen im Ausland. Seit dieser Zeit sind wir Dorfbewohner geworden.«

Sie haben neulich hier im Café Slavia die Fotografie eines Wachhäuschens der Polizei bei Ihnen in Hrádeček[1] gezeigt: »Ist das ein Wochenendhaus?«

»Ja. Mit einem riesigen Garten voller Obstbäume und Blumen. Und einem großen Feld.«

»Einem Feld?«

»Ich habe jetzt niemanden, der uns das umpflügen würde. Die von der Forstverwaltung wagen es nicht. Deswegen bearbeite ich nur den Garten.«

»Bei unserem Wochenendhäuschen macht mir der Rasen zu schaffen. Können Sie Rasen mähen?«

»Als Tom Stoppard zu uns kam, stand ich gerade mit einer Sense auf dem Hof. Ich kann es nicht wie die Bauern, die streicheln das Gras nur so, ich muß mich bücken und mit Kraft mähen. Das Kreuz tut mir dann weh, aber es geht.«

»Sie sind sehr geschickt. Ich kann nur mit einer Sichel schneiden.«

»Mit einer Sichel ist das nichts.«

»Frau Olga, in der Vorstellung mancher Leute scheint sich

[1] Hrádeček, ein Ort in der Nähe von Trutnov (deutsch Trautenau), in dem Václav Havel ein Bauernhaus renoviert hat und es bis zu seiner Verhaftung bewohnte.

Havels Leben irgendwie zu teilen: In den sechziger Jahren ein berühmter Dramatiker, in den Siebzigern ein berüchtigter Dissident...

»Dramatiker ist er nicht so leicht geworden. Auch in den sechziger Jahren hatte er Schwierigkeiten mit der Zensur. Und in den siebziger Jahren spielen sie ihn weiter, wenn auch nicht hier. Wenn aber Vašek etwas vermißt, dann die Möglichkeit, aktiv Theater zu machen. ›Am Geländer‹ bemühte er sich um ein neues Theaterkonzept, zuerst mit Vyskočil[1], und dann mit Grossmann.[2] Vašek wollte niemals nur Dramatiker sein. Er betrachtete das Theater als Ganzes und sich selbst als ein Teil des Ganzen. Wenn der Dramatiker auf Drängen des Ensembles ein neues Stück schreibt, ist das der richtige Ausgangspunkt. Sein Verleger in Hamburg kümmert sich zwar sehr um seine Stücke, aber er ist zu weit weg. Die ›Bettleroper‹ schrieb Vašek auch auf Bestellung, als Auftragsarbeit für ein Prager Theater.«

»Frau Olga, ich kenne Ihren Mann vor allem aus seinen Texten und seinen Leistungen, wie die meisten Menschen, und ich möchte Sie fragen: Wurzelt Havels Haltung, jene kompromißlose, konsequente Haltung, die ihm schon zum zweiten Mal eine Gefängnisstrafe einbrachte, in seiner Persönlichkeit? Oder hat ihn die gesellschaftliche Situation so geprägt, in die er nach dem Februar 1948 und dann erneut und endgültig nach dem August 1968 gedrängt wurde? Anders gesagt: Manche Leute, ich meine jetzt unsere Leute in der

[1] Ivan Vyskočil, * 1929, studierte Psychologie, war Lehrer, Schauspieler, Regisseur. Bekannt als Dramatiker, gründete zus. mit Jiří Suchý das ›Theater am Geländer‹ in Prag und war bis 1962 dessen künstlerischer Leiter. Lebt heute als Schriftsteller in Prag. In deutscher Übersetzung sind im Suhrkamp Verlag erschienen: *Und dabei ist Fliegen ganz leicht* (1963), *Knochen* (1967), *Bei-Spiele* (1969)

[2] Jan Grossmann, Theatertheoretiker, Regisseur u. Dramaturg.

Opposition, halten Havels öffentliche Aktivitäten für radikal, überspannt. Ist das wahr? Würde sich Havel wesentlich anders verhalten, wenn er anderswo lebte?«

»So kann man es nicht sagen. Weil Vašek so ist, wie er ist, tut er bestimmte Dinge. Er ist überhaupt nicht radikal, eher versöhnlich. Es gelingt ihm, Leute mit verschiedenen Meinungen zusammenzubringen, Standpunkte auszugleichen. Vašek ist kein Rebell im wahren Sinne des Wortes. Er sehnt sich nach Harmonie, er wünscht sich Eintracht. Im Westen würde er sich wahrscheinlich den Grünen anschließen. Er wünscht sich Eintracht, zugleich aber Bewegung. Er hat Verständnis für alles Neue, ist ihm aufgeschlossen. Im Leben und in der Literatur, überhaupt in der Kunst. Er ist selbstbewußt und demütig zugleich. Vašek mag die Menschen und er kann verzeihen. Eher als ich, ich kann schwer verzeihen.«

»Stimmen Sie mit Ihrem Mann in allem überein? Ich habe aufmerksam seinen letzten Text *Versuch, in der Wahrheit zu leben*[1] gelesen. Halten Sie seine Einstellung für realistisch?«

»Als Vašek diesen Essay schrieb, sprachen wir ganze Abende darüber, ich habe zu allen seinen Texten eine etwas andere Beziehung...«

»Gut, erlauben Sie mir, anders zu fragen: Unterstützen Sie Ihren Mann in seinen Ansichten? Oder reden Sie sie ihm manchmal aus?«

»Vašek entschließt sich schnell. Ich objektiviere viel mehr, drehe eine Sache nach allen Seiten. Aber mit seiner Gefangenschaft haben wir von Anfang an gerechnet. Wann immer wir auch von diesen Dingen sprachen, machte ich ihn eindringlich darauf aufmerksam, daß ihn das Schlimmste erwarten kann.«

[1] rororo aktuell 1980

»Frau Olga, vor nicht ganz einem Jahr, ein paar Monate, ehe man Ihren Mann mit zehn weiteren Mitgliedern des ›Ausschusses zur Verteidigung zu Unrecht Verfolgter‹ eingesperrt hatte, schrieb Ludvík Vaculík[1] ein Feuilleton darüber, ob es die einzige Art von Tapferkeit sei, ins Gefängnis zu kommen. Vaculík fragte im wesentlichen, ob es sich lohnt, ins Gefängnis zu kommen und rät zur Nüchternheit. Havel antwortete – und mit ihm viele andere – daß ja nicht sie selbst über die Inhaftierung der Regime-Gegner und über die Gründe der Gefangennahme entscheiden. Was hielten Sie von dieser Auseinandersetzung?«
»Vašeks Antwort schien mir unnötig emotionell. Vielleicht hätte er nicht gleich schreiben sollen, so aufgebracht wie er war.«
»Ihr Mann bekam recht – mit seiner Inhaftierung.«
»Vaculík war jetzt bei mir, wir sprachen darüber. Vielleicht würde ich auch anders denken, wenn ich mit Vašek Kinder hätte. Mir ist das bei meiner Mutter bewußt geworden. Sie hat noch heute Angst um mich. Ein Kind bleibt für eine Mutter immer das Kind, wie alt es auch sein mag.«
»Fühlen Sie sich durch die Verfolgung und die Verurteilung Ihres Mannes nicht ausgestoßen aus der Welt der sogenannten normalen Leute?«
»Ich erkenne das nicht an, wenn man sagt, die sind normal, jene sind nicht normal. Ich verhalte mich so, wie ich denke, jeder soll das tun, wozu er Kraft hat. Ist ein Spitzensportler denn normal? Ein Mathematikgenie? Ein Kosmonaut? Oder

[1] Ludvík Vaculík, * 1926, Prosaist und Publizist. Einer der populärsten Wortführer des ›Prager Frühlings‹. Veröffentlichte 1968 das bekannte *Manifest der 2000 Worte* (deutsch bei Suhrkamp erschienen). In deutscher Übersetzung liegen seine Romane *Das Beil* (1971), *Die Meerschweinchen* (1971) und zahlreiche Feuilletons vor. (Kurzbiographie Fischer RB 2167, S. 375)

ein Bauer, der Gift auf die Felder schüttet und weiß, daß er damit sein Feld vernichtet? Mir kommen die Leute nicht normal vor, die tun, als sei nichts geschehen, die nichts hören, nichts sehen wollen. Und als man uns heuer in Hrádeček bewachte, war es die Polizei, die als Außenseiter angesehen wurde, nicht wir. Der Spieß dreht sich bisweilen um. Ab und zu erleben wir etwas Schönes, das uns für alle Unannehmlichkeiten voll entschädigt. Eine Premiere etwa. Oder wenn Freunde nach Hrádeček kommen. Oder wenn es gelingt, etwas zu feiern. Oder ein Konzert.«

»Wie verhalten sich die Leute Ihnen gegenüber?«

»Normal menschlich.«

»Mutig?«

»Ich würde nicht sagen mutig. Einfach menschlich, ganz selbstverständlich menschlich. Anfangs, als sie uns noch nicht richtig kannten und uns nur für irgendwelche Prager auf dem Lande hielten, kümmerten sie sich gar nicht um uns. Erst seitdem wir von der Polizei verfolgt wurden, grüßen sie uns freundschaftlich. Die Polizei hat unseren Nachbarn unter Drohungen verboten, mit uns zu verkehren. Wir sind dort in den Bergen, die Menschen wohnen weit voneinander entfernt, einer braucht den andern. Deshalb ist so ein Verbot besonders unmenschlich. Ein Beispiel. Wir durften nicht mehr mit dem eigenen Wagen fahren, ein Nachbar sah mich zu Fuß in die Stadt gehen und nahm mich in seinem Auto mit. Dafür haben sie ihm den Führerschein abgenommen. Die sind auf der Rutsche, die Polizei, die Behörden, der ganze Machtapparat.«

»Auf der Rutsche?«

»Auf der Rutsche sagen wir, wenn ich etwa am Nachmittag einen Freund treffe und wir gehen uns ein Gläschen genehmigen. Dann gibt es kein Halten mehr, es geht womöglich bis zum Morgen durch.«

»Bei ihnen gibt's kein Halten mehr?«
»Sie haben jeglichen Anstand verloren. Sie haben alle Hemmungen über Bord geworfen. Wenn sie sich das bei Patočkas [1] Begräbnis erlaubten, dann erlauben sie sich alles. Im Februar 1948 [2] war ich fünfzehn. Im Juni 1950 ging ich über den Wenzelsplatz und hörte im Rundfunk den Prozeß gegen die Horákova.[3] Dann fuhr ich mit dem Zug und sah bei Příbram [4] die Konzentrationslager. Das hat mich geformt. Macht schützt nur sich selbst, sie fühlt sich von allen bedroht.
»Frau Olga, was ermöglicht es Ihnen, sich zu entscheiden? Wonach richten Sie sich im Leben?«
»Ich weiß nicht, was ich darauf antworten sollte.«
»Glauben Sie zum Beispiel an Gott?«
»Das möchte ich selbst manchmal wissen.«
»Oder an Horoskope?«
»Hierzu kann man nicht sagen – ich glaube, ich glaube nicht.«
»Ihrem Mann hat man während der Gefangenschaft und noch vor seinem Prozeß die Möglichkeit geboten, ins Ausland zu gehen, nach New York, um an der Inszenierung seiner Stücke

[1] Jan Patočka, Philosoph, * 1907, gest. 1977 in Prag nach einem Verhör durch den Staatssicherheitsdienst als Sprecher der CHARTA 77; studierte an der Karls-Universität und der Sorbonne, Stipendiat an deutschen Universitäten. Habilitierte sich 1937 an der philosoph. Fakultät der Karls-Universität. Pädagogische Hochschultätigkeit. 1972 Ehrendoktorwürde der TH Aachen – dafür zum dritten Mal seines Postens enth. u. in den Ruhestand versetzt.

[2] Februar 1948, kommunistischer Putsch und Machtübernahme in der Tschechoslowakei

[3] Milada Horáková, war Abgeordnete der Volkssozialistischen Partei, wurde 1951 in einem Schauprozeß grundlos zum Tode verurteilt und hingerichtet.

[4] Příbram, Stadt südlich von Prag. Uranbergwerke mit Lagern für politische Häftlinge; jetzt arbeiten in den Uranbergwerken Kriminelle.

mitzuarbeiten. Václav Havel hat das abgelehnt, er wollte nicht das Gefängnis verlassen, in dem seine Freunde, die man mit ihm zusammen eingesperrt hatte, zurückgeblieben wären. Hatten Sie Anteil an seiner Entscheidung?«

»Ich wurde nach Ruzyň[1] gerufen. Vašek sagte mir nur kurz, was er von dem Angebot hält. Und ich antwortete, ja, da bin ich froh. Ich war froh, daß er sich so entschieden hatte.«

»Sie haben ihm keinerlei Rat gegeben?«

»Ich würde es nicht wagen, jemandem einen Rat zu geben – wenn ich selbst nicht weiß, wie ich mich verhalten würde.«

»Hat man auch Sie manchmal belästigt? Ich meine, sind auch Sie verhört worden?«

»Ich hatte nur ein Gespräch mit einem Herrn Říha vom Innenministerium. Das war 1977, als man für Vašek Garantien forderte, um ihn auf Bewährung freizulassen.«

»Wollen Sie darüber sprechen? Ihr Mann verbürgte sich dem Prokurator dafür, in Zukunft nicht mehr Sprecher der Charta zu sein, und der Sicherheitsdienst veröffentlichte dann seine Bürgschaft entstellt und mißbrauchte sie.«

»Vašek ist auf sie hereingefallen. Er wußte von nichts. Nichts von der Charta, nichts davon, was sich draußen abspielte. Das war ein Fehler. Aber es war ebenso mein Fehler. Ich handelte unbedacht. Ich sagte diesem Říha, daß Vašek sicher weiß, was er machen soll und daß er, was er macht, auch gut macht. Dieser Říha sprach so verschwommen. Ich hätte auf seine undurchsichtigen Reden nicht antworten sollen. Ich hätte darum bitten sollen, mit Vašek sprechen zu können. Es war unser beider Fehler.«

»Ihren Mann hat das lange gequält. Er wollte über seine Erfahrungen schreiben.«

[1] Ruzyň, Vorort von Prag – Sitz des Staatssicherheitsdienstes, zugleich das größte Gefängnis in Prag, alle politischen Häftlinge aus Prag werden in Ruzyň verhört.

»Er wollte ein ganzes Buch über die Charta schreiben. Dann ließ er es bleiben. Er fragte sich, ob er damit die ganze Sache nicht aufbausche, da es sich um ihn persönlich handelte, und ob er auch ausreichenden Abstand habe.«

»Frau Olga, ich habe an Václav Havel eine herausragende Eigenschaft bemerkt: Er nimmt sich immer der Schwächsten an, der am leichtesten Verwundbaren. In Interviews spricht er nie nur von sich, in seinem letzten Interview erinnerte er gleich an die jungen Burschen, die in Brünn für das Abschreiben eines der Feuilletons von Vaculík verurteilt wurden. Zum ersten Mal wurde mir das bewußt, als er zur Verteidigung des Undergrounds[1] während des Prozesses mit den Plastic People[2] schrieb. Ich bezeichnete ihn damals als Volksführer. Ist mein Gefühl richtig?«

»Ich glaube ja.«

»Dabei versucht das Regime und vor allem die Polizei, Havel als ein kapitalistisches Millionärssöhnchen darzustellen, das gegen jede Enteignung ist.«

»Die Havels waren keine Millionäre. Im Jahre 1947 mußten sie jedenfalls keine Millionärssteuer zahlen. Sie waren reich, ziemlich reich. Sie gehörten zur tschechischen Bourgeoisie, waren Unternehmer, aber Leute mit Idealen. Sie wollten nützlich sein, etwas leisten, sie dachten nicht zuerst an Gewinn. Und sie waren fleißig. Vašek und sein Bruder haben viel von den Eltern profitiert. Vašek bekam von seinem Vater

[1] Als Underground bezeichnete man in der ČSSR in den 70iger Jahren verschiedene Musikgruppen und ihre Fans, die durch die Art ihrer Darbietungen den Gegenpol zu der offiziellen Ideologie und Kultur bildeten. Sie veranstalteten verschiedene Open-air-concerts, Aktionen und Festivals, gegen die die Polizei in brutaler Weise vorging.

[2] Tschechische Underground-Rockgruppe, die sich 1971 aus der Gruppe »The Plastic People of the Universe« neu formiert hatte. Ihre Mitglieder standen zweimal vor Gericht.

die feste moralische Grundlage mit und die Begabung für Mathematik, von der Mutter hat er wohl die künstlerische Ader.«

»Ihr Schwiegervater starb während Václavs Gefangenschaft. Man ließ Ihren Mann zum Begräbnis gehen.«

»Ja.«

»Sind Sie jetzt traurig?«

»Das hat mich Vaculík auch gefragt. Ich bin traurig. Ich bin über alles traurig, was sich hier tut. Ich habe das Gefühl, daß Vašek auch für mich sitzt.«

»Wie hat der Prozeß auf Sie gewirkt? Sie haben schon den zweiten erlebt.«

»Ich habe mich nie für Juristerei interessiert. Die Vorstellung über Prozeßabläufe habe ich nur aus den Kriminalromanen von Gardner. Der Ausschuß zur Verteidigung zu Unrecht Verfolgter glich der letzten Instanz beim Berufungsgericht. In direkten Kontakt mit dem Gericht kam ich erst während des Prozesses mit Jiří Lederer, der zusammen mit Vašek vor Gericht stand. Es ist eigentlich ein direktes Verhör, in dem die Angeklagten ausgesprochen verhöhnt werden. Der Richter ist überhaupt nicht unabhängig oder unbefangen, und bei der Verhandlung stehen sich zwei Seiten gegenüber: Auf der einen der Prokurator, der Richter, der Senat und manchmal auch ein Verteidiger, auf der anderen die Angeklagten. In der sozialistischen Gerichtsbarkeit wird die Ethik der Richter kaputtgemacht, der Richterstand ist unwürdig geworden. Mich hat das geschockt. Bei der letzten Gerichtsverhandlung wurden nicht einmal wichtige Zeugen vorgeladen. Innerhalb von zwei Tagen wurde ein Prozeß gegen sechs Leute durchgezogen.«

»Was für ein Theater!«

»Schlechtes! Es war erniedrigend, einfach schmutzig. Der Mensch wird wie ein Wurm zertreten.«

»Frau Olga, ich würde mir gern eine Vorstellung von Ihrem alltäglichen Leben machen. In Hrádeček haben Sie einen Garten, Sie kümmern sich um das Haus. Etwas von Ihrer Zeit nehmen Ihre beiden Hunde in Anspruch. Und wie ist es in Prag? Gehen Sie zum Beispiel ins Kino?«

»Ins Kino sind wir früher oft gegangen, jetzt fehlt mir die Stimmung dazu. Wir beide mögen Fellini und Polanski. Und die ganze Neue Welle, außer Godard, der ist mir widerwärtig. Von Bergmann mag ich das ›Siebente Siegel‹ am liebsten. Von den tschechischen Regisseuren: Radok und Němec. Radok ist unser persönlicher Liebling. Er sollte Vašeks Einakter in Wien inszenieren, er schrieb uns darüber auf einer Ansichtskarte. Als wir die Karte lasen, war Radok schon tot. Die Zeit verrückt so vieles, was sich nie wieder gutmachen läßt. Die Menschen können sich nicht bewähren, so wie sie könnten und möchten, und dann gibt es sie auf einmal nicht mehr. Vašek stellte einmal in Hrádeček Professor Černý[1] diese Fragen. Václav Černý konnte öffentlich tun, was er wollte, immer so zwei, drei Jahre lang. Und dann mußte er wieder für viele Jahre schweigen. Eine so zerrissene Kontinuität gibt es vielleicht nur in der Tschechoslowakei. Immerzu fängt man hier von vorn an. Die Engländer und Franzosen kennen das nicht, und das spiegelt sich auch in ihrer Literatur wider.«

»Lesen Sie viel?«

[1] Prof. Václav Černý, * 1905. Bedeutender tschech. Romanist und Bohemist, Literaturkritiker. 1930–34 Sekretär des Institut des Etudes Slaves in Genf. 1936 Dozent an der Karls-Universität Prag, 1938 Prof. an der Masaryk-Universität in Brünn, 1945 Prof. für vergleichende Literaturgeschichte an d. Karls-Universität, 1951 bei den stalinistischen Säuberungen entlassen. 1968 rehabilitiert, 1970 in den Ruhestand versetzt. Unterzeichner der CHARTA 77.
Deutsch: *Über das Wesen unserer Kultur* und *Ein Versuch über Bohumil Hrabal* in Fischer-TB X2157.

»Ich lese zwar viel, aber eher zufällig. Die einzige Ausnahme war vielleicht die russische Bücherei des Verlags Otto, in der habe ich ein ganzes Jahr geschmökert.«

»Und die tschechischen zeitgenössischen Werke? Ich denke an die *Edice Petlice*«[1].

»In den letzten Jahren habe ich fast keine Romane gelesen, mehr Monographien, Bücher über die Natur, Ökologie. Und Kochbücher.«

»Warum keine Romane?«

»Sie sind so dick. Ich lese Hrabal. Und Bondy.«[2]

»Bondy reizt viele Leute.«

»Er schreibt über sich die Wahrheit, da kann er auch die Wahrheit über andere schreiben.«

»Bringt er Ihre Ansichten und Gefühle zum Ausdruck? Können Sie sich mit seiner Einstellung identifizieren?«

»Er ist ehrlich.«

»Sie stehen dem Untergrund nahe, nicht wahr?«

»Die Menschen heutzutage bauen sich alle eine kleine Höhle, in der sie überleben wollen. Ich habe diese Illusion nicht. Da denke ich wie der Untergrund. Ihnen genügt es nicht, Dinge zu besitzen, sie gehen ihnen auf den Grund. Sie sprechen das aus, was der Mensch aussprechen muß. Sonst sollte er besser schweigen. Sie leben in der Gemeinschaft, jeder ist dabei eine eigenständige Persönlichkeit. Doch das Bedürfnis nach wahrhafter, nicht konsum-orientierter, eigenständigen, nicht wiedergekauten Erkenntnissen ist ihnen allen ein gemeinsames Anliegen.«

»Haben Sie mit ihnen Kontakt?«

»Erst als sie aus dem Gefängnis kamen. Jetzt scharen sich

[1] Edice petlice, siehe Bemerkung im Vorwort

[2] Egon Bondy, nonkonformistischer Lyriker, Texter der Rock-Gruppe Plastic People

etwa hundertfünfzig Leute in einer Scheune zusammen. Sie werden gejagt wie wilde Tiere.«

»Würden Sie sie mit Hippies vergleichen?«

»Der Untergrund ist nicht so passiv. Unlängst habe ich mich ihretwegen gestritten. Ein Freund behauptete, sie hätten in keiner Gesellschaft Platz, sie seien labil, unsicher, voller Minderwertigkeitskomplexe. Aber warum sollten sie in einer Gesellschaft Platz haben. Darauf kommt es doch nicht an.«

»Frau Olga, Ihrem Mann droht eine mehr als vierjährige Gefangenschaft. Sind Sie sich dessen bewußt?«

»Das nicht ... dessen kann man sich nicht bewußt sein. Was weiß man schon im voraus! Der Schah von Persien ließ sich im voraus ein Denkmal setzen zum tausendjährigen Bestehen seines Reiches. Und wo ist der Schah heute? Die Welt wird von den Gesetzen der Bewegung beherrscht, und es gibt viele Quellen der Bewegung! Die Menschen sind sterblich, die Energievorräte können sich erschöpfen – Bewegung gibt es auf beiden Seiten. Sicher habe ich Angst vor der Zukunft. Wenn die Macht sich entschließt, alle Schranken fallen zu lassen, ist das eine gespenstische Vorstellung. Aber was ist denn schon sicher?«

30. Oktober 1979

Marie Rút Křížková
»Wenn der Mensch aufhört, an sich zu denken, lebt er glücklicher«

Frau Marie Rút Křížková und ich haben einen gemeinsamen Freund, so daß ich schon viel von ihr gehört und ihre Arbeiten gelesen hatte, noch ehe ich sie zum ersten Mal sah. Persönlich lernten wir uns in der Halle des Prager Stadtgerichts beim Prozeß gegen sechs Chartisten kennen, Mitgliedern des Ausschusses zur Verteidigung zu Unrecht Verfolgter. Frau Křížková trug als einzige Frau einen Hut. Angeblich fühlt sie sich unter einem Hut sicherer, mit der Polizei verhandelt sie immer nur mit Hut. Dort bei Gericht trug ihr der Hut das zweifelhafte Vergnügen ein, daß ihre Kleidung durchsucht wurde. Sie sah so fremdländisch aus, daß die Polizisten sie für eine Ausländerin hielten. Mit diesem Hut auf dem Kopf gelangte sie allerdings im Laufe der Verhandlung bis in das Büro des Senatsvorsitzenden Dr. Kašpar, der über die Chartisten zu Gericht saß, und hinterließ bei seiner Sekretärin einen Brief für ihn, in dem sie ihn vor der Urteilssprechung warnte und ihm ankündigte, daß sie für das Erwachen seines Gewissens beten würde.

Wir trafen uns in ihrer Wohnung in der Prager Vorortsiedlung *na Proseku,* wo sie mit drei Töchtern lebt. Auf dem Tisch erwarteten mich Äpfel im Schlafrock, das Zimmer atmete unaufdringliche Ruhe aus. Und dann wurde es halb eins, Terinka kam aus der Schule, und es war Zeit zu gehen und den Wald zu hüten. Es ist ein Jungwald am Abhang über Vysočany und Libeň[1], Frau Křížková hat ihn zum Teil selbst gesetzt und hütet ihn vor Vandalen. In der ungemütlichen,

[1] Vysočany, Libeň, Prager Industrieviertel

nicht gerade heimeligen Proseker Siedlung ist das ein unerwartet angenehmer Ort mit einem ungewohnten Ausblick auf die Umgebung, die meist aus Industrieanlagen besteht. In der kleinen Holzhütte kochten wir uns Kaffee, Terinka lief inzwischen draußen herum.
Als ich wegging, überlegte ich, welches der stärkste Eindruck ist, den ich von hier mitnehme. Es war der einer geistigen Schönheit. Als ich in ihre Wohnung eintrat und dann in diesen gut beschützten Forstpark kam, als ich ihr Gesicht sah und ihre Gesten beobachtete, als ich ihre Ansichten hörte, war eine außergewöhnliche Harmonie spürbar, die mich faszinierte.

»Frau Křížková, Sie heißen Marie Rút. Ruth deshalb, weil Sie in die Jüdische Kultusgemeinde eingetreten sind. Es war Ihre erste Konversion. Können Sie mir das erklären.«
»Ich wurde in die Jüdische Kultusgemeinde in Prag in der Jerusalemer Synagoge am Feiertag Simchat Torah – das ist die Freude Torahs – im Jahre 5732 der jüdischen Zeitrechnung aufgenommen. An diesem Tag wird der letzte Abschnitt der Thora zu Ende gelesen, und sogleich beginnt man wieder von neuem mit dem Lesen des ersten Abschnitts, als Bestätigung dafür, daß die Thora (das sind die fünf Bücher Mose) ein Kreis ist, der keinen Anfang und kein Ende hat. Es ist ein Feiertag der Freude. Diese Freude teilte ich damals mit ihnen auf meine eigene Art. Ich hatte nämlich im Frühjahr 1971 um die Aufnahme in die jüdische Glaubensgemeinschaft als Atheistin angesucht. Der Anlaß war rein subjektiv, er beruhte auf meiner Beziehung zu Jiří Orten« [1].

[1] Jiří Orten (Jiří Ohrenstein), 1919–1941. 1939 bis 1941 gab Orten seine Gedichte unter dem Namen K. Jílek und J. Jakub heraus. Einer der wichtigsten Lyriker. Im Krieg arbeitete J. Orten-Ohrenstein in der jüdischen Kultusgemeinde in Prag, er starb nach einem Verkehrsunfall.

»Sie kannten Orten nur aus seinen Dichtungen?«

»Ja. Zum erstenmal las ich seine Gedichte mit achtzehn Jahren, eigentlich machte mich mein zukünftiger Mann auf sie aufmerksam, der damals an der Universität in Prag studierte und Ortens Dichtung kannte. Im Antiquariat in Reichenberg kaufte ich mir für fünf Kronen *Das Werk von Jiří Orten* und machte gleich zweierlei Entdeckungen, die für mein weiteres Leben entscheidend waren. Das war der Dichter Jiří Orten und es war der Literaturhistoriker und Kritiker Václav Černý, der das Buch herausgegeben hatte. Wegen Orten begann ich zu schreiben, seine Manuskripte, die als verloren galten, zu sammeln, seinetwegen begann ich an der philosophischen Fakultät zu studieren, ich sehnte mich danach, seine Herausgeberin zu werden – eigentlich nach dem Vorbild von Professor Černý, der in den Jahren, als er überhaupt nicht publizieren durfte, eine derartige Wirkung auf mich ausübte, daß ich mich für seine Schülerin halte, auch wenn ich ihm persönlich zum erstenmal erst im Jahre 1972 begegnete. Meine Beziehung zu Orten beeinträchtigte sogar meine Ehe. In dem Sinne, daß ich es dann nie mehr fertigbrachte, länger vor irgendetwas Unaussprechlichem davonzulaufen, was ich vielleicht als das Absolute bezeichnen würde. Mein Mann hatte eher die Neigung, den Weg des geringsten Widerstandes zu wählen. Nach sieben Jahren Ehe gingen wir auseinander. Mein Mann heiratete innerhalb von zwei Monaten wieder, und ich entschied mich damals, mein Leben den Kindern und Orten zu widmen.«

»Liebten Sie so lebendig einen Toten?«

»Seine Gedichte bedeuten mir mehr, als wenn ich ihn vielleicht persönlich kennengelernt hätte.«

»Sehen Sie, das ist eigenartig. Ich habe diese Gedichte auch gelesen, sie sind stark, geschlagen vom Schmerz des Ausgestoßenseins, aber das da...«

»Er hat mich ausgewählt. Dieses Mädchen der Zukunft, wie er darüber in seinem Tagebuch schreibt.«

»Und wie war also konkret der Zusammenhang zwischen Ihrem Eintritt in die jüdische Kultusgemeinde und Ihrer Liebe zu dem Dichter Orten?«

»Ich konnte ihn nicht mehr beschützen, sie hatten ihn schon vernichtet. Für mich blieb kein anderer Weg. Entweder mit ihm zu leben, oder mit ihm zu sterben. Alles mit ihm zu teilen. Ich lernte Ortens Familie kennen, seine Freunde. Seine Brüder Zdĕnek und Ota Ornest, und seine Mutter. Und als die Mutter im Oktober 1970 starb, war es, als hätte ich meine eigene Familie verloren. Ich schrieb an die Jüdische Kultusgemeinde: Ich glaube nicht an Gott und ich weiß nicht, wie es weitergehen soll. Der Mann, den ich liebe, ist längst tot, jetzt hat uns auch seine Mutter verlassen. Und ich vermag nicht ohne Familie zu leben. Könnten Sie meine Familie sein? Ich bekam sofort eine Antwort. Sie luden mich zur Gemeinde in die Maiselgasse ein. Mit Hoffnung im Herzen und einer Menge Literatur in der Tasche fuhr ich von dort wieder nach Hause. Damals öffnete ich zum erstenmal die Heilige Schrift. Und zum erstenmal las ich die Geschichte der Ruth – es war, als läse ich meine eigene Geschichte. Die biblische Ruth kam doch auch, um mit ihnen ihr Los zu teilen. ›Wo du hingehst, will auch ich hingehen, wo du bleibst, da bleibe ich auch. Dein Volk ist mein Volk, und Dein Gott ist mein Gott.‹ Das ist Ruth.«

»Was hat das für Sie bedeutet?«

»Mein Leben hat sich verwandelt.«

»Durch Vergeistigung?«

»Die jüdische Religion gibt dem Leben einen Sinn, eine Ordnung. Und ich begann, dies alles zu entdecken. Was liegt in ihr für eine Freiheit, für eine Schönheit, nichts, das einen beengt! Die Weihe des Sabbats zum Beispiel. Man soll nichts tun, was nicht zur Erhaltung des Lebens unerläßlich ist. Das, was auf den ersten Blick wie eine Beschränkung aussieht, ist eigentlich eine Befreiung. Der Mensch kann sich ganz denen widmen, die er gern hat. Ich verdanke meinen jüdischen Brüdern und Schwestern viel! Ohne sie hätte ich mein Buch nicht geschrieben! Ohne sie wäre meine dritte Tochter nicht geboren worden!«

»Verzeihen Sie, daß ich jetzt Ihre allerpersönlichsten Dinge anrühre: Der Vater Ihrer dritten Tochter ist Ota Ornest, der ältere Bruder von Jiří Orten. Lernten Sie ihn kennen, als Sie Ortens Nachlaß sammelten?«

»Er war sehr großzügig, er stellte mir alles sofort zur Verfügung. Die Briefe, die Manuskripte.«

»Frau Křížková, liebten Sie in Ota Ornest Jiří Orten?«

»Das ist meine Familie. Und Jiří liebte Ota sehr. Ota ist ein feiner, klarer Mensch, für mich war es das Gelöbnis eines lebenslänglichen Bundes. Er wollte zuerst nicht, daß ich in die jüdische Kultusgemeinde eintrete, doch dann akzeptierte er es ohne Einschränkung. Er hat es auch so aufgefaßt: Als Hingabe für das ganze Leben.«

»Verzeihen Sie mir eine weitere Frage. Instinktiv, intuitiv fühle ich, was wahrscheinlich in Ihnen vorging und vorgeht, aber ich kann es nicht benennen. Sie sind im Jahre 1971 als Atheistin in die Jüdische Kultusgemeinde eingetreten. Doch jetzt sind Sie Christin.«

»Man könnte es kurz so sagen: Ich bin eine Jüdin, die den Glauben an Jesus Christus fand. Ich fand mich selbst in der biblischen Ruth wieder und wurde schließlich Mutter im Sinne der heiligen Maria. Die Jüdische Kultusgemeinde hat für mich und schließlich auch in mir Gott erscheinen lassen. Ich habe die Bibel studiert, die hebräische Schrift. Zuerst lebte ich in der Synagogengemeinschaft in Reichenberg. Dort hatten sich Reste des Brauchtums der Chassidim erhalten, und ich erlebte zum Beispiel eine ihrer Hochzeiten. Es war wie aus den Bildern von Chagall.«

»Und das Christentum?«

»Ich habe die Evangelien gelesen – selbstverständlich. Aber Christus blieb für mich weiterhin dieser historische Jesus aus Nazareth. Bis dann, nach der Geburt der dritten Tochter Esther, zu Weihnachten 1972... Ota verließ uns, noch ehe Esther geboren wurde. Für ihn waren wir beide – und offenbar blieben wir es auch – ein schöner Traum, zu dessen Erfüllung er keine Kraft mehr hatte. Ich blieb allein, mit dem Baby unter dem Weihnachtsbaum. Ich erlebte es völlig wirklich, daß Orten lebt, daß er bei uns ist. Nicht nur in meiner Tochter, die ihm ähnlicher ist als ihrem Vater Ota, sondern daß er *wirklich* da ist. Und daß nun – da ich unwiderlegbar weiß, daß etwas von ihm existiert, etwas, das mehr ist, als nur diese äußere Gestalt, etwas, das weit stärker ist als der Tod – *der* da sein muß, den wir Gott nennen. Das war der allerfröhlichste Augenblick meines Lebens! Die Schrift erfüllte sich! Erst jetzt wurde ich wirklich zur Jüdin, als Mutter des Kindes, dessen Vater nach dem biblischen Levirats-Recht vor Gott Jiři Orten wurde. Es erfüllte sich alles, wonach ich mich je gesehnt hatte. Es sieht auf den ersten Blick wie ein Paradoxon aus, aber darin ist nichts Widersprüchliches: Gerade in dem Augenblick, als ich von Gott selbst durch mein Kind in das Volk Israel aufgenommen wurde, wurde für mich Christus geboren. Vielleicht so: Das, was ich in meinem neugeborenen Kind entdeckte, war nicht nur das geliebte Antlitz von Jiři Orten, sondern die menschliche Gestalt des wahren Gottes.«

»Ich verstehe. Es ist, als wären Sie zurückgekehrt in die Urzeiten des Christentums, als es aus dem Judentum hervorging. Es ist eigenartig, wie verschieden die Menschen sind. Ich beispielsweise habe über das, was Sie an sich erlebt haben, einen Roman geschrieben.[1] Verzeihen Sie mir, wenn ich Sie so nüchtern frage: Würden Sie von sich sagen, daß Sie in Ihrem Leben zweimal konvertierten?«

»Diese Frage läßt sich nicht beantworten. Meine Konversion ist kein endgültiger Zustand. Ich weiß nicht, wohin mich Christus führen will. Aber ich möchte mich nicht verschließen, ich will offen bleiben.«

»Für alles, für jede Erkenntnis?«

»Ja.«

»Beim Glauben an Gott?«

»Solange ich Atheistin war, ragten einzelne Lebensereignisse ohne Kontinuität hervor, und ich wechselte oft verwirrt von einem zum anderen. Durch die Ankunft Gottes war es, als hätte in meinem Leben alles seine Ordnung bekommen, seine Zeit und seinen Platz. Es war allerdings immer noch mehr eine Ordnung im Sinne von ›Geordnetsein‹. Erst mit Christus und in Christus entdeckte ich den Glauben als eine lebendige Beziehung. In Christus fand ich das, was ich bis dahin vergeblich gesucht hatte: Gottes Sohn, der alles erträgt – nicht nur mein ganzes Leben mit allen seinen Plagen, Fehlern und Irrtümern, sondern auch die Last der Liebe.«

»Sie sind Literaturhistorikerin. Neulich gab mir Jan Vladislav[2] Ihre Arbeit mit den Texten der Zeitschrift *Vedem*[3], die junge Häftlinge im Ghetto von Theresienstadt während des Krieges herausgegeben hatten. Das Buch nannten sie ›Ist meine Heimat der Wall des Ghettos?‹«

»Das Manuskript der Theresienstädter Zeitschrift *Vedem* retteten zwei seiner Mitarbeiter, Zděnek Ornest und Jiří Kotouc, und bearbeiteten es zusammen mit mir. Zděnek

[1] *Pàn věže* Eva Kantůrkova *(Herr des Turmes)*, erschien nur tschechisch in *Edice petlice*, Edition hinter Schloß und Riegel.

[2] Jan Vladislav, Lyriker und Übersetzer, jetzt im Exil in Paris.

[3] *Vedem*, kann man auch als *Wir führen* ins Deutsche übersetzen.

Ornest lieh mir die Zeitschrift schon im Jahre 1967. Er selbst veröffentlichte damals in *Plamen*[1] seine Erinnerungen an Professor Eisinger, der die Jungen im Theresienstädter Kinderhaus leitete und unterrichtete. Das Manuskript sollten angeblich Professor Goldstücker[2] und Jiří Gruša[3] herausgeberisch betreuen, doch daraus wurde dann nichts. Ich las diese Manuskripte drei Monate lang Nacht für Nacht, und ich war tief ergriffen. Ich konnte damals nicht einmal etwas essen. Ich hätte die Zeitschrift so bearbeiten müssen, daß beim Lesen ein ebenso starker Eindruck entsteht wie bei mir, und das traute ich mir damals nicht zu. Ich gab es ihm zurück. Und als sie mich dann in die jüdische Kultusgemeinde aufnahmen ... Es war so ein großes Geschenk ihrerseits, daß ich ihnen auch etwas geben wollte ... Sie prüften mich nicht bei der Aufnahme, wie es üblich ist, ich stellte mich der Gemeinde mit einem Vortrag über Orten vor, doch ich wollte ihnen etwas Bleibendes widmen. Im Theresienstädter Museum legte man Wert auf diese Arbeit, die jüdische Kultusgemeinde vermittelte das und das Museum gewährte mir ein Stipendium. Ich übersiedelte von Reichenberg nach Prag, ich arbeitete und wohnte von Anfang an in der Gemeinde, in dem provisorisch eingerichteten Büro und in der freigewordenen Wohnung des Rabbiners.«

»Die Bewältigung der beiden Ebenen – der Zeit, als in Theresienstadt die jugendlichen Beiträge für die Zeitschrift

[1] *Plamen (Die Flamme)* vor 1969 Literaturzeitschrift in Prag, in der Zeit der sogenannten Normalisierung bis heute verboten.

[2] Prof. Eduard Goldstücker, Germanist, lebt jetzt im Exil in England. In den 50er Jahren als Zionist verurteilt, später rehabilitiert. War eine Zeitlang Vorsitzender des ČSSR-Schriftstellerverbandes, maßgeblich am Prager Frühling beteiligt.

[3] Jiři Gruša, tschechischer Autor, lebt jetzt im Exil in der Bundesrepublik Deutschland.

geschrieben wurden, die kindlich direkt die Grausamkeiten und Zustände im Ghetto enthüllen, und der Zeit des gegenwärtigen Erinnerns und Ihrer Gespräche mit den Überlebenden – wirkt sehr plastisch. Sie müssen mit dem Buch eine Menge Arbeit gehabt haben.«

»Das war nicht das Schwerste. Um über diese Menschen glaubwürdig schreiben zu können, mußte ich alles mit ihnen durchleiden. Alles. Bis zur Gaskammer und dem Krematoriumsofen.«

»Das Theresienstädter Museum bestellte das Buch bei Ihnen. Warum wurde es dennoch nicht veröffentlicht?«

»Der Historiker Václav Král[1] hat sich das erste Mal durch ideologische Unverfrorenheit einen Namen gemacht, als er nämlich in grober Weise gegen das Buch von Gustav Husák[2] über den Slowakischen Nationalaufstand loszog. Und wenn ich mich recht erinnere, so hat er sich zu einem Gerichtsgutachten der Memoiren von Dr. Drtina[3] hergegeben, eines Gutachtens, das im Prozeß gegen Václav Havel verwendet wurde. Ihr Buch vom Leiden der verschleppten Kinder und Jungen, die eine ungeheure moralische Widerstandskraft gezeigt hatten, lehnte er ab, weil ›seit dem Jahre 1967 die

[1] Prof. Václav Král, einer der schlimmsten »parteitreuen Opportunisten«. Er hat es verstanden, ständig auf der »richtigen ideologischen Linie« zu liegen.

[2] Dr. Gustáv Husák, der jetzige Generalsekretär der tschech. KP, Staatspräsident. Husáks Buch über den Aufstand in der Slowakei 1944 wurde von Prof. Král heftig angegriffen. Als Dr. Husák 1969 die Macht in der ČSSR an sich riß, drehte Prof. Král um und versuchte sich wieder in die Gunst von Dr. Husák zu schleichen. Plötzlich war Dr. Husák für den Historiker nicht mehr ein slowakischer bourgeoiser Nationalist, sondern der wahre Hüter der einzig gültigen Marx-Leninistischen Linie.

[3] Dr. Prokop Drtina, vor dem kommunistischen Putsch 1948 Minister in der letzten demokratischen Regierung der ČSSR.

israelische Propaganda die Judenverfolgungen während des Zweiten Weltkriegs zu einer Art moralischer Rechtfertigung der israelischen Aggression gegen die benachbarten arabischen Nationen mißbraucht hat‹. Die Naivität und Vereinfachung dieser Behauptung wären einfach lächerlich, wenn sie nicht Repressionen zur Folge gehabt hätten.«

»So also kam das Buch nicht heraus, das Manuskript wurde mit den Zeitschriften im Theresienstädter Museum hinterlegt. Mit der Edition von Ortens Werken waren Sie jedoch erfolgreicher. Ich kenne die Ausgabe von Ortens ausgewählten Gedichten, an der Sie beteiligt waren.«

»Ja. Und in der zweiten Hälfte der siebziger Jahre kamen nach und nach drei Bücher mit unbekannter Prosa von Jiří Orten heraus, die ich für den *Nordböhmischen Verlag* in Reichenberg vorbereitet hatte. Im Jahre 1970 kam dann noch bei *Odeon*[1] in der Reihe *Skvosty*[2] der Band ›Verse‹ von Jiří Orten heraus, eine Zusammenfassung einiger Gedichtsammlungen von Orten, die ich als Herausgeberin betreute und zu der ich das Vorwort schrieb. Meine Studie über Orten ›Der Dichter des Todes und der Liebe‹ konnte ich nur mehr in der *Edice Petlice* veröffentlichen.«

»Sie sagten, daß Sie von Reichenberg nach Prag gingen. Was haben Sie in Reichenberg gemacht?«

»Ich war Lehrerin für Tschechisch an einer Lehrlings-Fachoberschule.«

»Und als Sie das Buch ›Ist meine Heimat der Wall des Ghettos‹ beendet hatten, was haben Sie dann gemacht?«

»Ich war einige Zeit in der Galerie des Bezirks Mittelböhmen in Prag beschäftigt.«

»Einige Zeit?«

[1] *Odeon*, ein literarischer Verlag in Prag

[2] *Skvosty*, deutsch Kostbarkeiten / eine Reihe, im Odeon Verlag herausgegeben.

»Im Jahre 1975 mußte ich weg.«
»Sie mußten?«
»Durch das Eingreifen der Polizei.«
»Wovon leben Sie?«
»Ich bin Waldhüterin.«
»Sie leben allein mit drei Töchtern?«
»Ja. Esther ist dieses Jahr in die Schule gekommen, Svatava wird im Sommer ihre Reifeprüfung an der Fach-Oberschule für Gesundheitswesen machen, und Dagmar, die älteste, studiert Medizin.«
»Was bezahlt man Ihnen für dieses Hüten?«
»Ungefähr 450 Kronen monatlich. Aber ich bekomme Zulagen für die Kinder, Unterhaltszuschüsse von den Vätern, die Mädchen erhalten darüberhinaus Stipendien.«
»Darf ich mich nach Ihrem ersten Mann erkundigen?«
»Er ist Chemiker, Doktor der Naturwissenschaften, er arbeitet in der Forschung in den Uran-Bergwerken. Er ist verheiratet und hat eine dreizehnjährige Tochter, Alice. Wir sind Freunde geblieben, er half uns zum Beispiel, als ich im Jahre 1976 ein halbes Jahr vergeblich eine Stelle suchte. Ich habe mich immer bemüht, daß meine Töchter – auch Esther – Alice als Schwester ansehen. Zu seiner Mutter sage ich weiterhin ›Mama‹, und ich glaube, daß auch sie mich wie eine Tochter mag. Sie ist eine ehrliche und aufopfernde Frau, konfessionell gehört sie der evangelischen Brüdergemeinde an. Sie liebt ihre Enkelinnen in vorbildlicher Weise und am meisten, wie sie sagt, ›die Kleine‹ – das ist unsere Esther – obgleich Esther und ihre ›Oma‹ nicht blutsverwandt sind.«
»Esther sieht wirklich beiden Brüdern Jiří und Ota ähnlich.«
»Ota hat sie das letzte Mal gesehen, als er damals zu mir kam, um die Sachen zu verstecken. Seit seiner Rückkehr aus dem Gefängnis hat er sie nicht mehr besucht.«

»Frau Křížková, unser gemeinsamer Freund gab mir einen Teil Ihres neuen Manuskriptes zu lesen, an dem Sie arbeiten. Es ist ja hauptsächlich autobiographisch. Einige Dinge frage ich Sie deshalb nicht, um nicht etwas aus dem Manuskript vorwegzunehmen. Würden Sie es eine Novelle nennen? Oder einen Roman?«

»Ich beabsichtige, in diesem Buch mein Leben mit dem Leben von Orten zu konfrontieren und zu verbinden. Ich weiß nicht, ob es eine Novelle wird. Ich arbeite nur mit der Wirklichkeit, ich denke mir nichts aus. Ich vergegenwärtige mir die Augenblicke unserer gegenseitigen Kontakte.«

»Es würde mich interessieren, wie Sie arbeiten. Haben Sie einen festen Plan, wie der Stoff zu verarbeiten ist?«

»Gewiß habe ich einen Plan, aber sonst lasse ich mich einfach leiten. Ich bete viel. Um mich richtig zu entscheiden. Nicht nur beim Schreiben, überhaupt.«

»Fühlen Sie sich beim Schreiben als Medium?«

»In etwa. Auch das Theresienstädter Buch habe ich so gemacht. Als Mutter, die in ihren Kindern geboren wird und mit ihnen stirbt. Alle dort waren meine Kinder, ich habe sie bis in die Gaskammer begleitet, ließ mich mit ihnen verbrennen.«

»Ist das Leben mit Gott für Sie anspruchsvoller oder einfacher?«

»Was das materielle Leben angeht entschieden anspruchsvoller. Ich habe beispielsweise meine Stellung verloren. Aber insgesamt würde ich es vielleicht so sehen: Solange ich ohne Gott lebte, war alles dunkel. Jetzt ist alles von Sonnenlicht durchstrahlt. Manchmal sage ich mir: Ich sollte mein ganzes Leben auf den Knien verbringen und dafür danken, welch große Freude sich mir eröffnet hat.«

»Und die Liebe? Was Ihre Beziehungen betrifft, so zählen für Sie doch nur die absoluten, nicht wahr?«

»Ich gebe mich völlig hin.«
»Es ist der Nachteil von Frauen mit einem Sinn für das Absolute, daß sie am Ende ohne Mann bleiben.«
»Die Frau erlebt wohl jede Enttäuschung ungewöhnlich schwer. Ich könnte verzweifelt sein, wegen Ota meine ich. Und ich halte es trotzdem für eine erfüllte Liebe. Wir werden einander einmal in Liebe begegnen. Das ist mein fester Glaube. Und schon jetzt kann ich mit meinem Leben das ergänzen, was ihm fehlt.«
»Was ist das?«
»Er ist schrecklich allein, ohne Licht. Wir beten für ihn, Terinka auch. Auch für Jiří Lederer und seine Familie beteten wir die ganzen drei Jahre. Ich habe Jiří Lederer bis heute nicht kennengelernt, und seine Frau Ela lernte ich eigentlich erst im Jahre 1978 näher kennen. Für jemanden beten, das bedeutet für mich, da zu sein für ihn, sich ihm zur Verfügung zu stellen. Vielleicht ist es mir zumindest ein wenig gelungen, die Folgen von Otas Versagen zu mildern[1]. Jetzt denke ich an Lederers Buch. Daß ich es in der Hand hatte und nicht hergab, wie Ota es von mir verlangte.«
»Das waren Lederers *Tschechische Gespräche*[2]. Das Buch der Gespräche mit den verfemten Schriftstellern, für dessen Autorschaft Jiří Lederer zu drei Jahren Gefängnis verurteilt wurde. Ota Ornest wurde im Lederer-Prozeß dafür verurteilt, daß er geholfen hatte, die Manuskripte tschechischer

[1] Ota Ornest, Regisseur, wurde 1977 gemeinsam mit Václav Havel, dem Dramaturg und Theaterautor František Pavlíček und Jiří Lederer kurz nach der Veröffentlichung der Charta 77 verhaftet. In der Untersuchungshaft hielt Ota Ornest dem Druck der Geheimpolizei nicht stand. Im Prozeß bekam Ornest zwar die höchste Strafe von allen Angeklagten, 3 ½ Jahre, wurde jedoch schon anfangs des Jahres 1978 aus dem Gefängnis entlassen.

[2] Jiří Lederer, *Tschechische Gespräche*, Rowohlt 1979

Autoren ins Ausland zu schicken. Wie war das damals? Ota Ornest kam, um bei Ihnen das Manuskript von Lederer zu verstecken?«

»Er brachte mir ein Päckchen und einen Umschlag. Gerade an dem Tag, als er eingesperrt wurde. Ich wußte aber nicht, daß man ihn eingesperrt hatte, niemand wußte das, Otas Familie hielt das geheim, von Otas Gefangenschaft erfuhr die Öffentlichkeit erst durch eine Pressemitteilung der Polizei, so daß ich davon vollkommen überrascht wurde, als Oberstleutnant Noga vom Staatssicherheitsdienst einen Brief von Ota brachte, ich solle den Umschlag herausgeben. Ich hatte mit dem Staatssicherheitsdienst schon eigene Erfahrungen; sie wollten mich im Jahre 1975 zur Mitarbeit gewinnen, obgleich ich schon längst nicht mehr im Haus der jüdischen Kultusgemeinde wohnte oder arbeitete, doch ihnen ging es gerade darum – daß ich Berichte über die Leute in der Gemeinde geben sollte. Ich lehnte das ab und innerhalb von zwei Monaten hatte ich meine Stellung verloren. Ich sagte Noga, ich würde ihm nichts geben, Ota hätte diesen Brief nicht aus freiem Willen, sondern unter Druck geschrieben haben können, und ich bestand darauf, mit Ota selbst zu sprechen. Sie riefen ihn gleich von meiner Wohnung aus an. Es war abends, Ota war am Telefon, mir wurde klar, daß sie ihn verhörten. Er sprach ganz fremd, wie abwesend. Er bat mich, den Umschlag herauszugeben, es sei in seinem Interesse. Ich wußte nicht, was der Umschlag enthielt. Ich öffnete ihn nicht, und ich weiß es bis jetzt nicht. Sie drohten mir mit einer Hausdurchsuchung, aber ich hatte ja noch das Päckchen, das Ota nicht angefordert hatte. Mir fiel ein, daß das Päckchen offenbar wichtiger sei als der Umschlag, und daß Ota wisse, was er tut. Außerdem war da noch ein anderer Umstand, weshalb ich eine Hausdurchsuchung verhindern mußte – so gab ich den Umschlag heraus. Später öffnete ich das Päckchen, es enthielt Lederers Manuskript, ich schaffte es schnell beiseite. Als sie das zweitemal kamen, um gerade dieses Manuskript zu suchen, fanden sie bei der Hausdurchsuchung schon nichts mehr.«

»Sie retteten das Manuskript, und bewahrten in diesem Augenblick eine Reihe der Leute, mit denen Lederer die Gespräche geführt hatte, vor der Polizei. František Pavlíček wurde zusammen mit Lederer gerade wegen seines Gesprächs verurteilt. Haben Sie das Buch der ›Gespräche‹ jetzt gesehen? Anstelle von Jiří Lederer haben die interviewten Schriftsteller es selbst im Ausland herausgegeben. Sobald Jiří Lederer im Januar aus der Gefangenschaft entlassen wird, erwarten ihn hier die tschechische und die deutsche Ausgabe.«

»Das ist für mich eine große Freude.«

»Ich habe gehört, daß der Staatssicherheitsdienst das Päckchen hartnäckig von Ihnen gefordert hat.«

»Sie haben mich einige Male verhört, sie kamen sogar ins Krankenhaus zu mir, wo ich für kurze Zeit hospitalisiert war, überallhin folgten sie mir. Um mich zu brechen, führten sie während meiner Verhöre in Ruzyň Ota Ornest vor – mit allem was dazu gehört, als rechtlosen Gefangenen.«

»Ich habe auch von Ihrer List gehört. Sie versprachen, das Päckchen auszuhändigen, brachten es nach Ruzyň und übergaben dem Untersuchungsbeamten für Ota Ornest ein Päckchen mit einem völlig anderen Buch. Was für ein Buch war das?«

»Ich habe es in meiner Bibliothek: Jaroslav Soukup: ›Selbstbezichtigung und unrichtige Geständnisse‹. Das Buch hatte das Institut der Gerichtskriminologischen Fakultät der Karlsuniversität nur für den Eigengebrauch herausgegeben, im Selbstverlag. Ich war durch Zufall dazu gekommen – eine kurze Zeit arbeitete ich als Redakteurin im Verlag für Kommunalwirtschaft, der auch Schriften für das Innenministerium herausgab. Ich hatte Soukups Arbeit von meinem Kollegen übernommen, der zu einer Militärübung einberufen worden war, und ich machte für ihn die Korrekturen dieses Buches.«

»Was sagte der Untersuchungsbeamte, als er das Buch sah?«

»Er selbst wickelte es vor mir aus, auch als ich immer wieder betonte, dies Buch sei für Ota Ornest bestimmt. Es war Oberstleutnant Bláha. Er schrie, ich solle gehen, er habe nicht die Nerven für mich.«

»Er mußte tatsächlich die Nerven verloren haben, wenn er das Buch nicht einmal beschlagnahmte.«

»Auf Druck reagiere ich schon instinktiv mit Gegendruck. Sich der Gewalt unterwerfen, das allein heißt schon, sich an ihr zu beteiligen, ihr grünes Licht zu geben.«

»Frau Křížková, da Sie sich entschlossen haben, anders zu leben, als man es von uns Einwohnern (Sie sehen, ich möchte nicht einmal Bürger sagen) fordert, kamen Sie um Ihre Stellung, können nicht publizieren, können nicht Ihren Interessen und Ihrer Bildung gemäß arbeiten, haben vielleicht auch Angst um die Kinder; daß sie studieren, halten Sie für ein Wunder, für dessen Fortbestehen Sie nur beten können, der Staatssicherheitsdienst verhört Sie, Sie sind Verfolgungen ausgesetzt. Sie leben also anders, als der Großteil der Menschen bei uns. Fühlen Sie sich nicht dadurch in gewisser Weise ausgeschlossen?«

»Wir sind zu Hause fünf Geschwister, und meine ganze Familie, die einfache Leute sind, hat keine Ahnung, daß ich Chartistin bin. Ich lebe mit ihnen in ihren alltäglichen Sorgen, von denen jetzt jeder von uns bis über die Ohren genug hat, wie könnte ich sie damit belasten, daß es bei uns möglicherweise ums nackte Leben geht? Ich möchte damit sagen, daß ich beides kenne, unsere Sorgen und ihre. Und ich fühle mich überhaupt nicht ausgeschlossen. Ganz im Gegenteil! Unter den Chartisten[1] habe ich viele Freunde gewonnen, ich habe viele hervorragende Leute kennengelernt. Und wenn mir schwer zumute ist, dann denke ich an Orten, wie er auf dem Flugplatz Schnee geräumt hat. Anfangs war ich physisch schlecht dran. Im ersten Jahr setzte ich im Wald Bäumchen und schnitt den Bestand aus – das ist eine schwere Arbeit. Ich hatte auch keine Hütte dort, so wie jetzt, ich mußte sie mir erst erzwingen. Auch den Ofen in der Hütte. Anfangs war ich krank, mir tat der Rücken weh, ich war unbeweglich. In den vier Jahren habe ich mich aber daran gewöhnt, jetzt bekomme ich im Winter nicht einmal Schnupfen. Und immer gibt es Leute, die im Augenblick schlechter dran sind und uns brauchen. Jedes Leiden ist für uns eine Aufforderung, etwas zu tun. So wurde die Familie des eingesperrten Jiří Lederer einmal eine konkrete Aufforderung für mich: seine Frau Ela und die Tochter Monika. Ich wollte etwas für sie tun. Und am Ende stellte ich mit Erstaunen fest, daß eigentlich ich die Beschenkte war: Ela steht mir näher als meine eigene Schwester, und in Monika fand ich eine weitere Tochter. Wenn der Mensch aufhört, an sich zu denken, lebt er glücklicher. Einfach deshalb, weil er aufhört auch daran zu denken, was ihn quält.«

»Sie sind Christin. Hegen Sie gegen die Leute von der Staatssicherheit Haßgefühle?«

»Ich hatte nie das Gefühl, daß sie mir überlegen sind. Überlegen könnten sie mir einzig und allein dann sein, wenn sie wie Menschen in der Wahrheit lebten und fähig wären, für die Wahrheit und Gerechtigkeit etwas zu opfern. Dann würde ich sie möglicherweise aus dem Gefühl der Ohnmacht hassen, so wie einige von ihnen jetzt uns hassen. Aber dann wäre ich

[1] Chartisten, Unterzeichner der Charta 77

schon keine Christin mehr – und sie könnten wohl in dieser unserer Zeit nicht als Polizisten für unseren Staatssicherheitsdienst arbeiten. Eine Reihe von Verhören veranstalteten sie nur, um mich zu zerbrechen. Den Untersuchungsbeamten geht es am Ende nicht nur darum, etwas zu erfahren, sondern auch um ihr persönliches Prestige. Doch ich habe all das geradezu seltsam intakt überstanden. Ich habe zum Beispiel nie meinen Humor verloren oder meinen Appetit und guten Schlaf. Ich glaube, daß das – zumindest bei einigen von ihnen – Respekt und Anerkennung hervorgerufen hat. Und manchmal sage ich mir, daß es eigentlich sehr positiv ist: möglicherweise öffnet sich unseren Untersuchungsbeamten einzig in der Konfrontation mit uns etwas von wahrer Menschlichkeit und dem Wesen des Seins.«

»Frau Křížková, von Ota Ornests Versagen wurde in der Öffentlichkeit viel gesprochen. Würden Sie irgend jemanden verurteilen, der dem Druck eines Verhörs unterliegt?«

»Auf keinen Fall! Jeder erlebt bei einem Verhör Augenblicke, in denen er glaubt, er könne es einfach nicht mehr aushalten.«

»Ich bin froh, daß Sie das sagen. Ich habe Ota Ornest nur sehr flüchtig kennengelernt, und obgleich wir einander eigentlich nicht kannten, half er mir in so großzügiger Weise, wie selten jemand. Er riskierte etwas für mich. Meiner Meinung nach war er nach seiner Krankheit physisch geschwächt und völlig unvorbereitet, als man ihn einsperrte.«

»Das ist seine Tragödie. Das größte Verbrechen, das man begangen hat. Ota ist Grobheit, Erniedrigung fremd und unerträglich. Als ich hörte, wie grob man mit ihm umging und ich ihn in seinem Trainingsanzug sah, bedauerte ich, daß ich das nicht an seiner Stelle auf mich nehmen konnte. Ich war von Kindheit an Demütigungen gewöhnt, man steckte uns in eine Anstalt, als Vater während des Krieges zum Arbeitseinsatz ins Reich verschleppt wurde, und dann schickte man uns zur Umerziehung in eine sogenannte loyale Familie, aber Ota wuchs in einem harmonischen und liebevollen Familienmilieu auf. Und er war schließlich jemand. Doch was man sich gegen ihn erlaubte ... – Nicht jeder ist verpflichtet, ein Held zu sein. Ein System muß so geartet sein, daß viele darin leben können, und nicht nur besonders widerstandsfähige Einzelwesen. Ich las jetzt in einer psychologischen Studie, daß so ein Zusammenbruch der Persönlichkeit, dem Ota erlegen ist, eine lange Behandlungszeit braucht. Bis zu vier Jahre. Erst dann findet der Mensch wieder zu sich selbst zurück.«

»Frau Křížková, was ist nach Ihrer Meinung das schlimmste menschliche Vergehen?«

»Die Lüge! Mit der Lüge zu leben.«

November 1979

Elzbieta Ledererová: »Ich bin aus freiem Willen hier«

Über Prag breitete sich das November-Matschwetter aus, der Autobus fuhr lange nicht, die Straßenbahn zuckelte dahin, Prag hörte an allen Ecken auf, ein angenehmer Ort zu sein. Die Siedlung auf der Anhöhe liegt offen den eisigen Winden ausgesetzt, doch Ela hatte für mich schon Tee zubereitet.
Auf dem Tisch lagen zwei Briefe, der vorletzte und der letzte von Jiří aus dem Ostrauer Gefängnis. Ein Doppelbogen, dicht mit kleiner Schrift beschrieben, der Gefangene spart mit jedem Zentimeter des kostbaren Papiers im vorgeschriebenen Format, der Zensor aber spart nicht mit Tusche. Da sind zehn Zeilen schwarz ausgestrichen, hier eine halbe Seite schwarz verschmiert. Das größte Mißtrauen scheint der Ostrauer Zensor gegen Träume zu haben: Sobald Jiří anfängt, einen Traum zu schildern, bekommt ihn Elzbieta schwarz gestrichen.

»Lies mir etwas vor. Wie fühlt sich Jirka?«
»›Klagen helfen nicht‹«, liest Ela, »›niemals und niemandem. Was sind die Juden nur an der Klagemauer gestanden und nichts haben sie mit ihren Tränen erweint‹.«

Ela hat eine lächelnde, fast mütterlich freundliche Art. Im richtigen Augenblick kann sie allerdings ihre Meinung unverblümt sagen. Vor der Privatwohnung im Treppenhaus verlangt ein junger Beamter des Sicherheitsdienstes den Personalausweis von Elas Gästen. So sind in Prag die Bräuche. Ela fragt: »Mit welchem Recht?« »Mit behördlichem«, sagt der Beamte. »Mit behördlichem?« versichert sich Ela. »Natürlich.« »Wenn mit behördlichem Recht«, sagt Ela schlagfertig und mit der Eleganz der Polin, »dann nehmen Sie die Hände aus den Taschen!«

Wir schenkten uns Tee ein. Nach polnischer Art stark und heiß.
»Ela, wir kennen uns ziemlich lange, doch wiederum nicht sehr gut. Du bist Polin. Wie bist du in die Tschechoslowakei gekommen?«
»Als Jirkas Frau.«
»Wo habt ihr euch kennengelernt?«
»Im Autobus. Auf dem Weg von Warschau zu meiner Mutter.«
»Also ganz zufällig?«
»Ich war verheiratet, mein Mann war Schauspieler, sonntags hatte er immer zwei Vorstellungen, nachmittags und abends. So fuhr ich jeden Sonntag zu meiner Mutter. Sie lebte in einem schönen Erholungsort, viele Leute fuhren zum Wochenende dorthin, man mußte immer eine Rückfahrkarte kaufen, um dann in den Warschauer Autobus hineinzukommen. Jirka war mir schon auf dem Hinweg aufgefallen. Er sah anders aus als unsere Leute, ich hielt ihn für einen Ungarn, damals war er noch nicht grau, sondern schwarzhaarig und er war farbenfroh gekleidet, wie ein Papagei, würde ich scherzhaft sagen. Er trug rote Socken, ich konnte es sehen, weil er die Beine über den Sitz legte, und ein grünes Sakko. Sicher auch ein sehr buntes Hemd. Und er sah sich interessiert im Autobus um. Alles betrachtete er voll Neugier, er regte mich auf, er störte mich sogar ausgesprochen. Er war die Selbstsicherheit in Person. Dann verlor ich ihn aus den Augen. Das alte Städtchen, in dem Mama wohnte, hat eine Menge Renaissancebauten. Für Polen hatte es ein Maler entdeckt, seine Gedenktafel wurde gerade an diesem Tag enthüllt, im Autobus saßen eine Menge Künstler, die eben zu dieser Festlich-

keit fuhren. Als ich am Nachmittag nach Warschau zurückkehrte, war der Autobus fürchterlich überfüllt – und die Platzkarte für den Platz neben mir hatte gerade er. Der Papagei vom Morgen.

Er begrüßte mich polnisch, aber er sagte gleich, daß er kein Pole sei und ließ mich raten. Ich tippte auf einen Ungarn, er sagte, nur seine Großmutter sei Ungarin. Die Fahrt nach Warschau dauerte dreiundeinhalb Stunden, wir unterhielten uns. Er half mir beim Aussteigen die schwere Tasche tragen, er fragte mich: Haben Sie da Steine drin? Und ich schleppte tatsächlich Steine. Für den nächsten Tag hatte er Karten für das Jüdische Theater von Ida Kaminska, er lud mich dazu ein, dann lud ich ihn wieder ins Theater ein. Er fuhr weg und wir schrieben einander ein ganzes Jahr lang. Das war im Herbst 1963. Ich zog von meinem Mann weg. Als Jirka nach einem Jahr wieder nach Warschau kam, lebte ich schon allein, noch nicht geschieden, aber allein. 1966 fuhr ich nach Prag.«

»Da habt ihr geheiratet?«

»Hochzeit hatten wir auf Burg Karlstein. Das hatten wir uns so ausgedacht. Aber stell dir nichts Prunkvolles vor, die Burg wurde gerade restauriert, die Zeremonie fand in so einem kleinen Kabuff statt. Das Essen war ziemlich armselig und mein Zeuge – es war Arnošt Lustig[1] – kam zu spät zur Hochzeit. Als Hochzeitsgeschenk widmete mir Jirka alle seine Schulden, es waren ungefähr 70000 Kronen. Seit dieser Zeit lebe ich verschuldet. Und ich hatte immer solche Angst vor Schulden! Aber das war das erste, was er mir beibrachte: Wenn das Geld keinen Wert hat, ist es besser, Schulden zu haben.«

»Eure Tochter Monika ist jetzt zehn Jahre alt. Was spricht sie? Tschechisch oder Polnisch?«

[1] Arnošt Lustig, tschechischer Prosaiker, lebt jetzt in USA.

In der Familie sprechen wir Polnisch, auch Jirka. Es kam ganz zwanglos. Vor den Leuten sprechen wir Tschechisch.«

»Du sprichst gut Tschechisch, du hast einen großen Wortschatz.«

»Das ř gelingt mir nicht, das erlernt kein Pole. Ich hatte das Glück, daß Jirkas Familie mich von Anfang an gut aufnahm, Jirkas Mutter ist gesellig und freundlich. Es ist eine sehr redefreudige Familie, ich mußte dauernd reden, so habe ich schnell Tschechisch erlernt.«

»Wo hast du gearbeitet, ich meine damals in Warschau?«

»Nach der Hochschule habe ich in der National-Bibliothek gearbeitet, aber das machte mir keinen Spaß. Ich ging zu *TELAR*, das war ein Fernsehdienst. Korrespondenten, die aus Polen in die Welt geschickt wurden drehten für uns, wir lieferten dem Fernsehen die Reportagen.

»Hast du dann von Prag aus für Polen geschrieben?«

»Die erste Reportage aus Prag machte ich für diese Agentur. Ich drehte, als musikalische Rundschau, die alte Schloßstiege, die Kleinseite und ähnliches, man nannte das Teledisco. Dann drehte ich einen Film über die Verteilungszentrale für Energetik für den ganzen RGW (Rat für gegenseitige Wirtschaftshilfe). Ich entsinne mich, wie begeistert ich war, daß man im ganzen Block Elektrizität sparte und sie gerecht unter alle Verbraucher verteilte. Am meisten habe ich aber für die Gewerkschaftstageszeitung *Praga* gearbeitet, die nahmen alles, warum auch nicht, wenn sie einen Auslandskorrespondenten umsonst hatten, denn sie bezahlten mich nur für die veröffentlichten Artikel. Zuweilen gelang es mir – und das war schon etwas – in der ausgezeichneten polnischen Zeitschrift *Politika* zu veröffentlichen. Dort hatte ich eine Serie über den Kriegsverbrecher Mengele angeboten, da weltweit wieder Vermutungen angestellt wurden, ob er tatsächlich gestorben war oder sich nicht in Süd-Amerika versteckt hielt.

Für *Politika* habe ich auch über das Fernsehfestival in Monte Carlo Berichte geschrieben. Sie haben alles angenommen, doch im Jahre 1968 mußten es dann die Kollegen in Polen für mich ausbaden. Auf der Versammlung des Journalistenverbandes schrie irgend so ein guter Mensch, ich sei nach Monte Carlo gefahren, um mit Arbeitergeldern Roulette zu spielen. Sofern man den liebenswürdigen Fürsten Rainier zur Arbeiterklasse rechnen kann, dann ja, denn er bezahlte alles für die geladenen Gäste, einschließlich der Getränke und den Eintritt für das Kasino. Einer meiner Kollegen hatte eine Hausdurchsuchung, sie suchten eine Verbindung zu Prag und fanden meine Briefe. Bei meinem Verhör in Ruzyň wedelten sie mir mit den Fotokopien vor der Nase herum.«

»Und deine Freunde in Polen?«

»Man hat ihnen gedroht. Doch bis heute arbeiten sie noch alle an Zeitungen, fahren in die Welt, sogar mit Stipendien nach Amerika und anderswohin, und sie können wieder nach Hause zurückkehren. In Polen ist das anders als hier.«

»Du aber hast die Möglichkeit zu schreiben verloren.«

»Mitte 1968 brachen die Polen wegen der Unzuverlässigkeit der damaligen Tschechoslowakei jede Zusammenarbeit mit mir ab. Im Jahre 1973 untersagten mir die Tschechen jedwede Arbeit, ich bekam die Kündigung vom Prager Informationsdienst, wo ich als Übersetzerin gearbeitet hatte. Der Direktor teilte mir mit, dies sei auf Anordnung höherer Stellen geschehen, aber er lehnte es ab, mir das schriftlich zu geben.«

»Also, wie war das mit Jirka? Er ist jetzt zum zweiten Mal eingesperrt ...«

»Zum dritten Mal! Das erste Mal wurde er im Januar 1970 verhaftet. Nach zwei Monaten entließen sie ihn ohne Prozeß aus der Untersuchungshaft. Sie verhörten ihn damals wegen seiner Verbindung zu Polen.«

»Und zum zweiten Mal?«

»Zum zweiten Mal verhafteten sie ihn im Januar 1972, es war immer im Januar. Es war wieder eine koordinierte Aktion mit dem polnischen Sicherheitsdienst. In Polen lief gerade der Prozeß gegen die *Taterníci*[1]. Kozlowski, der herausragendste unter ihnen, wurde, so glaube ich, an der Grenze zwischen Polen und der Slowakei verhaftet. In seinem Notizbuch hatte er die Adresse der *Literární noviny*[2] und Jirkas Namen. Die Anklage gegen Jirka konzentrierte sich dann aber auf Jirkas Artikel über Polen. Er war in den *Literární noviny* und auch in der *Kultura*[3] in Paris erschienen. Jiří wurde wegen Verunglimpfung eines Ostblockstaates angeklagt.«

»Du hast schon einige politische Prozesse überstanden. Könntest du die vorangegangenen mit dem diesjährigen Oktober-Prozeß gegen die Chartisten vergleichen?«

»Alles hat sich verändert. Damals jagte die Polizei nicht die Freunde der Verurteilten durch die Straßen rund um die Gefängnisgebäude, sie machte nicht ständig Durchsuchungen, sie brachte die Angeklagten nicht in der grünen Minna zu den Verhören und zu der jetzt obligaten 48stündigen Haft. Ich entsinne mich – beim Prozeß gegen Luděk Pachman[4] forderte ein Angehöriger des Sicherheitsdienstes Luděks Freunde, die auf dem Gang direkt gegenüber dem Gerichtssaal standen, auf, eine Gasse zu bilden, durch die der Verurteilte gehen könne. Und bei Jirkas erstem Prozeß konnte

[1] *Taterníci*, polnische Studentengruppe, die verbotene Manuskripte zwischen Polen und der ČSSR austauschte.

[2] *Literární noviny*, ab 1968 *Literární listy* (Literaturzeitung), wichtigste Tribüne der tschechischen kritischen Öffentlichkeit der sechziger Jahre. *Literární listy* wurden 1969 eingestellt.

[3] *Kultura*, polnische Exilzeitschrift in Paris.

[4] Luděk Pachman, Schachgroßmeister, lebt seit 1973 im Exil in der Bundesrepublik Deutschland.

Dr. Burešová, die Verteidigerin, die sich Jirka selbst ausgesucht hatte, noch frei argumentieren. Sie bewies anhand der Erklärung Giereks nach dem Sturz Gomulkas, daß die Entwicklung in Polen Jirkas Artikel recht gegeben hatte. Damals schien es uns sogar, als hätte sie sehr vorsichtig gesprochen.«

»Hat ihre Verteidigung Jirka geholfen?«

»Sie hat nicht geholfen. Jirka bekam zwei Jahre, die Höchststrafe. Der Gerichtsvorsitzende Bárta fuhr vor der Urteilsverkündung noch irgendwohin, um sich zu beraten. Und Prokurator Adamec, der auch der Ankläger beim Oktober-Prozeß gegen die Chartisten war, wunderte sich, daß Jirka diese zwei Jahre nicht auf Bewährung bekam. Die allmähliche Verschlechterung zeigte sich auch in anderen Dingen. Im Jahre 1970 fuhr Frau Dr. Burešová noch mit mir nach Ruzyň zum Verhör, es war damals durchaus normal, beim Verhör seinen Anwalt dabei zu haben. Und als sie für mich einen Dolmetscher forderte, wurde das genehmigt. Ich schrieb Jirka nach Ruzyň ins Gefängnis polnisch, dagegen hatte niemand etwas einzuwenden. Frau Dr. Burešová nahm eine Thermosflasche mit Kaffee ins Gefängnis mit, sie brachte Jirka auch Schokolade und Orangen. Das alles darf man heute nicht mehr. Im Jahre 1972 erhielt Jirka während der Untersuchungshaft alle Briefe seiner Freunde, und er selbst konnte nach Hause schreiben, so oft er wollte, auch zweimal in der Woche. Heute bekommt der Gefangene nur Briefe von der Familie ausgehändigt, und während der Untersuchungshaft nicht einmal alle. Und ich entsinne mich auch – beim Berufungsverfahren im Jahre 1972 fiel die Gerichtsverhandlung gerade auf den Jahrestag unserer Hochzeit und die Verteidigerin ersuchte das Gericht, mich mit Jirka sprechen zu lassen und ihm Mandarinen geben zu können. Das Obst durfte ich ihm nicht geben, sprechen durften wir nur drei Minuten zusammen und das vor allen im Gerichtssaal Anwesenden, doch heute würden sie nicht einmal das erlauben.«

»Ela, Jirka wurde zum dritten Mal im Januar 1977 verhaftet und am Jahresende im Prozeß Lederer und Konsorten verurteilt, Jirka namentlich für das Buch *Tschechische Gespräche*[1] und dafür, daß er den Versand der Manuskripte tschechischer Autoren ins Ausland vermittelt hatte. Zusammen mit Jirka wurden Václav Havel, František Pavlíček[2] und Ota Ornest verurteilt. Ich möchte dich nach einer sehr delikaten Angelegenheit fragen: Hat Jirka die Aussage von Ota Ornest geschadet?«

»Sie hätten Jirka sowieso verurteilt, aber möglicherweise hätte der Prozeß einen anderen Verlauf genommen. Ornest hat alles erschwert, weil er vorbehaltlos und bereitwillig auf ihr Verbrecherspiel einging. Die Machthaber brauchten die Verurteilung von *Svědectví*[3] und der *Listy*[4], von Pavel Tigrid[5] und Jiří Pelikán[6], und Ornest war da sehr nützlich, die Machthaber wollten beweisen, daß ihre Opponenten von feindlichen Zentralen gelenkt werden, und auch das bestätigte er. Ohne Ornest hätte der Sicherheitsdienst nicht über das Buch der ›Tschechischen Gespräche‹ erfahren, durch

[1] Jiří Lederer, *Tschechische Gespräche,* deutsch bei Rowohlt 1979

[2] František Pavlíček, tschechischer Dramatiker; Ota Ornest, Lyriker, siehe Fußnote bei Marie Rut-Křížková

[3] *Svědectvi,* tschechische Exilzeitschrift in Paris

[4] *Listy,* Zeitschrift der tschechischen sozialistischen Opposition, herausgegeben in Rom.

[5] Pavel Tigrid, Herausgeber der Exilzeitschrift *Svědectví* in Paris, bedeutendster tschechischer Journalist der Gegenwart. Svědectví beeinflußt seit 26 Jahren vor allem die geistige Elite in der ČSSR.

[6] Jiří Pelikán, ehemaliger Direktor des ČSSR-Fernsehens, Mitglied des ZK der KP in Prag, jetzt Abgeordneter des Europaparlamentes in Straßburg (von den italienischen Sozialisten gewählt), Herausgeber von *Listy.*

Hausdurchsuchungen bei uns hatte die Behörde nur ein paar einzelne Arbeits-Versionen in die Hand bekommen. Ornest half mit seiner Aussage dem Sicherheitsdienst sich zu orientieren, er zeigte ihnen die Richtung der Verhöre an, nannte die Betreffenden beim Namen, sprach eigentlich über jeden, an den er sich nur erinnern konnte. Ohne seine Aussage wäre es dem Sicherheitsdienst und dem Prokurator schwerlich gelungen, einen Gruppenprozeß zu führen und *Svědectví* und *Listy* zu verurteilen.«

»Verurteilst du ihn?«

»Jirka lehrte mich immer, tolerant zu sein. Sein Anwalt wollte die Verteidigung auf Ornests Überführung nachweislicher Lügen aufbauen, aber Jiří gestattete ihm das nicht und entschied sich für offenes Handeln: Ja, ich habe das und das getan und ich habe es aus dem und dem Grund getan. Er verurteilte Ornest nicht, er sagte sogar, er könne ihn da nicht allein drin hängen lassen. Seine Auffassung von der Tat selbst aber war hart – Ornest hat nämlich vielen Leuten geschadet – nur wollte Jiří nicht gegen Ornest handeln.«

»Ich bin einer solchen Großzügigkeit nicht fähig, ich habe Ornest voll verurteilt. Ein Schwächling darf ein Mensch nur auf seine eigene Rechnung sein. Wie meine Mutter sagte: Es gibt Menschen, die müssen auf ihrem Weg in die Hölle Begleitung haben, und er gehört offenbar zu diesen Leuten. Ornest versuchte nicht einmal vor Gericht Würde zu wahren, er bettelte nur, alle hätten ihn verführt, hätten ihn da mit hineingezogen. Dabei kannten er und Tigrid sich schon viele Jahre, noch aus Pilsen, sie hatten zusammen den Krieg[1] durchgemacht. Aber er pfiff auf das alles. Es war sehr traurig.«

[1] In der Zeit des II. Weltkrieges war Pavel Tigrid in London im Exil, Ota Ornest ebenfalls. Beide arbeiteten in den tschechischen Sendungen des BBC.

»Würdest du konzedieren, daß die Verhaftung Ota Ornest überrascht und aus dem Gleis geworfen hat? Er befand sich auf einmal in tiefer Erniedrigung ...«
»Ich habe ihn nicht sehr gut gekannt. Wir gingen zu ihm ins Theater. Er wirkte sympathisch, war gebildet, wußte viel vom Theater, auch vom polnischen. Als er dann in Bedrängnis geriet, kam seine Schwäche zutage.«
»Und wäre er nicht in Bedrängnis geraten? Ich möchte nicht als advocatus diaboli auftreten, aber es kommt mir doch in den Sinn, daß Ota Ornest unter normalen Bedingungen, wenn er nicht ins Gefängnis gekommen wäre, den Rest seines Lebens in Ansehen, Würde und ohne Schuld gelebt hätte.«
»Ja, auch er ist ein Opfer des Regimes.«
»Ela, wann hast du die Charta unterschrieben?«
»Das ist mit einer so lächerlichen kleinen Geschichte verbunden. Wir hatten Gäste bei uns draußen im Wochenendhaus und ich kochte gerade Bigos. Das ist ein polnisches Gericht, das hauptsächlich Jäger kochen und das sehr nahrhaft ist. Es ist ein Winteressen, das vorhalten muß und das immer besser schmeckt, je öfter man es aufwärmt. Am besten schmeckt es angeblich nach zwei Wochen. Es wird heiß aufgetragen, man muß dazu etwas trinken. Ich werde dich einladen, wenn ich es wieder einmal mache. Ich kochte damals also Bigos, das dauernd gerührt werden muß, sonst brennt es leicht an. Die Gäste saßen bei Tisch, sie beredeten etwas, ich rannte wieder an den Herd zum Rühren, rief ihnen zu, wartet, redet nicht, erst wenn ich dabei bin, aber sie sprachen und sprachen und ich rührte und rührte, und als sie wegfuhren, sagte Jirka: ›Und du hast es nicht geschafft, zu unterschreiben.‹ Das macht nichts, sagte ich ihm, du hast ja auch für mich unterschrieben. Dann wurde Jirka eingesperrt und ich stellte fest, daß es nicht ganz egal ist, ob ich selbst unterschrieben habe oder nicht, und ich unterschrieb.«

»Eine andere Frage: Du hast ein kleines Kind, du lebst als Polin in der Tschechoslowakei, dein Mann sitzt im Gefängnis. Und dennoch hattest du keine Angst, Mitglied des Ausschusses zur Verteidigung zu Unrecht Verfolgter zu werden?«
»Genau das wurde ich beim Verhör auch gefragt.«
»Und was hast du darauf gesagt?«
»Ich habe meinen Mann im Gefängnis, deshalb bin ich dem Ausschuß zur Verteidigung zu Unrecht Verfolgter beigetreten. Dir sage ich – erinnerst du dich an den Besuch des holländischen Ministers van der Steel in der Tschechoslowakei? An diesem Tag besuchte ich zum ersten Mal den – jedenfalls für mich – legendären Professor Patočka. Ich hatte ihn nie zuvor gesehen, nur einiges von ihm gelesen und viel über ihn durch Jirka gehört. Dieses Gespräch, eigentlich das letzte vor seinem Tod, denn am nächsten Tag war er schon im Krankenhaus, aus dem er nicht mehr zurückkehrte, machte auf mich einen tiefen Eindruck. Ich war von Professor Patočka bezaubert, beeindruckt davon, mit welcher Selbstverständlichkeit er aus seiner wissenschaftlichen Arbeit direkt auf die Barrikaden gegangen war, ich konnte nicht begreifen, wie es möglich ist, mit siebzig Jahren solche Beleidigungen zu ertragen, das Herumsitzen auf den Gängen der Untersuchungsbehörden, die vielstündigen Verhöre über sich ergehen zu lassen und dabei so fröhlich zu sein, voller Glauben und Optimismus. Ich habe ihn damals sogar aus journalistischer Neugier gefragt, was ihn dazu gebracht hätte. Der Professor lächelte und zitierte seine geliebten Klassiker, vor allem zog er eine Parallele zu Sokrates: In seinem siebzigsten Lebensjahr war Sokrates zum ersten Mal vor Gericht gestellt worden, und als er darüber nachsann, stellte er fest, daß es gerade mit siebzig die höchste Zeit sei, etwas zur Vollendung des eigenen Lebens zu tun. Und dann sprach

Patočka nur über Václav Havel und über meinen Jirka, was für Helden das seien und daß sie bald wieder zu Hause sein würden. Über Vašek sagte er damals einen schönen Satz: ›Auch wenn er im Leben nichts anderes mehr schaffen könnte, würde sein Name für immer mit der Charta 77 verbunden bleiben.‹ Dieses Gespräch und den nachfolgenden Tod Prof. Patočkas werde ich bis an mein Lebensende nicht vergessen. Auch Otka Bednářová[1] hat mich ziemlich beeindruckt, ihre Persönlichkeit, ihr Enthusiasmus für alles, was sie tat, ihre Freundschaft, die ich für eine der wertvollsten in dieser Zeit halte. Als ich ihre Opferbereitschaft und Hingabe sah, sagte ich mir, daß ich auch etwas tun müsse. Wenn sich die Situation nicht so schlimm entwickelt hätte, wäre ich möglicherweise nur die Frau eines politischen Häftlings geblieben. Aber plötzlich war ich inmitten einer großen Schar und ich sah, daß anderen noch größeres Unrecht angetan wurde als Jirka.«

»Wie verhält man sich im Gefängnis gegen politische Gefangene?«

»Wir haben dafür in der Familie Vergleiche. Jirkas Onkel (mütterlicherseits) Hajn wurde im Prozeß gegen die *Omladina*[2] verurteilt. Die Hajns waren Freunde von Masaryk und Beneš. Jirka hatte von diesem Familienzweig das Interesse für Politik geerbt. Der Onkel saß nach dem Prozeß im Gefängnis Bory in Pilsen. Er bat damals um eine eigene Bibliothek, er

[1] Otka Bednářová, Redakteurin im Tschechosl. Rundfunk und Fernsehen, engagierte sich an der Seite des Demokratisierungsprozesses. Aktivistin der CHARTA-77-Bewegung. Verurteilt im Oktober-Prozeß 1979, aus gesundheitl. Gründen wurde der Strafvollzug ausgesetzt.

[2] Omladina, Fortschrittliche Gruppe der tschechischen Studenten- und Arbeiterjugend, gegen die im Jahre 1894 ein politischer Prozeß geführt wurde. Diese Bewegung war aus der Unzufriedenheit mit der proösterreichischen Politik der tschech. Bourgeoisie entstanden.

bekam sie, dann wollte er einen Schreibtisch, er bekam ihn. Er sagte, ihm schmecke die Gefängniskost nicht, sie brachten ihm Essen aus einem Pilsener Lokal. Seine erste Strafe verbüßte Jirka auch in Bory. Im Jahre 1970 machte er sogar noch Übersetzungen im Gefängnis. 1972 durfte ich ihm zuletzt nicht mehr das Buch schicken, das er haben wollte. Die politischen Gefangenen wurden von den übrigen völlig isoliert, höchstens teilte man ihnen noch Republikflüchtlinge zu. Damals in Bory war Jirka mit Kyncl[1], Uhl[2], Bašta[3], Hádek[4], Vondra[5] und Huebl[6] zusammen. Sie waren zu viert in einer Zelle, sie hatten zwei Räume, in einem schliefen sie, in dem anderen arbeiteten sie, sie sahen sich nur untereinander, niemanden sonst, und begannen, sich bald auf die Nerven zu gehen.

Jetzt in Ostrau kann Jirka nur in einem kleinen, abgegrenzten Teil des Hofes spazieren gehen, nicht wie die anderen Gefangenen auf dem ganzen Hof. Er beschwerte sich beim Arzt, daß der Spaziergang in dem kleinen Hof seine Kräfte nicht regeneriere, ihn vielmehr ermüde, aber die Beschwerde wurde abgelehnt. Weil er sich weigerte, seinen täglichen

[1] Karel Kyncl, Rundfunkjournalist. Engagierte sich 1968 auf der Seite der Demokratisierungsbewegung. Lebt seit seiner Entlassung aus dem Gefängnis in Prag.

[2] Petr Uhl, aktiv in der sozialistischen Opposition in der ČSSR tätig. Wurde 1979 im Oktober-Prozeß mit Havel verurteilt.

[3] Jaroslav Bašta, Archäologe, gehörte zur Gruppe um Petr Uhl, 1969 zu 2½ Jahren Gefängnis verurteilt.

[4] Karel Hádek, Photograph, 1970 zu 3 Jahren Gefängnis verurteilt, lebt seit 1981 im Exil in München.

[5] Vladimir Vondra, Direktor des Volksbildungs-Instituts, 1972 zu 2 Jahren Gefängnis verurteilt.

[6] Milan Huebl, Historiker, befaßte sich mit Zeitgeschichte u. der Geschichte der Arbeiterbewegung. 1972 zu 6½ Jahren Gefängnis verurteilt.

Rundgang zu machen, darf er zu Weihnachten kein Päckchen bekommen.

Im Sommer war Jiří krank, er wurde in das Gefängniskrankenhaus von Pankrác verlegt.

Er hat Beschwerden mit der Schilddrüse, das fing schon in Bory an. Es ist ein Symptom von Streß. Als er aus Bory zurückkam, war er gereizt, er konnte nicht schlafen, war empfindlich. Und auf einmal brach er beim Essen zusammen, hatte Anzeichen eines Herzinfarkts, das Herz arbeitete nur unregelmäßig, der Blutdruck schwankte. Die Ärzte konnten lange die Ursache dafür nicht finden, erst als sie bei der endokrinologischen Untersuchung eine Störung der Schilddrüsentätigkeit feststellten. Nach einem Jahr intensiver Behandlung kam sie wieder in Ordnung. Im Sommer des vergangenen Jahres zeigten sich die Beschwerden erneut, auch eine starke Magenneurose.«

»Wird er behandelt?«

»Jirka schrieb mir, ich solle die Diagnose seiner Ärztin in Prag dem Gefängnisarzt bringen, damit er ihm die entsprechenden Medikamente verschreiben könne. Ich schrieb dem Gefängnisvorsteher, daß Jirka krank ist. Er antwortete mir erst nach langer Zeit und ziemlich grob, ich gäbe über Jirkas Gesundheit falsche Berichte. Die Pflege in den Gesundheitseinrichtungen, schrieb mir der Vorsteher, sei besser als in den zivilen Anstalten und ich hätte mir Jirkas Krankheit ausgedacht. Und dann bekam ich plötzlich im Herbst von Jirka einen Brief aus dem Pankrácer Krankenhaus, in dem er drei Wochen lang lag. Das war im Jahre 1978.«

»Lies mir noch etwas aus seinen Briefen vor.«

»Er schreibt schön. *Ich werde so zu dir zurückkommen, daß du zufrieden sein wirst. Niemand wird mir ansehen, daß ich im Gefängnis war. Ich trainiere und arbeite, ich werde festere Muskeln haben als jeder von euch.* Und dabei ist er abgemagert, fahl im Gesicht, wie alle im Gefängnis. Gut, daß er sich nicht sieht. Nach seinem letzten Brief zu urteilen, ist er wieder krank, ein schwerer Magenanfall hat ihn erwischt und er liegt wieder im Pankrácer Gefängniskrankenhaus.«

»Ela, im Gefängnis wurde Jirka gedrängt, ins Ausland zu gehen. Er hat das abgelehnt. Was, wenn er aus dem Gefängnis zurückkommt?«

»Ich kann mir nicht vorstellen, wieweit er die Veränderungen hier errät oder nicht. Sicher weiß er davon, er kann die Dinge gut erkennen, sogar aus den offiziellen Zeitungen. Er schreibt: *Alles ist wie in einem fließenden Zustand, ich habe in mir nur eine Konstante, dich, euch, unsere Familie.* Ich weiß es selbst nicht und ich bin neugierig, wie er die heutige Wirklichkeit aufnehmen wird, sobald er sie kennenlernt.

Grundsätzlich sind wir dagegen, fortzugehen, es ist unsere innerste Überzeugung, aber das muß nicht entscheidend sein. Einmal hat mich Pavel Kohout[1] sehr beleidigt. Es war bei Jirkas Berufungsverfahren und Pavel Kohout sagte mir, ich solle realistisch sein und nicht damit rechnen, daß man Jirka nach der Hälfte seiner Strafe freiließe. Ich sagte ihm, ich sei eine noch größere Realistin als er, denn ich weiß sicher, daß man Jirka nicht freiläßt. Er sagte – entscheidend ist Jirka, an ihm wird es liegen, du fährst weg, dir ist das egal, du bist hier sowieso fremd. Ich sagte ihm, daß ich aus freiem Willen hier bin, ich habe es mir ausgesucht.«

»Du hast hier nie ein Gefühl der Fremde gehabt?«

»Niemals. Das ist sicher das Verdienst von Jirkas Freunden, sie haben mich wie eine der ihren aufgenommen. Nie hatte ich das Gefühl von Verlorenheit. Überall anderswo wäre es für uns schlimmer, Jirka ist mit seinen Wurzeln verwachsen, mit seiner Familie, mit seinen Freunden, mit der Heimat. Er

[1] Pavel Kohout, tschechischer Dramatiker und Schriftsteller, lebt seit 1979 in Wien

wirkt nur so souverän, er macht nur den Eindruck, als sei er allem gewachsen, aber er ist im Gegenteil sehr empfindlich und verletzlich. Diese Bande halten ihn fest, und er hält sich an ihnen fest. Jetzt wegzugehen bedeutet für immer wegzugehen, das ist klar. Und das ist das Schlimmste an der Emigration.«

»Was sagt oder schreibt Jirka selbst darüber?«

»Er hat viele Pläne. Nicht nur Ideen, sondern bis ins Kleinste durchdachte Bücher. In letzter Zeit studiert er Marx. Wir sprachen bei meinem letzten Besuch in Ostrau darüber. Jirka erwägt alle Möglichkeiten, auch die des Weggehens. Er sucht nach einem Prinzip, das über allem stehen wird, bei ihm wird dieses Prinzip ohne Zweifel die Arbeit sein. Er würde gern nach seiner Rückkehr fleißig arbeiten, er hat sich überlegt, was er machen möchte und könnte, um richtig zu leben. Und er wird nach seiner Rückkehr feststellen, daß das Schwerste sein wird, seine Beschäftigungspläne zu verwirklichen.«

»Du meinst aus Existenzgründen?«

»Das nicht, ich habe keine Angst vor Existenzschwierigkeiten. Im Jahre 1970 habe ich zum Beispiel Perücken genäht, dann durfte ich wieder eine Weile übersetzen, eine Möglichkeit des Lebensunterhalts würden wir schon finden. Aber man wird ihm keinen Raum für seine eigenen Arbeiten lassen. Er wird nicht publizieren können, weder hier, noch im Ausland. Und möglicherweise nicht einmal in der *Edice Petlice*.«

»Ela, du warst mit den übrigen Mitgliedern des Ausschusses eingesperrt, dann ließ man dich frei. Verfolgt man dich jetzt?«

»Wir hatten insgesamt sechs Hausdurchsuchungen, die letzte betraf mich. Hin und wieder ist mir die Polizei auf den Fersen, zum Beispiel in den Tagen des Oktober-Prozesses. Aus dem Ausland bekomme ich überhaupt keine Post mehr.

Ich habe eine Menge polnischer Freunde, die in Amerika, in England sind, sie haben mir regelmäßig geschrieben, es ist kaum denkbar, daß sie alle so plötzlich verstummt sind. Im Sommer bekam ich einen einzigen Brief aus England, man bereitet dort eine Protestaktion vor: Französische Mädchen schrieben an Monika Solidaritätsäußerungen.«

»Hast du Jirkas veröffentlichte ›*Tschechische Gespräche*‹ gesehen? Weiß Jirka, daß das Buch während seiner Gefängniszeit herausgekommen ist?«

»Jirka hat sich von Anfang an dafür interessiert, was mit dem Manuskript geschehen ist. Einmal fragte er in einem Brief: ›In welcher Sprache wird das Buch erscheinen?‹ Zuerst sind die ›*Gespräche*‹ in der *Edice Petlice* erschienen. Wenn er jetzt zurückkommt, wird er gleich drei Ausgaben vorfinden – die der *Edice Petlice*, eine im Ausland tschechisch und eine deutsch erschienene. Er wird große Freude darüber haben, das wird sein Christkindl sein!«

»Entschuldige, wenn ich fast indiskret frage: Wie sind der Gefangene und seine Familie mit dem Geld dran?«

»Der Gefangene muß für alles zahlen, für die Haft, das Gericht, die Rechtsanwälte. Zum Beispiel kosteten Jirka die Gerichtssachverständigen, die schrieben, daß sich das Buch der ›*Tschechischen Gespräche*‹ gegen den Staat richte, 800 Kronen. Vorläufig habe ich nur die Rechtsanwälte bezahlt. Die Untersuchungshaft dauerte ein Jahr, also wird sie teuer. Und für die Diät muß man zuzahlen, sie kostet etwa dreißig Kronen täglich, die normale Kost weniger. Otka Bednářová ist krank, sie bekommt Hörnchen statt Brot und Milch statt Kaffee, sie wird mehr zahlen müssen. Und wenn Jirka nicht im Strafvollzug arbeiten könnte, müßte er den Aufenthalt dort wohl auch ersetzen. Wir haben noch Schulden für seinen Aufenthalt in Bory. Jirka arbeitet, man schickt mir von seinem Verdienst 300 Kronen und eine Zulage für das Kind.

Als er aber krank war und die Norm nicht erfüllte, habe ich das gleich zu spüren bekommen, ich erhielt um fast 100 Kronen weniger. Und zum Schluß kam alles zusammen auf 50 Kronen. Die finanzielle Strafe für die Familien von Gefangenen ist hart. Zum Beispiel wird sich Václav Benda[1], der fünf Kinder hat, schrecklich bemühen müssen, damit etwas von seinem Verdienst an sie geschickt wird. Und Jirka ist in Ostrau, das ist weit, die Fahrt hin und die Übernachtung dort sind teuer, auch die Pakete sind teuer, denn es hat nur Sinn Qualitätsware zu kaufen. Für die Gerichtsverhandlung und die Untersuchungshaft bekommen wir eine Rechnung, sobald Jirka rauskommt.«

»Er kommt im Januar raus?«

»Am 13. Januar. Er beauftragte mich in einem Brief, zu diesem Anlaß Knackwürste und Bier für die Freunde zu kaufen. Warum ausgerechnet Knackwürste, weiß ich nicht, wir haben sie früher nur beim Lagerfeuer gegessen, vielleicht, weil sie billig sind.«

»Sag mir zum Schluß noch etwas aus seinen Briefen.«

»Jirka zitiert am liebsten seine Großmutter, die unsterbliche Oma. Im letzten Brief schrieb er: *Wie pflegte unsere Oma zu sagen? Alles Böse hat auch sein Gutes.*
Hoffen wir, daß dem so sein möge!«

19. November 1979

[1] Václav Benda, Mathematiker, Sprecher der Charta 77, wurde im Oktober 1979 gemeinsam mit Václav Havel, Petr Uhl, Jiří Dienstbier und Otka Bednářová zu 4 Jahren Gefängnis verurteilt.

Zdena Tominová:
»Die Zukunft gestalten, das heißt, an sich selbst arbeiten«

Von der ersten Begegnung mit Zdena Tominová blieb sie mir als extravagant gekleidete, strahlende Frau im Gedächtnis. Erst später lernte ich allmählich ihre Fähigkeiten kennen, sich in jeder Situation mühelos (in vier Sprachen) und gescheit auszudrücken, was ich, da ich in Gesellschaft recht unbeholfen bin, bewundere. Ihre Vitalität, ihre Weiblichkeit, ihr raffiniertes Verhalten der lästigen Polizei und ihre Ergebenheit Julius Tomin [1] gegenüber, der wahrscheinlich der einzige Mensch ist, für den sie ein Gefühl der Ergebenheit hegt, und die liberale Gesinnung die sie ihren Söhnen entgegenbringt. Ich sehe sie jetzt, wo ich diese Zeilen schreibe, vor mir: Zdena Tominová als tapferer kleiner Soldat verkleidet, vielleicht sogar als Napoleonischer, in Umhang und Stiefeln, ein entzückender, sehr femininer Soldat mit Pagenköpfchen und schönen, sinnlichen Augen stiefelt über die Nationalstraße vom Café Slavia zum Perstein, und zwei Schritte hinter ihr, an jeder Seite ein, zwei ungehobelte Kerle. Wir treten zur Seite, Zdenas Blick streift uns, sie schreitet entschlossen an uns vorbei, nicht in der Lage, sich ihres drohenden Anhangs zu entledigen, aber auch ein wenig stolz auf ihn. In außergewöhnlichen Situationen ist es von einer Geächteten, die von der Polizei verfolgt wird, nicht weit zu einer Königin, so daß ich – auf dieser Straße – fast das zwingende Verlangen verspüre, die Kerle aufmerksam zu machen: »So nehmt doch endlich ihre Schleppe auf!«

Unser Gespräch führten wir im Café Slavia vor einem breiten

[1] Dr. Julius Tomin Philosoph, einer der führenden Köpfe der geistigen Opposition in der CSSR. Lebt seit 1980 in England.

Fenster mit Blick auf die Moldau und auf die Burg. Es war ein kühler Tag, vom Fenster her zog es. Aus einer Ecke des Lokals filmte uns fast die ganze Zeit während unseres Interviews irgendein schäbiger Polizist. In jeder Beziehung eine ausgeprägte Persönlichkeit und daher beeindruckend mutig, schien Zdena – für meine so andersgeartete Mentalität – nicht gerade das vorteilhafteste Objekt für ein Gespräch zu sein. Vorsichtig fing ich an.

»Duzen wir uns, Zdena, oder siezen wir uns?«

»Wir haben uns schon einmal geduzt, also bleiben wir dabei, nicht?«

»Gut. Ich möchte dich gleich mit der ersten Frage überraschen. Ich weiß nämlich nicht, wie ich anders schnell an dich herankommen kann. Bist du ehrgeizig?«

»Überhaupt nicht. Ich kann nicht hinter meinen Angelegenheiten herlaufen, dazu fehlt mir der Wille. Ich ziehe alles mehr mit dem Gefühl als mit dem Willen durch. Ich rege mich zunächst furchtbar auf, erst dann bin ich fähig, das zu tun, was ich tun will.«

»Nun sind wir beide überrascht. Ich habe eine etwas andere Antwort erwartet. Aber weiter. Du bist in der Öffentlichkeit tätig, als Schriftstellerin wie als Sprecherin der Charta. Empfindest du es als hinderlich, eine Frau zu sein?«

»Vielleicht als Autorin. Ehe Männer meine Texte zu lesen anfangen, bekunden sie so eine typisch männliche Gönnerhaftigkeit. Aber wenn sie einen Text durchgelesen haben und feststellen, daß es keine Frauenliteratur ist, fangen sie an, sachlich zu reden. Als Sprecherin der Charta habe ich diese Beschränkung, nach der du fragst, nicht zu spüren bekommen. Möglicherweise liegt es daran, daß ich als Autorin unsicher bin, während ich als Sprecherin ... Nun, man sucht sich einfach bei dieser Arbeit die Leute vorher selbst aus, die einem helfen, so daß man eigentlich nicht anecken kann. Ich war selbst überrascht, wie schnell sie mich akzeptiert haben. Aber warte, da war doch etwas. Ja, ehe ich Sprecherin wurde, als man erst darüber verhandelte. Da hieß es: Die Dolmetscherin wandert von einem Bett ins andere, die Zahl ihrer Liebhaber ...«

»Nein, mit so vielen Liebhabern wärest du als Sprecherin der Charta leicht verwundbar und außerdem unzuverlässig. Was hast du dagegen unternommen?«

»Nichts. Gegen Verleumdungen kann man sich nicht schützen. Für kurze Zeit schlug der Tratsch auch Wurzeln. Aber möglicherweise ütertrug man auf mich auch ein wenig die Animosität gegen Tomin.«

»Zu Tomin kommen wir noch.«

»Auf diese Weise habe ich also den Nachteil, eine Frau zu sein, zu spüren bekommen. Einem Mann macht niemand seine Liebesaffären zum Vorwurf. Um Ludvík Vaculík[1] empfindlich zu treffen, mußte die Polizei erst diese Fotos in der Hand haben. Bei mir genügte ihnen schon ein ausgedachter Klatsch. Darin zeigt sich auch die weibliche Unterlegenheit.«

»Zdena! Daß du Sprecherin der Charta bist, weiß ein jeder. Weniger bekannt ist dagegen dein literarisches Schaffen. Ich selbst kenne nur deine Novelle *Totaler Einsatz*[2].«

»›Das Theaterstück‹ kennst du nicht? Das tut mir leid. *Totaler Einsatz* ist nämlich nicht zuvor durchdachte Literatur, Literatur im eigentlichen Sinne des Wortes. Ich war in Leipzig, ich mußte dort dolmetschen, und Julius machte seinen ersten Hungerstreik. Tagsüber dolmetschte ich und

[1] Ludvík Vaculík, Schriftsteller, Mitbegründer und »Cheflektor« der *Edice Petlice*. Bei einer Hausdurchsuchung fand die Polizei in Vaculíks Wohnung kompromittierende Fotos, die sie veröffentlichte.

[2] *Totaler Einsatz* und *Das Theaterstück*, nur tschechisch im »Selbstverlag« erschienen.

während der Nacht schrieb ich. Ich kam abends ins Hotel zurück und Julius war weit weg. Ich hatte Angst um ihn. Was wußten wir schon über Hungerstreiks. Ich wollte bei ihm sein, mittels dieses Schreibens, verstehst du? Wollte mit ihm vereint sein, ihn nicht allein lassen. Es war eine ganz existentielle Situation.«

»In mir erweckte der Text den Eindruck, als beschriebest du den Aufenthalt in einem Irrenhaus oder in einem Gefängnis.«

»Ich wohnte in einem Hotel, das einen geschlossenen Wohnblock bildete. Die Fenster meines Zimmers führten auf den Hof. Ich weiß nicht einmal, ob der Alte auf dem Hof wirklich dort war. Wahrscheinlich ja. Solche alten Männer gibt es in jedem Hotel.«

»*Totaler Einsatz,* dieser Begriff assoziiert Krieg, Okkupation, Zwangsarbeitsdienst. *Totaleinsatz* bedeutete im Krieg die Verschleppung tschechischer Arbeiter und Jugendlicher in die Arbeitslager in Deutschland.«

»Hier geht es um mich. Totaler Einsatz nur meiner selbst. Es ist ein Bekenntnis, keine Literatur. Daher hatte ich eine gewisse Scheu vor diesem Text. Auch Tomin scheute sich anfangs, ihn jemanden lesen zu lassen, er hatte das Gefühl, ich hätte darin irgendwelche Intimitäten von uns preisgegeben. Erst als es jemand las und Tomin merkte, daß es als Literatur angesehen wurde, beruhigte er sich. Hingegen habe ich *Das Theaterstück,* in dem es auch um weibliche Probleme geht, in der Ich-Form geschrieben und schon als Literatur entworfen.«

»Hast du literarische Ambitionen?«

»Nein. Wenn ich aber irgendwo lese: Zdena Tominová, Übersetzerin, fühle ich mich geprellt. Ich habe nie irgend etwas übersetzt, man verwechselt meine Dolmetschertätigkeit mit Übersetzen. Ich habe mit dem Dolmetschen nur

Geld verdient. Andererseits, wollte ich mit der Schriftstellerei Geld verdienen, würden wir Hungers sterben. In der Literatur bin ich nicht ausgebildet, möglicherweise verstehe ich sie nicht einmal. Es drängt mich einfach, zu schreiben. Ich lege den Kopf auf die Maschine, warte, bis mir der erste Satz einfällt, und dann fange ich an zu schreiben. Ich schreibe dann in einem Zug. Und wenn es auf dem Papier steht, bringe ich es nicht fertig, auch nur eine Zeile zu ändern. Das Schreiben ist für mich ein Prozeß der Erleichterung, ein Ausspeien. Sobald es aus mir heraus ist, gehört es mir nicht mehr. Das Manuskript auf eine höhere literarische Ebene zu stellen, weiter an dem Text zu arbeiten, das bringe ich nicht fertig. Ich habe das nicht, was man literarische Ambition nennt. So wird wohl aus mir niemals eine richtige Schriftstellerin.«

»Dolmetscherin wurdest du der Not gehorchend?«

»Ich bekam ein Kind, studierte im Fernstudium an der philosophischen Fakultät, doch es war untragbar, bei dem Kind zu Hause zu bleiben, da wir kein Geld hatten. Damals lebte noch unsere Großmutter, die sich um das Kind kümmern konnte, jemand erzählte mir von der Möglichkeit, zu dolmetschen, so meldete ich mich an. Man sagte mir aber, ich müsse zuvor eine Prüfung machen, und man würde mich dazu auffordern. Dann aber fand der Ökumenische Weltkongreß statt, man brauchte eine Menge Dolmetscher, und so setzte man mich ohne Prüfung direkt in die Kabine. Ich habe vierzehn Jahre gedolmetscht, in den verschiedensten Fachbereichen. Bei technischen Konferenzen, bei Ärzte-Symposien, bei Fachtagungen über Kalt-Schweißen ebenso wie über Kehlkopfkrebs. Ich habe die vorteilhafte Kombination von Russisch, Deutsch und Englisch und kann ohne Übertreibung sagen, daß ich bei uns zu den Besten gehöre.«

»Warum also dieses Gefühl des Geprelltseins?«

»Weil das ein Beruf ist, der dem Menschen die Individualität nimmt. Er engt die schöpferische Fähigkeit ein. Ein professioneller Dolmetscher muß ein fremdes Fach sprachlich bis unter die Haut in sich aufnehmen, damit er dann während der vier Tage in der Woche fremde Gedanken präzise, ebenso präzise wie wortgetreu, übermitteln kann, so daß er in den weiteren drei Tagen, die ihm vielleicht für sich selbst bleiben, es schon nicht mehr schafft, frei zu denken. Andererseits ist es eine Beschäftigung, die einem eine Menge Freiheit gewährt, einfach ein Job. Wenn ich will, arbeite ich, wenn ich nicht will, muß ich nicht, und zugleich bedeutet es gute Einnahmen. Er hat so viele Vorteile, daß ich mich selbst schwerlich dazu durchgerungen hätte, wezugehen. So habe ich es geradezu als Erleichterung empfunden, als man mich im Jahre 1978 hinauswarf.«

»Wieviel Energie mußt du in die Charta-Arbeit investieren?«

»Im Grunde genommen meine ganze. Wenn ich mich abends hinlege, bin ich müde wie ein Holzfäller. Wenn du nur daran denkst, daß niemand Telefon hat und man überall selbst hingehen muß. Ich besuche so an die vier Leute täglich. Die Charta kostet auch eine Menge nervlicher Anspannung. Unentwegt in alles eingeweiht sein, wissen, was alles vorgeht, immer um jemanden Angst haben. Bei der Charta muß ich mit Menschen zusammenkommen, die ich nicht unbedingt kennenlernen möchte, die ich aber kennen muß. Überhaupt verlangt die Charta ein höchstes Maß an Verantwortung. Jede Kleinigkeit kann wichtig sein, sonst ganz normalen Dingen kann ich nicht nachgehen, wie zum Beispiel an einem geselligen Abend nicht einmal trinken zu dürfen, wie ich gern möchte.«

»Damit man nichts gegen dich vorbringen kann.«

»Ja sicher. Und da ich keine Verantwortung in dieser Beziehung übernehmen, mich nicht einschränken kann, begleitet mich beispielsweise zu solchen Abenden Tomin. Er paßt auf mich auf und bringt mich wieder brav nach Hause.

»Du hast Kinder, Zdena ... «

»Ja, Marek und Lukaš. Es sollten noch Matouš und Jan hinzukommen. Doch das habe ich irgendwie nicht mehr geschafft ... «

»Wie alt sind die beiden?«

»Marek ist zehn und Lukaš sechzehn.«

»... und hast du keine Angst um sie? Du hast dich Repressalien ausgesetzt, die gewiß auch die Kinder tangieren.«

»Ja. Jeder muß diese Entscheidung treffen, wir mußten es auch. Lukaš ist der klassische Studiertyp, er interessiert sich für Philosophie und Kunst, er hat mit Auszeichnung gelernt. Im Jahre 1974 war er vierzehn, beendete die Schule, und Freunde boten uns an, ihm den Zugang zum Gymnasium zu vermitteln. Sie gaben die typischen Ratschläge, du kennst das: Lukaš solle sich doch disziplinieren und in den *SSM*[1] eintreten, er wisse doch schließlich, ›worum's geht‹. Wir nahmen im ersten Moment das Angebot begeistert an. Unser Sohn war schon weniger begeistert. Es zeigte sich eben, daß es so, wie man uns geraten hatte, nicht ging. Lukaš machte die Aufnahmeprüfung fürs Gymnasium, aber man nahm ihn nicht auf. Und er durfte nicht einmal in die Lehre mit Fachabitur. So lernte er Buchhändler, doch jetzt haben sie ihn aus der Lehre hinausgeworfen.«

»Hat er irgend etwas angestellt?«

»Angeblich mangelte es ihm an Arbeitsdisziplin und Moral. Verstehst du, er greift aus der Charta das heraus, was ihm zugänglich ist. Etwa das, daß man niemandem Unrecht tun darf. Oder daß man immer die Wahrheit sagen soll. Lukaš ist

[1] *SSM* = Socialistický svaz mládeže – Sozialistischer Jugendverband

ein militanter Katholik innerhalb einer atheistischen Familie, das ist seine Art der Emanzipation von uns. Er war zum Beispiel im Arbeitseinsatz bei der Hopfenernte, man wollte von den Jungen, daß sie täglich zwölf Stunden arbeiten, und Lukaš verwahrte sich dagegen, da laut Gesetz Jugendliche nur acht Stunden arbeiten dürfen. Das war die ›mangelnde Arbeitsdisziplin‹. Jetzt ist er zum Arbeitseinsatz im Gartenbau; er sagt, wenn ich schon zur Arbeiterklasse gehöre, werde ich mich auch der Arbeiterklasse annehmen, und weil sie dort undichte Kessel haben, aus denen Kohlenoxyd entweicht, schrieb er eine Petition, sie würden nicht heizen, solange die Kessel nicht repariert sind. Die Petition wurde unterschrieben und abgeschickt.«

»Also habt ihr ihn nicht beeinflußt, ihr habt ihm die Freiheit der Entscheidung gelassen. Ein Kind übersieht doch aber nicht die Folgen.«

»Wie könnte ich für mich Freiheit beanspruchen, wenn ich sie dem Kinde verweigerte? Etwas anderes wäre es, wenn er von sich aus, ganz selbstverständlich, im SSM sein möchte. Aber er will nicht. Und für uns ist Lukaš eine ungeheuere Stütze, wir messen an ihm die Wahrhaftigkeit unseres Tuns, er spürt genau, was ernst ist und was nur Spiel. Ich bedauere es überhaupt nicht, daß wir uns nicht bemüht haben, ihm sozusagen zu helfen. Zwar wurde der normale Ablauf seiner Ausbildung unterbrochen, er kam um die Studentenjahre, seine Bildung ist unsystematisch, aber sie ist entschieden höher als sie auf dem Gymnasium gewesen wäre, wo er zu neunzig Prozent Ballast hätte lernen müssen. Dabei nehme ich es niemandem übel, der versucht, für sein Kind einen leichteren Weg zu finden, aber was uns betrifft, glaube ich, daß wir keinen Fehler gemacht haben.«

»Und Marek?«

»Marek ist noch klein, er erlebt das alles wie ein Räuber- und

Gendarmspiel. Keinesfalls leidet er innerlich, eher würde ich sagen im Gegenteil, er bekommt mehr Liebe als normalerweise, denn wenn ich ihn streichle, umarme, kann ich dies nicht, ohne dabei zu denken, es könnte vielleicht für lange Zeit zum letzten Mal sein. Marek fühlt sich nicht benachteiligt, außer vielleicht, daß er nicht mehr so viele Freunde hat. Er ist ein kleiner Napoleon, eine Führernatur, er zog seine Mitschüler hinter sich her, sie kamen oft zu uns ins Haus zum Spielen. Seitdem uns die Polizei bewacht, kommen seine Kameraden nicht mehr zu uns, wahrscheinlich hat man es ihnen zu Hause verboten, ich weiß es nicht. Marek spricht nicht darüber, oder eher – er will nicht darüber sprechen, daran erkenne ich, daß es ihn irgendwie schmerzt.«
»Und du hast nicht das Gefühl des Ausgeschlossenseins? Die Repressalien der Polizei tagtäglich zu spüren – trennt dich das nicht von den übrigen sogenannten normalen Menschen?«
»Nie zuvor hatte ich so viele Freunde wie jetzt. Durch die Charta haben sich im Gegenteil meine menschlichen Kontakte ausgeweitet. Ich gehe auf der Straße, zwei Geheimpolizisten hinter mir, Schulter an Schulter, mir kommt ein Strom von Leuten entgegen. Sie sind fröhlich, kaufen Apfelsinen, machen Besorgungen, unterhalten sich. Wie ist es möglich, daß sie es nicht sehen! Daß sie die beiden hinter mir nicht sehen! Und ich bringe es nicht fertig, ihnen zuzurufen: ›Seht euch das an, was sagt ihr dazu!‹ Diese Kraft habe ich einfach nicht. Ich fürchte mich davor. Ich bin von dieser fröhlich dahintreibenden Menge sowieso abgeschnitten, auch ohne Polizisten, ich habe mich selbst ausgestoßen, freiwillig ... und wenn ich mit dieser beweglichen Wand hinter mir dahingehe und die fröhliche Menge strömt mir entgegen, leide ich an der Unmöglichkeit, mich mitzuteilen. Es ist nicht das Problem der Isolation, sondern des Sich-nicht-mitteilen-könnens. Wie sollte ich es sagen, damit sie mich begreifen,

mich nicht für einen Querulanten halten. ›Das kann ja wohl nicht die Wahrheit sein‹, werden sie sagen. Sofern das nicht selbst einer erlebt hat, glaubt er es nicht.«

»Wie erträgst du die ständige polizeiliche Bewachung?«

»Manchmal habe ich Angst. Wir wohnen in einem alten Haus, die Wohnungstür schließt schlecht, sie sitzen Tag und Nacht davor. Wir hören jeden ihrer Rülpser, jeden Seufzer, jedes Wort, und sie können uns auch hören. Gehe ich aufs Klo, hören sie es, spiele ich mit den Kindern, hören sie es. Gehe ich mich duschen, halte ich ein Handtuch vor mich. Die Tür ist natürlich nicht durchsichtig, aber ich habe trotzdem Angst, die könnten mich sehen. Aus unserem Heim ist ein Käfig geworden. Ich konnte mir früher darunter nichts vorstellen, als andere davon berichteten.«

»Der Rat von Irena Dubská[1] war – es aus der Distanz zu beobachten, eine psychologische Studie für sich daraus zu machen.«

»Die Mlynářs hatten vor der Tür eine Operative[2], die ist in Zivil, namenlos, doch ihre Gesichter kannst du unterscheiden. Die Uniform verbirgt den Menschen dahinter.«

»Kann man mit so einer Belastung leben?«

»Man kann, braucht aber eine Menge Energie dazu. Es ist ein Leben auf der Bühne, aber du bist nicht der Schauspieler. Wenn einer mal grüßt – das macht etwa jeder dreißigste –, dann ist das schon eine Erleichterung. Du hast das Gefühl, daß der Mensch den Menschen meidet. Meistens hocken und stehen sie dort nur herum. Sie hinterlassen Schmutz und Gestank, nichts räumen sie hinter sich auf, Papiere, Tiegel, Kippen, alles bleibt am Boden liegen. Man schämt sich für sie vor den Leuten, vor der Briefträgerin, vor den Nachbarn, vor dem Fernsehmechaniker. Ich schäme mich auch für sie auf der

[1] Dr. Irena Dubská, Philosophin, Unterzeichnerin der Charta 77

[2] Speziell ausgebildete Gruppen des Geheimdienstes

Straße, wie etwa für einen zerrissenen Strumpf oder für verschmutzte Kleidung, denn du ziehst die Ungehörigkeit hinter dir her. Und du schämst dich für dich selbst, daß du es nicht anders schaffst als mit ihnen auf den Fersen. Und schließlich schämst du dich auch für die Leute ringsum, daß sie nichts sehen. Ich habe bestimmt nicht das Gefühl, ich sei jemand, weil hinter mir Polizisten herlaufen. Vielleicht später einmal! Am Tag des Prozesses gingen wir durch die Brentegasse, Hejdánek[1], Hájek[2] und ich, und hinter uns drei 603er Tatrawagen und sechs Zivilisten. Es war fast wie ein Regierungsaufmarsch.«

»Zdena, jetzt möchte ich dich gern nach Julius Tomin fragen. Du selbst hast von der Animosität gesprochen, die er hervorruft, also weißt du davon. Ich kenne ihn überhaupt nicht und muß zugeben, daß, wenn ich irgendwann einen Text von ihm lese oder einen Bericht über seine Tätigkeit, beispielsweise seinen Hungerstreik, dann ist es, als versetzte man mir so eine Art kleinen Schock. Er stößt die Menschen bisweilen vor den Kopf, es ist nicht leicht, mit ihm in Einklang zu kommen. Was denkt eigentlich Tomins Frau darüber?«

»Wenn ich jetzt anfange, dir darauf zu antworten, wird eine lange Geschichte daraus. Ich bin seit achtzehn Jahren mit Julius zusammen, es ist eine ungeheuer intensive Bindung, stark von beiden Seiten, eine Liebesbeziehung und alles andere dazu, eine Beziehung, die mir hilft, zu existieren, also werde ich, wenn ich antworte, Julius nur verteidigen, es wird seine Apologie.«

»Es wird deine Antwort.«

»Die Leute tun ihm unrecht. Julius ist ein Mensch mit hohen Zielen, er lebt in ständiger gedanklicher Anspannung. Julius begreift die Philosophie als Lebensweise, und daraus resultie-

[1] Dr. Ladislav Hejdánek, [2] Philosoph, Prof. Dr. Jiří Hájek, 1968 ČSSR Außenminister, beide aktive Mitglieder der Charta 77.

ren verschiedene Exzesse. Er unterscheidet nicht das Kleine vom Großen, zum Beispiel nicht die Tatsache, daß es keine Kartoffeln gibt davon, daß sie gerade jemanden eingesperrt haben. Er philosophiert jede Minute, alles ist ihm Anlaß zu intensiver Betrachtung. Er ist nicht fähig, im geringsten nachzugeben, auszuruhen, etwas beiseite zu schieben. Eine Lüge nicht aufzudecken, nicht zu sagen ›Das ist Lüge!‹ empfindet er geradezu als Bedrohung. Mit ihm zu leben ist für einen normalen Menschen anstrengend, er ist in einer ständigen Anspannung. Wenn man ihn ansieht, zeigt er immer das Gesicht eines konzentrierten Menschen. Jetzt etwa verwendete die Polizei den Begriff ›Terror‹ zur Begründung von Verhören und Festnahmen, für Julius entstand daraus ein philosophisches Problem, und er schrieb darüber. Er bringt es nicht fertig, irgendeine Begebenheit nicht aufzugreifen. Dabei ist er ungezogen, er ist ein wilder homo sapiens, er ist ungezähmt, nicht sozialisiert. Er kann sich nicht den gängigen Normen unterordnen. Ein normaler Mensch kann – nach seiner Meinung – beispielsweise nicht richtig fragen. Und so haben die Leute im Umgang mit ihm das Gefühl der Vergewaltigung. Wenn sich Tomin entschließt, einem Menschen etwas zu sagen, dann sagt er ihm das ohne Rücksicht darauf, ob es gerade paßt oder nicht. Wer aber durch Tomins Vergewaltigung durchgekommen ist, ist dann meist froh, bedauert es nicht. Ich mußte da auch durch. Und ich muß sagen – es ist eine Lebensweise, welche die Liebe nicht zerstört. Julius hört nicht auf, sich zu fragen, ob er liebt und warum er liebt, und dadurch erneuert sich seine Liebe nur. Mißverständnisse entstehen auch, wenn die Leute meinen, daß Tomin irgendwelche Ansprüche an sie stellt. Seine extreme Position ist nicht nachvollziehbar, und wenn ich davon absehe, ob er nun recht hat oder nicht, so stellt er eigentlich an niemanden Ansprüche. Er stellt die Ansprüche an sich selbst, an das Sein. Von jedem anderen verlangt er nur, er selbst zu sein. Er verlangt keine Anpassung, wie könnte er auch, da er sich selbst nicht anpassen kann. Wenn er aber liebt, ist er die Zärtlichkeit, die Güte selbst. Geht er an einem Blumengeschäft vorbei und sieht eine schöne Blume, dann kauft er sie nicht, weil sich das so gehört oder weil er das sollte, sondern er bringt die Blume der Blume wegen mit: weil sie hübsch ist und weil sie mir gefallen wird. Das Leben mit Tomin ist nicht leicht, aber es ist schön. Ich bin die glücklichste Frau der Welt.«

»Wonach richtest du dich aus? Woher beziehst du deine Lebenssicherheit? Du sagtest, es sei nicht der Glaube an Gott ...«

»Wenn ich das wüßte ... Ich bin Julius' Gegenpol. Er fühlt sich allein und projeziert seine Empfindung auch auf die anderen. Er erwartet von niemandem etwas. Ich bin das Gegenteil: ich fühle mich den Menschen zugehörig, nur schwer nehme ich mich als Individualität wahr. Auf einer einsamen Insel würde ich bald zugrunde gehen. Ich schöpfe meine Kraft aus den Menschen.«

»Ich begreife allmählich, daß du weiblicher bist, deiner Anlage, deinem Typ nach, als du nach außen hin wirkst.«

»Das ist mein ureigenstes ›Mimikri‹. Vergiß nicht, daß ich Schauspielerei studiert und vierzehn Jahre gedolmetscht habe. Ich habe ein *unmittelbares* Gedächtnis, es fällt mir nicht schwer, über was auch immer zu reden, mich zur Geltung zu bringen, und ich habe mir ein souveränes Auftreten angeeignet. Dabei habe ich Lampenfieber, allein schon, wenn ich hier in das Slavia hineingehe, um stolz und ruhig zwischen den Tischen durchzugehen. Ich habe schreckliches Lampenfieber, ein einziges Wort kann mich schon verletzen. Eigentlich bin ich unsicher, aber das wissen nur ein paar Leute. Einmal dolmetschte ich den Vortrag eines bedeutenden Mannes, er sprach zehn Minuten ohne Unterbrechung, und ich dolmetschte das dann selbstsicher, schnell, perfekt, ohne zu zögern, ich stand neben ihm und meine feste, klangvolle Stimme wurde in den Saal getragen – bis mir plötzlich auffiel, daß das Publikum sich über irgend etwas fröhlich amüsierte. Ein Kellner hatte mir ein Glas mit Cognac gereicht, ohne daß ich das beachtet hatte, so konzentriert war ich, ich hielt das Glas dann und übersetzte selbstsicher und schnell, aber die Hand zitterte mir dabei so, daß ich den Cognac verschüttete. Ich bin in mich gekehrt und aufgeschlossen zugleich. Aufgeschlossen, weil in jedem Augenblick etwas geschehen kann, etwas Großes, Bedeutendes, es naht, es wird kommen – ich will es ja nicht versäumen.«

»Meinst du, daß dir die Erfahrungen mit der Charta für dein literarisches Schaffen von Nutzen sein werden?«

»Julius behauptet, ja. Ich weiß es nicht, ich kann es nicht sagen. Ich bin erschöpft. Aufgeputscht und erschöpft zugleich, wenn du weißt, was ich meine. Für mich schreibe ich jetzt nicht eine Zeile. Julius ist der Meinung, daß ich, wenn meine Frist als Sprecherin abgelaufen ist, etwa zwei, drei Monate später alles niederschreiben werde. Ich hoffe, er hat recht.«

»Bist du ein Mensch mit Konzept? Oder nimmst du die Dinge so, wie sie kommen?«

»Ich unterhalte mich jeden Abend mit Tomin, es ist ein wesentliches Bedürfnis für mich, am Abend alles durchzusprechen, was sich tagsüber ereignet hat. Daß die Kartoffelsuppe gelungen ist oder andere Dinge dieser Art werden schnell beredet, und dann drehen sich die Gespräche um die Konzeption des Lebens. Wir können ohne diese Diskussionen nicht einschlafen, reden zwei oder drei Stunden. Wenn es manchmal nicht zu dem Gespräch kommt, reden wir dafür am nächsten Tag auch mal bis zum frühen Morgen. Julius ordnet die Begebenheiten des Tages in das Konzept des Daseins ein, durch sie korrigiert er das Konzept, entwickelt es weiter. So daß ich selbst es dann nicht mehr zu tun brauche.«

»Zerbrichst du dir den Kopf über die Verbesserung der Welt?«

»Die Zukunft ist für mein Leben wesentlich, aber nicht im politisch-ideologischen Sinne. Die Zukunft spielt in alles, was ich jetzt, heute tue, hinein. Es ist eine unerläßliche Notwendigkeit, eigentlich ein Glaube, daß es, verflixt nochmal, gelingen muß, wenn ich allein schon so viele prachtvolle Menschen kenne, eine Möglichkeit zu finden, das Leben in der Gesellschaft zu verändern, damit sich die Welt zum Guten wendet. Skepsis ist mir fremd. Verstehst du, ich weiß, daß das ein verzweifeltes Bemühen ist, daß möglicherweise nichts gelingen wird, aber das ändert nichts an der Sache selbst. Ohne die Hoffnung, daß es nicht doch irgendeine Möglichkeit gibt, könnte ich nicht leben.«

»Du bist romantisch.«

»In meine Vorstellung von der Zukunft paßt absolut keine Revolution. Das habe ich inzwischen gelernt: daß von außen her nichts verbessert wird. Die große Politik ist tot. Carter, Breschnew, Hua kuo Feng, das ist alles nicht wahr, das ist nur ein gewachsener Mythos. Falls mit den Menschen irgend etwas passiert, dann nur von innen her. Man kann den Leuten nicht einfach eine Ordnung aufdrängen. Die Zukunft gestalten, das heißt, an sich selbst arbeiten. Auch wenn man dazu schreien müßte, verstehst du? Ich bin weder links noch rechts. Wichtig ist die Fähigkeit der Menschen, sich zu verständigen, den anderen zu lieben, im menschlichen Sinn gut zu sein. Politische Schattierungen interessieren mich nicht.«

»Kannst du hassen?«

»Nein, das kann ich einfach nicht. Manchmal empfinde ich es fast als Fehler, als eine Art Amputation, aber ich kann mir nicht helfen. Nicht, daß ich es nicht fertig brächte, hart zu sein. Die Sicherheitsdienstler müssen das Gefühl haben, ich sei aus Eisen, aber das ist kein Haß. Nie habe ich etwas Ähnliches wie Haß empfunden. Aber das ist kein Humanismus, mir fehlt nur einfach diese Fähigkeit.«

»Entschuldige Zdena, ich werde jetzt das Schicksal etwas provozieren. Hast du keine Angst vor der Gefangenschaft?«

»Ich rechne sogar mit Haft. Julius und ich rechnen mit allem. Meine Schwierigkeit dabei ist, daß ich überhaupt nicht anpassungsfähig bin. Wir wurden zum Beispiel zu einem verwarnenden Gespräch geladen, wir saßen in einem Raum, dann kam einer herein und forderte uns auf: ›Stehen Sie auf!‹ Ich blieb sitzen. ›Warum soll ich aufstehen?‹ – ›Der Kommandant kommt.‹ – ›Ist das mein Kommandant? Es ist Ihr Kommandant.‹ Und die anderen standen und ich saß. Ich kann nicht, verstehst du, ich kann einfach nicht. Vielleicht, wenn es sich um das Gericht handelte, ich habe Respekt vor dem Talar, aber dort? Ich würde im Gefängnis viel durchmachen... Deshalb schätze ich Václav Havel so ungeheuer...«

»... weil er nicht das Land verlassen hat?«

»Ja, deshalb.«

»Zdena, liest du neue Literatur? Was hat aus der *Edice Petlice* den stärksten Eindruck auf dich gemacht?«

»Wenn ich sage, daß mir Grušas *Fragebogen* [1] gefallen hat, ist das ungerecht, weil ich nicht sehr viele andere Sachen gelesen habe. Ich lese nämlich nicht. Nicht, daß ich es zeitlich nicht schaffen würde, an der Zeit liegt es nicht, ich lese schnell,

[1] Jiří Gruša, *Der 16. Fragebogen* 1979 by Hoffmann u. Campe / Edition Reich erschienen.

erfasse eine Seite mit einem Blick, das Problem ist ein anderes: mir fehlt die Kraft zum Lesen. Tag für Tag muß ich eine Menge Mitteilungen und Nachrichten bewältigen, so lese ich noch am liebsten englische Krimis. Zur Entspannung.«
»Gehst du ins Kino? Ins Theater?«
»Nein. Ich mag Musik, aber ich kann mir kein Musiktheater anschauen. Das bringe ich nicht fertig. Ballett sagt mir auch nicht zu. Und Schauspiel? Gibt es etwas, das man sich ansehen sollte? Selbst wenn es das gäbe, kriege ich nur Wut, daß nicht eine der Schauspielerinnen, die ich zu sehen bekomme, Vlasta Chramostová[1] ist. In gewisser Weise fühle ich mich vom Kulturkonsum bedroht. Lieber produziere ich aus mir selbst, das ist authentischer und kreativer. Ich habe Angst davor, vereinnahmt zu werden. Was ich aber mit Interesse verfolge, ist – die Unkultur. Die Fernsehserie *Gesetze der Bewegung* habe ich gesehen. Gerade Serien sagen über ein Volk und sein Regime viel aus. Man kann soziologisch nachprüfen, welche Methoden der Verzerrungen das Regime benützt, wenn es um seine eigene Darstellung geht. So lese ich auch täglich das *Rudé právo*[2], vor allem den Wirtschaftsteil, der nicht stimmt und ein verzerrtes Bild unserer Wirtschaftslage gibt. Auch das ist Realität. Und es ist fast vergnüglich zu beobachten, wie man sich etwa im Fernseh-Nachrichtendienst bemüht, gewaltsam aus einem Apfel eine Weintraube zu machen. Und wenn ich die Gesichter der Kommentatoren verfolge. Nicht ein einziger bringt es fertig, einigermaßen glaubwürdig zu wirken.«
»Ich danke dir für deine aufrichtigen Antworten. Wenn ich unser Gespräch niedergeschrieben habe, gebe ich es dir zum Durchlesen.«

[1] Vlasta Chramostová, eine der bedeutendsten tschechischen Schauspielerinnen, Unterzeichnerin der Charta 77, hat seit 1970 Berufsverbot.

[2] *Rudé právo*, Zentralorgan der KP

»Das will ich nicht. Ich will es nicht durchlesen. Du hast Dinge aus mir herausbekommen . . . es ist hier eine bestimmte Atmosphäre entstanden, eine Klausur sozusagen, morgen würde ich vielleicht schon anders antworten. Und sobald man anfängt zu erwägen, umzuschreiben, hineinzuschreiben, durchzustreichen – nein, ich will nicht. Es ist dein Gespräch, schreib es allein.«

»Das ist großzügig. Aber keine Sorge, ich werde nichts verzerren.«

7. November 1979

Gertruda Sekaninová-Čakrtová:
»Ich empfand ein Gefühl ungeheurer Freiheit«

Mit Frau Dr. Trude Sekaninová, der tschechoslowakischen Diplomatin und ehemaligen Abgeordneten im Tschechoslowakischen Parlament traf ich mich zum ersten Mal auf der Treppe vor dem Gebäude des Obersten Gerichtshofs in Prag-Pankrác. Es herrschte Frost, doch wir durften nicht hinein. Es lief gerade ein Berufungsverfahren, vor Gericht standen Jiří Lederer, František Pavlíček, Václav Havel, Ota Ornest. Frau Sekaninová fand einen Augenblick, um mir etwas Freundliches zu sagen, ich antwortete sicherlich unbeholfen. Mich schrecken in fast abergläubischer Weise Menschen, die älter sind als ich, erfahrener. Die Liebenswürdigkeit, die Frau Sekaninová allen zeigt, mit denen sie an der gemeinsamen Sache arbeitet, ihre menschliche Anteilnahme, ihre Unauffälligkeit haben ihr in der Charta die Anrede »Trudička«[1] eingetragen. Bereitwillig erklärte sie sich mit diesem Gespräch einverstanden und kam zu uns. Bei Frostwetter war sie vom anderen Ende Prags hergefahren – während wir uns unterhielten, ging langsam die arktische Sonne unter, und ich verlor meine Scheu. Sie formulierte ihre Antworten mit englischer Zurückhaltung, bedächtig, jede Vereinfachung zu vermeiden.

»Verzeihen Sie, Frau Trude, daß ich etwas hochtrabend beginne. Im Leben der Völker setzen ihre öffentlichen Vertreter mit ihren Handlungen gewisse Zeichen, zu denen dann das Volk – im Guten oder Bösen – zurückkehrt. Sie haben mit einer Ihrer Handlungen in sehr bedeutsamer Weise in der tschechoslowakischen Geschichte ein Zeichen gesetzt. Im

[1] im Deutschen: Trudchen

Oktober 1968 haben Sie im Parlament gegen die Ratifizierung des Vertrages ›Über die einstweilige Stationierung sowjetischer Truppen auf Tschechoslowakischem Territorium‹ gestimmt. Was hat Sie dazu gebracht?«

»Ich hielt es für unmöglich, diesen Vertrag zu akzeptieren. Er petrifizierte die Besetzung der Tschechoslowakei und widersprach grundsätzlich allen Prinzipien des Anstands und des internationalen Rechts. Von der praktischen Seite her war er ein Hindernis für die Lösung aller unserer innerpolitischen Probleme.«

»Gegen den Vertrag haben vier Abgeordnete gestimmt. Dr. František Kriegel, František Vodslon, Božena Fuková und ich. Einige Abgeordnete enthielten sich der Stimme. Ich hielt die Stimmenthaltung für unzureichend.«

»Sie reichten dann einen Gegenantrag ein.«

»Ich reichte den Gegenantrag ein, daß die sowjetischen Truppen aus dem Land abziehen sollten. Ministerpräsident Černik lehnte ihn ab, die Regierung würde angeblich die Erfüllung des Vertrages überwachen. Was aber kann man an einem Vertrag überwachen, in dem Einstweiligkeit mit Einstweiligkeit definiert wird?«

»Frau Trude, Sie waren schon vor dem Krieg Mitglied der Kommunistischen Partei. Und ich erinnere mich gut an Ihren Vater. Wir kannten uns von der Zeitung *Haló*[1] her. Auch an Ihre Mutter kann ich mich gut erinnern.«

»Das ist lieb. Jedesmal, wenn mir das jemand sagt, habe ich das Gefühl, meine Familie vergrößere sich. Meine Eltern sind schon gestorben, es freut mich immer, wenn sich jemand an sie erinnert. Aber sagen Sie mir: Nach all dem, was mit der kommunistischen Bewegung in unserem Land geschehen ist, haben Sie da nicht das Gefühl, Ihr Leben vergeudet zu haben?«

[1] *Haló*, vor dem II. Weltkrieg Beilage zum *Rudé právo*, Zentralorgan der KP.

»Nein! Absolut nicht! Im Gegenteil, ich habe das Gefühl, neu geboren zu sein.«

»Und die Invasion? Haben Sie sie nicht als Enttäuschung empfunden?«

»Von Enttäuschung kann man nicht sprechen. Man hat einfach erkannt, wie die Dinge liegen.«

»Und wie empfanden Sie Ihre Abstimmung im Parlament?«

»Ich empfand ein Gefühl ungeheuerer innerer Freiheit. Es war wirklich das seltene Gefühl einer freien Entscheidung und das Bewußtsein, daß ich so abstimme, wie es sich unsere Leute wünschten.«

»Empfinden Sie die Lage unseres Volkes nicht als tragisch?«

»Im Jahre 1968 kam es zur Säuberung profan gewordener Begriffe und Werte. Diese Werte sind noch immer vorhanden – wenn auch manchmal wenig erkennbar und versteckt – und sie gelten trotz des Angriffs auf den Charakter der Menschen, auf ihre materielle Existenz, trotz des Kultes von Heuchelei und Mittelmäßigkeit. In den Menschen hat sich eine gewisse latente Wertorientierung gebildet – davon sprach auch Josef Smrkovský – und würde der Funke überspringen, käme diese Wertorientierung zum Vorschein. Deshalb empfinde ich die heutige schwere Lage unseres Volkes nicht als tragisch.«

»Seit dem Jahre 1938 haben wir viele Enttäuschungen erleben müssen. Die Tage des Münchener Abkommens sind bis heute in mir lebendig geblieben, dieser schmerzhafte Kontrast zwischen dem spontanen Willen und der Entscheidung der Führenden. Unsere Leute zeigen in angespannten Situationen ein angeborenes Verlangen danach, sich an jemanden anzulehnen, sich auf jemanden zu verlassen. Die Menschen dürsten nach Taten, sie denken, etwas muß doch getan werden!! Und zur Zeit des Münchener Abkommens und nach dem August 1968 hätte man auch viel tun können, doch zuletzt überwog

Feigheit und Passivität. Es lohnt sich, zu versuchen, was *möglich* ist. Noch im Jahre 1969 hätte die Regierung vieles möglich machen können. Nicht, wie es geschehen ist, mit ›unabsehbaren Folgen‹ drohen, und die berechtigten und dabei unglaublich disziplinierten Forderungen der Menschen einfach unterdrücken – sondern im Gegenteil, sich auf sie stützen. Selbst eine noch so starke Macht – auch wenn sie sich auf Panzer stützt – muß mit bestimmten Tatsachen rechnen. Und denken Sie an die Situation in der Welt nach dem August 1968, die für uns nicht ungünstig war.«

»Liegt es im Wesen des Volkes, daß in der Tschechoslowakei nicht jede Gelegenheit zum Handeln ausgenützt wird?«

»Nein, entschieden nicht! Die Obrigkeit ist schuld daran. Und wenn sich bei den Menschen eine gewisse Unentschlossenheit zeigt, schreiben sie es der Tatsache zu, daß sie so oft enttäuscht wurden.«

»Und wenn wir in diesem Sinne die Aktivitäten des Möglichen von München und dem August 1968 miteinander vergleichen?«

»Dann ist es besser geworden. František Kriegel hat in Moskau nicht unterschrieben. Die Nationalversammlung tagte vom 21. bis zum 28. August ununterbrochen, sie stellte sich mit größtem Nachdruck gegen die Intervention und unternahm alle Schritte, die in ihrer Macht standen. Dann gab es unsere Stimmen gegen den Vertrag. Im Parlament kämpften wir noch fast das ganze Jahr 1969 hindurch: zum Beispiel gegen das Verbot unserer Zeitschriften, um die Behandlung der Betriebsräte, um die Definition der Aggression, gegen die Verbreitung der berüchtigten *Zprávy*[1], gegen die Ausliefe-

[1] *Zprávy*, deutsch: *Nachrichten*, eine von den sowjetischen Okkupanten gemeinsam mit tschechischen Kollaborateuren herausgegebene Zeitung, die nach dem Einmarsch im August 1968 in der Öffentlichkeit Proteste provozierte.

rung von General Prchlík[1] zur strafrechtlichen Verfolgung, gegen den Widerruf der Dokumente, die von der Nationalversammlung gegen die Okkupation angenommen waren.«
»Wann wurden Sie aus dem Parlament ausgeschlossen?«
»Im Oktober 1969. Mit uns vier Abgeordneten noch Jiří Pelikán und General Prchlík und noch ein Abgeordneter, der im Ausland blieb – da müßte ich in den Akten nachsehen.«
»Sie haben jetzt kein Gefühl der Hoffnungslosigkeit?«
»Nein. Ich empfinde das ganz anders. Die Zeit ist dramatisch, ich bin froh, daß ich sie miterleben kann.«
»Waren Sie 1968 irgendwie betroffen?«
»Nicht in meiner Existenz, denn ich ging in Pension. Andererseits aber durch ein Disziplinarverfahren und den Ausschluß aus der kommunistischen Partei.«
»Frau Trude, nach so vielen Jahren der Arbeit in der kommunistischen Bewegung, nach Jahren der Tätigkeit in öffentlichen Funktionen – Sie waren Diplomatin und Abgeordnete der Nationalversammlung –, fühlen Sie sich noch als Kommunistin?«
»Ich fühle nicht in Begriffen der Partei, der Parteilichkeit. Ich empfinde mich eher im Sinne grundlegender menschlicher Werte. Diese Verschiebung halte ich überhaupt für das bedeutendste Ergebnis des Jahres 1968: es verdeutlichte die Notwendigkeit, neben den ökonomischen und sozialen Bedürfnissen des Menschen auch die Erfüllung seiner persönlichen Freiheit zu sichern. In dieser Auffassung der gesellschaftlichen Aufgaben rücke ich in keiner Weise vom Sozialismus ab.«
»Hätte ich noch einmal die Gelegenheit am öffentlichen Leben teilzuhaben, stelle ich mir das so vor: sich engagiert für

[1] General J. Prchlík forderte de facto im Jahr 1968 den Austritt der ČSSR aus dem Warschauer Pakt.

die Probleme einzusetzen und an ihrer Lösung zu arbeiten. Bei meinem Ausschluß aus der KP wurde viel von Parteidisziplin geredet. Gerade dem möchte ich bis an mein Lebensende ausweichen. Sollte Ihnen das bequem erscheinen, will ich es so ausdrücken: Natürlich würde ich diese Freiheit nicht nur für mich verlangen. Ich würde sie für das ganze Leben der Gesellschaft durchsetzen. Sie müßte so organisiert sein, daß jeder Mensch sich verwirklichen und tatsächlich an den Dingen des öffentlichen Lebens teilhaben und darüber entscheiden könnte.«

»Glauben Sie – als Juristin – daß der Sozialismus zu seiner Verteidigung eine so heruntergekommene Gerichtsbarkeit und derart fragwürdige Praktiken der staatlichen Sicherheitsorgane braucht, wie wir sie heute bei Verhören und politischen Prozessen erleben?«

»Dazu müssen wir uns zuerst fragen, was wir uns unter dem Begriff Sozialismus und sozialistische Einrichtungen vorstellen. Ein Staat, der sich, gestützt auf seine Bevölkerung, stark fühlte, würde nicht so repressiv gegen Leute vorgehen, die mit seinen Praktiken nicht übereinstimmen. Der Staat müßte Kritik nicht nur ertragen, er müßte sie geradezu provozieren, fordern, als unersetzliches Werkzeug seiner Aktivität. Wir hingegen sind Zeugen einer unheilverkündenden Situation, da die Tätigkeit, die die Durchsetzung der Menschenrechte zum Ziel hat, die Einhaltung der Verfassung und anderer Verpflichtungen seitens der Machthaber anstrebt, als feindlich, als kontradiktorisch zu der sozialistischen Ordnung interpretiert wird. Daraus ergibt sich notwendigerweise die Schlußfolgerung, daß diese staatliche Ordnung im Widerspruch zu den Grundsätzen steht, die sie durchsetzen sollte, daß ihr diese Grundsätze nicht zu eigen sind, da sie sie verfolgt. So entsteht ein Teufelskreis, in dem die Macht gegen sich selbst Zeugnis ablegt.«

»Sie können aus Ihrer Praxis verschiedene Analogien und Regime vergleichen. Ivan Sekanina[1], Ihr Mann und Sie selbst waren während der Ersten Republik Rechtsanwälte, und zwar kommunistische Rechtsanwälte, das heißt zur ausgesprochenen Opposition gehörende Anwälte. Haben Sie damals von Seiten des Staates irgendwelche Beschränkungen zu spüren bekommen?«

»Ich kann mich nicht erinnern, daß irgendeiner der Juristen, die sich sowohl in der KP als auch in der breiten demokratischen Front exponierten, von irgendwem – sei es von der Anwaltskammer oder von staatlichen Organen – ihrer Anwaltstätigkeit wegen verfolgt wurden. Unsere Arbeitsbedingungen waren natürlich nicht immer gleich. Die Atmosphäre war durch die Gesamtsituation beeinflußt – dadurch, daß etwa gerade krisenhafte Erscheinungen überwogen, vor allem Arbeitslosigkeit, oder daß es einen günstigen wirtschaftlichen Aufschwung gab, was zur Folge hatte, ob die demokratischen Freiheiten beschränkt oder eingehalten wurden. Dabei spielten auch die Schwankungen in der Politik der KP eine Rolle, die Veränderungen in ihrer politischen und taktischen Linie. Aber gerade unter zugespitzten Bedingungen traten die Verteidiger bei Gericht und bei schriftlichen Eingaben sehr scharf auf. Ich erinnere mich beispielsweise an einen größeren Prozeß beim Bezirksstrafgericht in Pankrác. Als der Senatsvorsitzende die Anträge auf die Zeugenverhöre der Verteidigung einen nach dem anderen ablehnte, griff Ivan Sekanina nach seiner Aktentasche und sagte zu seinen Klienten auf der Anklagebank: ›Jungens, gehen wir – wir sind hier offenbar unnötig.‹«

[1] Ivan Sekanina, 1900–1940, verteidigte G. Dimitrow im Leipziger Prozeß gegen die mutmaßlichen Brandstifter des Reichstages in Berlin. 1939 wurde Sekanina von der Gestapo verhaftet und 1940 im KZ Oranienburg ermordet.

»Und der Senatsvorsitzende?«
»Änderte das Verfahren.«
»Konnte damals ein Verteidiger für seine Tätigkeit in politischen Prozessen aus den Reihen der Anwaltschaft ausgeschlossen und strafrechtlich verfolgt und verurteilt werden, wie es Dr. Daniszov passiert ist?«
»Die Frage ist sehr aktuell. Gerade neulich habe ich erzählt, wie ein Mitglied des Geschworenengerichts gegen Dr. Bedřich Bill, den streitbaren Funktionär der Liga für Menschenrechte, eine Privatklage wegen Ehrenbeleidigung einreichte, da Dr. Bill in seiner Berufung gegen das Urteil wahrheitsgemäß geschrieben hatte, das Mitglied habe während der Hauptverhandlung geschlafen. Ein Vorfall im Vorkriegs-Rumänien rief internationale Proteste hervor, als auf Druck der berüchtigten Staatspolizei Siguranza Anfang der dreißiger Jahre der wagemutige Kämpfer für Menschenrechte, der liberale Abgeordnete Costa Foru aus dem Verband der rumänischen Rechtsanwälte ausgeschlossen wurde.«
»Frau Trude, allgemein bekannt ist Ivan Sekaninas Beteiligung am Dimitrow-Prozeß.«
»Ja. Obgleich Ivan Sekanina für seine antifaschistische Tätigkeit wie für seine Aktionen zur Befreiung Georgi Dimitrows bekannt war, genehmigte ihm das faschistische Deutschland die Einreise und seine Anwesenheit beim Reichsgericht in Leipzig. Ivan Sekanina machte sich um die Transiterlaubnis für Dimitrow durch die Tschechoslowakei in die Sowjetunion verdient. Sekanina war auch bei der Verhandlung, die dann mit Freispruch für Dimitrow endete, anwesend. Doch weder Dimitrow noch seine Mitgefangenen wurden daraufhin entlassen. Ivan Sekanina brachte aus Leipzig ein persönliches Gesuch von Dimitrows Mutter zu T. G. Masaryk[1]. Das

[1] T. G. Masaryk, vor dem Zweiten Weltkrieg erster Präsident der ČSSR.

Außenministerium lehnte Dimitrows Durchreise ab. Doch durch die Vermittlung von Ingenieur Přikryla, dem Vorsitzenden der Liga für Menschenrechte, und mit Unterstützung bedeutender französischer Intellektueller und einer großangelegten Bittschriftenaktion der Prager Arbeiterschaft gelang es Ivan Sekanina, die Zustimmung von Präsident Masaryk zu bekommen. Die Genehmigung wurde dann nicht ausgenützt, weil Dimitrow direkt aus Deutschland nach Moskau flog, doch allein die Entscheidung von Masaryk war für die antifaschistische Bewegung von Bedeutung.«

»Sie haben ein reiches öffentliches Leben gelebt. Sie waren an den wichtigsten Augenblicken der tschechoslowakischen Geschichte vor und nach dem Zweiten Weltkrieg beteiligt oder waren zumindest ihr Zeuge. Welche Regeln halten Sie für eine öffentliche Tätigkeit als die wichtigsten?«

»Unerläßlich sind demokratische Kontrolle und Kritik, Offenheit, der Kontakt zu den Leuten, ihr Vertrauen und ihre Unterstützung zu haben. Und selbstverständlich: ohne Druck und Einmischung von außen arbeiten zu können.«

»Warum haben Sie die Charta 77 unterschrieben und sind Mitglied des Ausschusses zur Verteidigung zu Unrecht Verfolgter geworden?«

»Ich denke, daß meine Unterschrift unter die Charta sich aus allem, was wir hier gesagt haben, ergibt. Vorher habe ich mich an Aktionen eines kleineren Kreises beteiligt. Im Jahre 1975 haben wir uns zum Beispiel mit František Kriegel und František Vodslon nach der Konferenz von Helsinki mit verschiedenen Anträgen um Erneuerung unserer Souveränität und um konsequente Durchsetzung der Menschenrechte an die Tschechoslowakische Nationalversammlung gewandt. Die Unterschrift unter die Charta gab mir wieder dieses gute Gefühl, im Einklang zu sein mit mir selbst und mit der Gesellschaft von Menschen mit gleicher Einstellung. Und was den Ausschuß zur Verteidigung zu Unrecht Verfolgter betrifft, so verfolgt er die Ziele der Charta in einem ihrer empfindlichsten Abschnitte, und meine Mitgliedschaft in ihm ist nur die logische Folgerung aus meiner Unterzeichnung der Charta.«

»Frau Trude, ich erlaube mir, Ihnen einige Fragen vorzulegen, die die akuten Probleme unserer gemeinsamen Arbeit in der Charta betreffen. Die Charta ist eine auf moralischer Grundlage angelegte Gemeinschaft. Die Charta-Unterzeichner haben öffentlich, das heißt, ohne Rücksicht auf das Risiko möglicher Repressionen ihre Verpflichtung proklamiert, dafür zu sorgen, daß die Machthaber die Gesetze einhalten, vor allem jedoch die vom Parlament ratifizierten Verträge über die Menschenrechte der Organisation der Vereinten Nationen. Dieser hohe moralische Einsatz der Chartisten, ihre Bereitschaft, sich sogar für ihre Einstellung verfolgen zu lassen, macht die Kraft der Charta aus. Einige Freunde halten jedoch nach drei Jahren harter Repressionen diesen öffentlichen persönlichen Einsatz im politischen Sinne für taktisch falsch und weniger wirksam als andere Betätigungen im Verborgenen. Wie denken Sie darüber?«

»Die Worte ›öffentlicher persönlicher Einsatz‹ lassen annehmen, es gäbe ein bestimmtes, selbstgewähltes Vorgehen, irgendwelche Alternativen, die zur Wahl stehen. Ich meine, daß aus der programmierten Verpflichtung der Charta – das heißt, dafür zu sorgen, daß die Gesetze und andere, die Menschenrechte garantierende Verpflichtungen respektiert werden – die Art und Form ihrer Tätigkeit unmittelbar hervorgehen. Ich halte sie ihren konkreten Aufgaben für absolut angemessen. Ich vermag mir keine Tätigkeit ›im Verborgenen‹ vorzustellen, die, wie Sie sagen, einige Freunde empfehlen. Hängt doch jene Öffentlichkeit des Einsatzes gerade damit zusammen, daß die Charta im Einklang mit unserer

Verfassung vorgeht. Gegen Repressionen muß man eben nur wieder kämpfen. Doch durch das Ausmaß und den Umfang der Verfolgung läßt sich die Tätigkeit, die aus dem Wesen der Charta hervorgeht, nicht begrenzen. Abgesehen von prinzipiellen Gründen nicht einmal deshalb, weil dieses Ausmaß nicht konstant ist und selbst – neben anderen Faktoren – den Erfolgen und dem Echo der Wirksamkeit der Charta unterliegt.«

»Ich habe noch eine weitere heikle Frage. An der Arbeit im Ausschuß zur Verteidigung zu Unrecht Verfolgter beteiligen sich eine immer größer werdende Anzahl von jungen Leuten. Und gerade sie sind am stärksten den Repressionen ausgesetzt; Verhöre und kurze Gefängnisaufenthalte gehören sozusagen schon laufend zu ihrem Alltagsleben. Sie sind schon von früher her dadurch bestraft, daß sie beispielsweise nicht studieren durften, jetzt können sie nicht einmal einer Beschäftigung mit den minimalsten Qualifikationen, die zu erreichen ihnen erlaubt wurde, nachgehen, die Gesellschaft drückt sie an den Rand. Sie sind entschlossen und mutig. Sie sind jung und riskieren mehr, als ein älterer Mensch riskieren würde. Und ich frage mich selbst und jetzt auch Sie: Kann nicht eine gewisse Einseitigkeit ihres Lebenseinsatzes, jener zugespitzte Konflikt mit den Machthabern, ihre Psyche und ihr übriges Innenleben beeinflussen? Können sie nicht – um es hart zu sagen – nur zum Spiegelbild des Regimes in seinen allerschlimmsten Äußerungen werden?«

»Ich verstehe, welche Gefahr Sie meinen. Eine verrückte Zeit kann solche Dinge bewirken. Aber die Tätigkeit des Ausschusses ist ja gerade das Bemühen um Normalität, um die Freiheit des Menschen, und diese selbst müßte vor Deformation schützen. Die Gefahr kann zu dauerhafteren Reaktionen führen, die nicht wünschenswert sein mögen, aber solange die jungen Leute konkrete Vorstellungen haben, befürchte ich nichts. Die menschliche Bereitschaft, eine Arbeit zu übernehmen, die andere verlassen mußten, allein der Charakter dieser Arbeit, der im legalen Aufruf zur Einhaltung der Menschenrechte liegt, sollten vor psychologischen Folgen schützen. Wir müssen uns immer vergegenwärtigen, daß die Tätigkeit des Ausschusses legal ist und daß sie die Stärkung der Gesetzlichkeit anstrebt.«

»Und nun zur dritten dieser heiklen Fragen, wie sie in Abhandlungen und Diskussionen auftauchen: Die Repressionen erzwingen einen immer größer werdenden persönlichen Einsatz der Chartisten, und einige enden dann in Gefangenschaft oder werden mit Aussiedlung bestraft. Es gibt Leute, die meinen, daß so die Charta die Sympathie all derer verliert, die nicht diese Entschlossenheit oder die Möglichkeit zu drastischem Handeln besitzen. Daß sie jene ›normalen‹ Leute eher abschreckt, statt sie zu gewinnen.«

»Ich teile keinesfalls die Ansicht, daß die zunehmend hartnäckige Verfolgung und der immer stärkere persönliche Einsatz der Chartisten zum Verlust der Sympathien für die Charta führen. Schließlich haben die Leute, die Sie in Ihrer Frage meinen – die keine Möglichkeit oder nicht die Fähigkeit zu verstärktem persönlichen Einsatz verspüren – so viele andere Möglichkeiten eines ›einfachen‹, anständigen Verhaltens, zu dem wir alle ›fähig‹ sind! Hejdánek schrieb einem Freund in einem Brief, daß das Unterschreiben der Charta noch nicht alles sei, denn von der Unterschrift kann man sich wieder distanzieren, oder im Gegenteil, wer nicht unterschrieben hat, kann die Bestrebungen der Charta dennoch tätig unterstützen. Die Wirkung der Charta auf die Öffentlichkeit beruht in der grundsätzlich toleranten und aufmerksamen Haltung der Chartisten zu den Menschen. Nach meiner Erfahrung – die vielleicht nicht sehr groß ist – betrachten die Leute weiterhin die Charta wohlwollend. Die Anwendung der Grundsätze der Charta führt zu größerer persönlicher Tapferkeit und zu dem guten Gefühl, daß es möglich ist, selbst im Rahmen der gegebenen Bedingungen danach zu handeln, wie man fühlt und denkt. Ich weiß, daß die Charta ihre Leute – zu einem ehrlichen, aufrechten Verhalten am Arbeitsplatz und in den kleinen Alltäglichkeiten des Lebens ermuntert hat. Ich glaube, daß diese kaum sichtbaren – durch die Charta inspirierten – Dinge, gebildet durch die Atmosphäre menschlicher Wärme und moralischer Widerstandskraft, der Beweis sind für die Wirksamkeit der Charta und die Sympathie für sie. Von einem anderen Standpunkt aus gesehen sind wir hier wieder bei der Frage des Möglichen, von der wir schon gesprochen haben. Jene Möglichkeit, etwas zu tun, halte ich für eine große Sache gerade angesichts der Gefahr der Hoffnungslosigkeit. Die Verfolgung der Chartisten erhöht ganz ungewollt die Wirksamkeit der Charta, Repressionen erwecken Interesse und Solidarität. Wenn sich jemand durch die schwierigen Bedingungen von der Charta abgestoßen fühlt, würde ich seine Abkehr nicht bedauern. Er würde nicht anders handeln, selbst wenn er nichts vorzubringen hätte, um seine Haltung zu begründen.«

»Was hat sich die Polizei Ihnen gegenüber herausgenommen?«

»Es gab da ein paar Verhöre, schon vor der Charta, dann nach meiner Unterzeichnung und wegen meines Beitritts zum Ausschuß zur Verteidigung zu Unrecht Verfolgter, auch verschiedene sogenannte Verwarnungen, eine Hausdurchsuchung, achtundvierzig Stunden in Ruzyň. Und jetzt fällt mir ein: Wir zwei Frauen unterhalten uns hier und sprechen von der Polizei. Ich habe mich lange gewehrt, die Polizei in mein Leben zu lassen. Aber es hat sich gezeigt, wenn ein anständiger Mensch ein anständiger Mensch bleiben will, kann er bei unseren Verhältnissen einer Kontroverse mit der Polizei nicht entgehen.«

»Der Begriff der Anständigkeit hat sich total gewandelt.«

»Im vergangenen Sommer, als sich die unerwartete Möglichkeit einer fast unbeschränkten Durchreise durch Jugoslawien bot, emigrierten ungefähr 10000 Menschen. Auch viele Chartisten wurden gezwungen, ins Exil zu gehen. Sie haben einige Emigrationswellen erlebt, insbesondere die beiden größten: die erste vor der deutschen Okkupation und die zweite nach dem August 1968, und Sie sind trotz der Bedrohung beim ersten wie beim zweiten Mal hiergeblieben. Ivan Sekanina kam während der deutschen Okkupation ums Leben.«

»Sekanina wurde seinerzeit die Emigration nicht angeboten, glaube ich – die KPČ hat sie ihm jedenfalls nicht angeboten. Und er für seine Person lehnte es ab, fortzugehen. Gleich am zweiten Tag der Okkupation wurde er abgeholt.«

»Und Sie waren während des Krieges in Theresienstadt?«

»Vom Jahre 1942 bis 1944. Dann wurde ich über Auschwitz in das Zweiglager Groß-Rosen überführt. Beim Transport in den Westen zu Beginn des Jahres 1945 gelang es mir zu fliehen. Ich habe mich dann bis Kriegsende versteckt gehalten. «

»Im Jahre 1968 haben Sie nicht daran gedacht, ins Ausland zu gehen?«

»Durch das Zusammentreffen verschiedener Umstände befand ich mich im August 1968 in Dänemark bei der Internationalen Frauenkonferenz. Alles gebot, im Ausland zu bleiben. Mein einziges Kind hatte ich gerade in Amerika, und die Nachrichten aus der Republik hörten sich nicht gerade günstig an. Ich konnte mir aber nicht vorstellen, daß ich ohne gezwungen zu sein, für immer außerhalb dieses Landes leben könnte. Neben der gefühlsmäßigen Bindung an das Land, was für jeden Menschen ganz normal ist, rief mich diese Situation eher zurück.«

»Frau Trude, möchten Sie selbst noch etwas hinzufügen,

wozu ich Ihnen mit meinen Fragen keine Gelegenheit bot?«

»Weil das hier ein Gespräch mit einer Frau ist und für ein Buch mit dieser Zielrichtung vorgesehen ist, habe ich für eine mögliche Frage nach der Stellung der Frau eine charakteristische Angabe vorbereitet: Es gibt vierzehn tschechische Ministerien, davon dreizehn föderalistische, und nicht eines ist mit einer Frau besetzt. Ich weiß nicht, ob in einem der Ministerien eine Frau zumindest Stellvertreterin eines Ministers ist. Natürlich bewerte ich die Stellung der Frau in der Gesellschaft niemals danach, ob ihr eine hohe Funktion anvertraut ist, aber allein diese Tatsache drückt doch eine bestimmte Einstellung zu den Frauen aus.

Und dann ich habe einen Text von Havlíček[1] mitgebracht, den ich mir in Borova, an Havlíčeks Gedenkstätte abgeschrieben habe:

Hüten wir uns vor dieser Verdrossenheit, die sich so leicht des Menschen bemächtigt, wenn er sich erfolglos mühte, vor dieser Verdrossenheit, die gerade jene Leute auslösen möchten, die die wahre Freiheit des Volkes hassen. Überall beobachten wir ihr Bestreben, durch beständige Verfolgung ... jeden verdrossen zu machen, der anderer Meinung ist ..., damit jeder Funke eines zukünftigen Fortschritts verlösche. Tun wir ihnen nicht den Gefallen, lassen wir uns nicht verdrießen.«

»*Verdrossenheit,* der Ausdruck gefällt mir. Lassen wir uns nicht verdrießen!

Ich danke Ihnen für dieses schöne Ende unseres Gesprächs.«

[1] Karel Havlíček Borovský, (1821–1856) bedeutendster tschechischer Journalist des 19. Jahrhunderts, zugleich satirischer Dichter, bekannt auch durch seine *Tiroler Elegien* und durch *Die Taufe des hl. Wladimir.*

Anna Šabatová:
»Wäre ich ein Spielball des Schicksals, ich würde zusammenbrechen. Es ist meine freie Entscheidung.«

Zu Anna Šabatová spüre ich eine fast verwandtschaftliche Zuneigung, denn mit ihrem Vater Jaroslav Šabata sind wir schon seit langem befreundet, doch da wir uns persönlich nicht so nahe stehen, wird meine Wärme ihr gegenüber doch von einer gewissen Scheu begleitet.

Die Kinder machen mir die Tür auf. »Es gibt keine Gespenster«, verkündet mir der kleine Bub und versucht dann, eine Apfelsine aus dem Hut zu zaubern. Es gelingt ihm nicht ganz, so beginnen wir lieber über Wassergeister zu reden: gibt es sie oder gibt es sie nicht? Das kleine Mädelchen schweigt, strahlt dabei übers ganze Gesichtchen und läßt sich vertrauensvoll im Arm halten.

Den Vater der Kinder, Peter Uhl, kenne ich leider nicht und werde fünf Jahre keine Gelegenheit haben, ihn kennenzulernen. Doch er ist hier in der Wohnung ständig gegenwärtig. Zur revolutionären Gesinnung passen keine behaglichen Möbel. Ich erinnere mich, daß auch wir in unserer Jugend die Wände unserer Wohnungen mit revolutionären Plakaten und mit Bildern von Revolutionären schmückten, auch wir schleppten nur Bücher nach Hause und wohnten in dem, was wir von den Eltern geerbt hatten, um das väterliche Erbe nur um Gedanken zu vergrößern.

Die Kinder sind zu Bett gebracht und wir machen uns einen Jasmin-Tee. Die Kleinen husten, in Prag wütet die Vorfrühlingsgrippe, Anička läuft immer wieder vom Gespräch weg, um den Kindern die Nasen zu putzen. Sie ist neunundzwanzig Jahre alt, hat das schönste Jahrzehnt ihres Lebens vor sich. Ihr droht, die Hälfte davon ohne ihren Mann sein zu müssen.

Wenn ich jetzt also irgendeine Frage stelle, dann eigentlich nur: Was ist das für eine Frau, die aus dem Bedürfnis nach Freiheit ihre persönliche Freiheit aufs Spiel setzt?

»Wie alt warst du, Anička, als man dich ins Gefängnis sperrte?«
»Zwanzig Jahre und vier Monate. Ich war im fünften Semester an der philosophischen Fakultät, es war im November.«
»Was hast du studiert?«
»Geschichte und Philosophie.«
»Wie lange warst du im Gefängnis?«
»Zwei Jahre und einen Monat. In Haft war ich ein Jahr, im Strafvollzug das zweite. Während der Haft fiel es mir verhältnismäßig schwer, acht Monate dauerte die Untersuchungshaft, das ist eine lange Zeit, und vier Monate wartete ich dann auf den Prozeß. In der Haft ist das Schlimmste, daß man den Kontakt mit Menschen vermißt, die unsere Welt begreifen. Wir machten uns auch angenehme Abende in der Zelle, kleine Festessen mit den Dingen aus den Päckchen, die wir von Zuhause bekamen, und wir unterhielten uns, aber verstehen konnte man sich mit niemandem. Im Strafvollzug war die Gesellschaft schon angenehmer, ich war mit Anička Koutná und Květa Marková zusammen, beide waren im gleichen Prozeß wie ich verurteilt worden, und das war prima.«
»Ich traf deine Mutter kurz nachdem man euch eingesperrt hatte, deinen Vater, deine beiden Brüder und dich. Deine Mutter machte sich deinetwegen große Sorgen, weil du noch so jung warst und im Gefängnis Gewalt und Verbrechen begegnetest. Erfahrungen, die dich für dein ganzes Leben zeichnen würden.«
»Bis auf eine bösartige Frau während der Haft kam ich mit den anderen gut aus. Es gab da eine Mörderin, etliche Frauen,

die wegen Veruntreuung verurteilt waren, weil die Ladenkasse, die Bilanz oder die Inventur nicht stimmte, einige waren wegen Parasitentum eingesperrt, eine junge Frau, die in Untersuchungshaft saß, wurde beschuldigt, ihr Kind nach der Geburt erschlagen zu haben, ich war zehn Monate mit ihr zusammen, sie wurde schließlich freigesprochen, und ich glaube auch, daß sie das Kind nicht erschlagen hat. In der Haft ist das Schlimmste die zeitliche Leere. Morgens steht man schnell, schnell auf, dieses schreckliche Aufstehen in der Kälte!, und dann geschieht den ganzen Tag über nichts, oder man muß den ganzen Tag auf das Verhör warten. Im Strafvollzug haben wir leichte Arbeit gemacht, ich bin langsamer, so mußte ich die Norm mit Überstunden erfüllen, aber es gab dort keine Schikane, täglich hatten wir eine Stunde Ausgang. Einmal brachte die Kommandantin einen Ball, das ist direkt eine schöne Erinnerung! Wir waren acht Frauen zwischen zwanzig und dreißig, wir bildeten zwei Vierermannschaften und spielten Völkerball, das war Klasse! Für diesen Augenblick vergaß ich ganz, daß ich im Kittchen saß. Ich habe auch sehr viel gelesen, Bücher hatten wir genug, jeden zweiten Tag konnten wir abends zum Fernsehen gehen. Als ich entlassen wurde, hatte ich das dringende Bedürfnis, ständig vom Gefängnis zu erzählen. So verhält sich jeder, der herauskommt. Nach einem halben Jahr begannen sich die Eindrücke zu verlieren, und als ich von Brünn nach Prag ging, verloren sie sich überhaupt, ich habe sie irgendwie verdrängt.«

»Du wurdest verurteilt, weil du in der Zeit vor den Wahlen Plakate geklebt hast, die zum Boykott der formellen Wahlen aufforderten.«

»Wir waren acht beim Prozeß, genau genommen gehörten wir zu dem Prozeß von Vater dazu. Es waren insgesamt fünfzehn Leute, künstlich teilten sie uns in zwei Gruppen.

Vlasta Tesářová wurde an die Spitze unserer sogenannten Gruppe gestellt. Sie bekam vier Jahre, ich beim Kreisgericht dreieinhalb, und der Oberste Gerichtshof verringerte mein Strafmaß dann auf drei Jahre. Ich war nicht so wichtig, um eine so hohe Strafe zu bekommen, bei mir handelte es sich mehr um Rache an Vater.«

»Es wurde beinahe eure ganze Familie verurteilt.«

»Bis auf Mama alle. Vašek, mein älterer Bruder, wurde zu zwei Jahren verurteilt, der Oberste Gerichtshof verwandelte es in Bewährung. Nach einem halben Jahr Gefängnis wurde er entlassen. Seine damalige Frau Ivanka Hyblerová wurde begnadigt. Jeník, mein jüngerer Bruder, wurde zu zweieinhalb Jahren Arrest ohne Bewährung verurteilt und Vater bekam sechs Jahre. Das waren künstlich zusammengewürfelte Gruppen, insgesamt wurden im Jahre 1972 neun Prozesse geführt, fünf in Brünn und vier in Prag, es wurden fünfzig Menschen verurteilt und zehn begnadigt. Merkwürdig ist, daß man in Brünn allen, deren Strafe zur Bewährung ausgesetzt war, nach Ablauf der Frist erlaubte, zu Ende zu studieren, wenn sie im Jahre 1977 nicht die Charta unterschrieben.«

»Du wurdest also früher entlassen.«

»Es ist ein schönes Gefühl, unerwartet in die Freiheit entlassen zu werden! Und vor allem drei Tage vor Weihnachten! Außerdem ist mir bewußt geworden, welches psychische Hilfsmittel man im Gefängnis an sich anwendet: Ich glaubte einfach nicht, daß ich die ganze Zeit absitzen würde. Irgend etwas würde geschehen, und ich dürfte nach drei oder vier Monaten nach Hause gehen. Die Zeit von drei, vier Monaten wurde aber deshalb nicht kürzer, und als das zweite Jahr vorbei war, mußte ich mir endlich eingestehen, daß ich die ganze Strafe absitzen würde. Doch kurz danach durfte ich nach Hause.«

»Die Zeit vergeht langsam, nicht wahr?«

»Wenn ich jetzt zurückschaue, habe ich das Gefühl, die Zeit sei schnell vergangen. Das liegt daran, daß sich dort nichts ereignet hat, keine besonderen Begebenheiten, an die man sich zurückerinnern könnte. Aber dort schien mir die Zeit sehr lang.«

»Anička, sag mir jetzt aufrichtig, ohne Rücksicht auf was auch immer: Wäre es dir lieber, wenn das alles nicht passiert wäre?«

»Ja, ich glaube schon. Ich hätte zu Ende studiert. Wenn sie mich hätten zu Ende studieren lassen. Was sind schon vier Semester Philosophie! Ich war nicht besonders hervorragend, ich hatte durchschnittlichen Erfolg, aber ich hätte meine Ausbildung gehabt. Jetzt werde ich nicht mehr zurück an die Universität gehen, ich habe keine Zeit und keine Motivation zu einem systematischen Studium. Und einen anderen Grund... einen anderen Grund habe ich eigentlich nicht. Andererseits jedoch – wenn Vater und meine Brüder im Gefängnis gewesen wären und ich nicht... Da wäre mir ein Trauma zurückgeblieben. — Ich sagte mehr aus, als nötig war. Nicht aus Angst, das nicht, sondern aus Unerfahrenheit. Mir war das alles fremd, ich hatte nie zuvor mit jemandem gesprochen, der schon im Gefängnis war und diese Erfahrungen hatte. Vor Gericht beharrte ich dann auf meiner Aussage, ich bereute nichts, doch bei den Verhören hätte ich weniger sagen sollen. Wahrscheinlich hätte ich nicht einmal diese hohe Strafe bekommen.«

»Anička, in einem Großteil der Menschen ist die Furcht vor dem Gefängnis und der daraus resultierenden unwillkürlichen Verachtung aller Gefangenen, gleich, aus welchem Grund sie eingesperrt sind, fest verwurzelt. Sie sagen sich, wäre er ein ordentlicher Mensch, vernünftig und besonnen, wäre er nicht ins Gefängnis gekommen. Ich kenne deinen

Vater seit vielen Jahren, ich weiß, wie konsequent er ist, wie ehrenhaft und manchmal fast hart in seinem Anspruch gegen sich selbst, ich kenne seine Kultiviertheit, und es gibt kaum jemanden, den ich so schätze wie ihn. Aber wer ihn nicht kennt? Und nun ist er zum zweiten Mal im Gefängnis.«

»Und diesmal für eine Ohrfeige, die er einem Polizisten verpaßte.«

»Ja. Eine Ohrfeige ist ein ausgezeichneter Vorwand, um einen Sprecher der Charta einzusperren. Wer aber begreift die Verhältnisse, in denen sich ein Hochschullehrer genötigt sieht, seine Menschenwürde vor einem Polizisten sogar mit einer Ohrfeige zu verteidigen? Wie würdest du den Leuten erklären, daß dein Vater weder ein Radaumacher noch ein böser Krimineller ist?«

»Wahrscheinlich würde ich zu erklären versuchen, daß es zu allen Zeiten Menschen gab, die ihrer Ansichten wegen verfolgt wurden. Und ich würde Beispiele aus der Vergangenheit, aus Österreich-Ungarn und anderen Ländern anführen. Wie schätzen wir doch einen Nazim Hikmet, eine Rosa Luxemburg oder die Angehörigen der *Omladina,*[1] das waren charaktervolle Leute, und ihre Gefangenschaft war politische Verfolgung und nichts Ehrenrühriges.«

»Wie erträgst du es, Vater und Mann im Gefängnis zu haben?«

»Ziemlich schwer. Ich war früher einmal fröhlich, ziemlich fröhlich. Seit dem Prozeß bin ich es nicht mehr. Als man Vater zum zweiten Mal einsperrte, machte mir das sehr zu schaffen. Ich versuche, alles mit Lebensoptimismus zu überstehen. Das Gefängnis hinterläßt meistens Spuren an einem Menschen. Ich weiß nicht, wie ich nach außen hin wirke, innerlich spüre ich, daß ich gequälter bin als früher. Na ja,

[1] *Omladina,* fortschrittliche Gruppe der tschechischen Studenten- und Arbeiterjugend, gegen die 1894 ein politischer Prozeß geführt wurde.

andererseits ist es mit mir nicht so schlimm, ich bringe es auch heute noch fertig, mich recht gut zu unterhalten und fröhlich zu sein. Und sicher werden auch bessere Zeiten kommen.«

»Du hast zwei kleine Kinder, wie alt sind sie?«

»Saša ist drei und Pavel viereinhalb.«

»Sie sind fröhlich und ruhig. Saša strahlt wie die Sonne. Wie gelingt es dir, sie davor zu bewahren, ängstlich und neurotisch zu werden?«

»Ich bin gut zu ihnen. Ich bin ruhig, brause fast nie auf, bin ziemlich geduldig. Lieber laß ich einfach etwas laufen, bade sie beispielsweise nicht, ich bemühe mich einfach um ihr größtmögliches Wohlbefinden. Sie sind wirklich fröhlich und ruhig. Sašenka rutschte einmal in der Wanne aus. Danach fürchtete sie sich vor dem Baden. So wusch ich sie im Waschbecken, bis sie ihren Schrecken vergessen hatte. Früher hatten die Leute auch keine Badewannen und haben sich auch gewaschen. Ich überwinde Dinge dadurch, daß ich ihnen keine Bedeutung beimesse. Ich zwinge die Kinder zu nichts, ich versuche, alles schrittweise zu erreichen, so wie sie es selbst zu begreifen beginnen. Ich muß jetzt ein Lämpchen in ihrem Zimmer brennen lassen, ehe sie einschlafen. Pavel erschreckte Saša zum Spaß, und bevor ich eingreifen und ihm das erklären und verbieten konnte, begann Sašenka sich zu fürchten, jetzt fürchtet sie sich schon etwa vier Wochen lang. Möglicherweise mache ich einen Fehler, daß ich zu ihnen so nachgiebig bin, ich weiß nicht. Jemand sagte, ich verziehe die Kinder, aber ich möchte, daß alles natürlich abläuft, ohne Härte.«

»Aber ich habe gesehen, daß sie gehorchen. Und wie verhalten sie sich zueinander?«

»Na ja, sie gehorchen nicht gerade sehr, aber sie haben einander gern, jedenfalls die meiste Zeit. Pavel ist brav zu Sašenka. Er ist der viel lebhaftere. Ich sage ihm: das hättest du nicht tun sollen, du bist der ältere, und neulich fing er an zu weinen. ›Warum immer nur ich?‹ Ich sehe also, daß ich irgend etwas ändern muß, wenn er zu weinen beginnt. Worauf ich ziemlich konsequent achte, ist, daß ich ihnen jede Art der Gewalt verbiete, gegen Menschen wie gegen Tiere, weil das abscheulich ist. Doch obgleich es ihnen verboten ist, so prügeln sie sich manchmal auch, aber eigentlich selten. Pavel erwischte einmal bei einem Besuch eine Kunststoff-Pistole, Peter rannte hinter ihm her und nahm sie ihm gleich weg. Möglicherweise bereiten wir sie zu wenig auf die Möglichkeit von Aggressionen vor und vernachlässigen die Pflege der Fähigkeit, sich zu verteidigen – ich weiß es nicht. Vorläufig machen wir es eben so.«

»Hilft dir irgend jemand mit den Kindern?«

»Die Nachbarin in unserer aufgeteilten Wohnung. Sie ist sehr lieb, sie ist für die Kinder die Oma, oder eher die Tante. Im Dezember, vor Peters Berufungsverfahren, mußte ich oft zum Rechtsanwalt und mich Gästen von auswärts widmen, da hütete die Kinder immer jemand anderer. Sie hatten keine einheitliche Führung, und instinktiv liefen sie immer zur Tante. Sie haben sie gern. Jetzt im Januar ist schon kein solcher Betrieb mehr, und auch die Kinder haben sich beruhigt. Auch Květa Marková und manche anderen Freunde helfen mir mit den Kindern. Mutter half mir den Sommer über, Pavel hatte sie zwei Monate und Sašenka einen bei sich.

»Bestimmt haben die Kinder auch unter den Erwachsenen, die zu euch kommen, eine Menge Spielkameraden.«

»Das ja. Aber der Vater fehlt doch, selbst wenn noch so viel Besuch kommt. Es ist ja immer nur für kurz und jedes Mal jemand anderer.«

»Haben sie Sehnsucht nach dem Vater?«

»Ich verheimliche ihnen nicht, daß ihr Vater im Gefängnis ist. Die Kinder wissen, daß böse Polizisten den Vater eingesperrt haben, weil er mutig war. Sie zeichnen in die Briefe an Peter, sie diktieren mir, was ich an ihrer Stelle schreiben soll. Ich spreche oft mit ihnen über den Vater, sie haben alles in allem eine wirklichkeitsnahe, gefühlsmäßige Beziehung zu ihm. Bei Pavel kommt zuweilen in seinen Fragen die Sehnsucht durch, er hatte mit seinem Vater schon eine Reihe von Erlebnissen, Erinnerungen, nach denen er sich zurücksehnen kann. Er ist auch älter, gerade als Junge würde er den Vater jetzt brauchen, vor allem als Prototyp des Mannes in der Familie. Den kann ich ihm nicht ersetzen, selbst wenn ich mich zerschneiden würde. Sašenka ist noch klein.«

»Was für ein Vater ist Peter Uhl?«

»Hätte er mehr Zeit, wäre er ein mustergültiger Vater.«

»Was hältst du für deine Person für das Wichtigste?«

»Ich würde sagen, durchzuhalten, damit die Familie nicht auseinanderfällt. Und dazu gehört auch, daß die Kinder nicht gebrandmarkt werden.«

»Und wenn dich jemand beschuldigte, daß ihr selbst ihnen ein schweres Schicksal bereitet?«

»Was wir tun, tun wir auch für sie. Und ein Kind kann auch gezeichnet sein, wenn es den Vater nicht im Gefängnis hat. Pavel ist ziemlich feinfühlig. Von sich aus begann er für Vater, Großvater und eingesperrte Freunde Blümchen zu basteln, aus einem Baukasten aus Kunststoff. Er fertigte immer eine an und fragte dann, wer noch eingesperrt sei. Einige haben wir verschickt. Er ist aber nicht altklug, ich möchte, daß die Kinder so natürlich wie möglich bleiben, dann werden sie leicht mit allem zurechtkommen. So unterhielten wir uns zum Beispiel mit Jirka Bednář über seine Mutter und Pavel sagte mitten ins Gespräch hinein: ‹Otka ist eingesperrt, Vater ist eingesperrt, Vašek Benda ist eingesperrt, das ist traurig. Aber ich bin nicht traurig, ich habe noch Mama.› Zwei Tage später, als ich wollte, daß er schlafen geht, drohte er mir, mich aufzuessen, und dann hätte er nur noch Vater und lachte dabei. Sašenka ist auch großartig. Sie war unlängst zum ersten Mal im Krankenhaus, volle zehn Tage. Sie nahm ihre Puppe Lízinka mit, und mit Lízinka unter dem Arm ging sie ruhig weg. In der Klinik weinte sie nicht, die Ärzte und Schwestern lobten sie, wie selbständig und reinlich sie ist. Sie meisterte die Situation im ganzen sehr gut.«

»Und wenn sie zur Schule gehen werden? Dort sind sie dann zum ersten Mal allein und dort könnte ihnen zum ersten Mal jemand Schaden zufügen.«

»Pavel kommt erst in zwei Jahren in die Schule. Inzwischen denke ich nicht daran. Aber ich weiß es.«

»Ein bißchen verbirgst du dich bei ihnen.«

»Man sperrte Peter ein, und als ich es erfuhr, daß man Haft verhängt hatte, versuchte ich so schnell wie möglich, ihm einen Rechtsanwalt zu besorgen. Es ist das Wichtigste in so einem Augenblick, gleich einen Rechtsanwalt zu haben. Und danach konnte ich schon nichts mehr für ihn tun, es war zwei Uhr nachmittags, es war heiß, ich nahm die Kinder und ging mit ihnen zum Schwimmen. Vielleicht klingt das zynisch ... aber wenn ich an die Kinder denke, muß ich nicht an mich denken. Ich bin froh, daß ich sie habe.«

»Wo hast du Peter Uhl kennengelernt?«

»Das erste Mal hörte ich von ihm, als man ihn einsperrte. Wir verfaßten und verbreiteten in Brünn eine Information über seine Gefangennahme. Und dann sagte mir jemand im Gefängnis, ich glaube es war Mama, bei einem ihrer Besuche, daß man diesen Peter Uhl erneut eingesperrt habe. Dann kam ich aus dem Gefängnis nach Hause zurück, und mein Bruder lernte Peter in Prag kennen. Als Peter auf einer Dienstreise nach Brünn kam, besuchte er meinen Bruder, und wir sahen uns fünf Minuten. Wir verabredeten ein Treffen in Prag. Ich fuhr über Prag, als ich meinen Vater besuchte. Zwei Monate später heirateten wir. Wir kannten uns von acht Wochenenden. Dazwischen telefonierten wir.«

»Das ging schnell.«

»Ja. Peters Mutter starb während seiner Gefangenschaft, Vater hatte er keinen mehr, und da einem Gefangenen nur die nächsten Verwandten Päckchen und Briefe schicken dürfen, war er im Gefängnis ein halbes Jahr völlig verlassen. Einer der Gründe, warum wir so schnell geheiratet haben, war auch der, daß ich Peter Päckchen schicken und schreiben könnte, falls sie ihn erneut einsperren würden. Und dazu kam es ja dann auch.«

»Und dein Vater? War er noch in Freiheit, als du heiratetest?«

»Nein. In einem Brief schrieb ich Vater: Ich habe Peter Uhl kennengelernt. Im zweiten schrieb ich schon: Ich habe ihn geheiratet.«

»Dein Mann war bis jetzt in der öffentlichen Arbeit ungeheuer aktiv, er ist fleißig, ausdauernd, und so erfinderisch, daß ihn deshalb manche nicht mögen. Ließe sich von ihm sagen, daß er ein professioneller Revolutionär ist?«

»Peter weiß als Trotzkist, daß professionelle Revolutionäre die Keime einer zukünftigen Bürokratie sind. Er ist Maschinenbauingenieur und ist jederzeit fähig, in seinen Beruf zurückzukehren. Er ist ein Lehrertyp, er besitzt gute pädagogische Fähigkeiten. Vor seinem ersten Gefängnisaufenthalt unterrichtete er drei Jahre an einer Gewerbeschule Maschinenbau und Mechanik. Und auch nach der Gefangenschaft arbeitete er in seinem Beruf weiter, machte ein Jahr lang Festigkeitsberechnungen für eine Gasleitung. Erst als diese Arbeit beendet war, wurde er zum Beamten degradiert.«

»Warum ist er bei einigen Leuten unbeliebt? Wenn wir die unterschiedlichen Anschauungen einmal weglassen?«

»Peter meint alles im höchsten Grade ehrlich, und er ist unangenehm, weil er direkt ist. Er sagt seine Meinung geradeheraus, undiplomatisch. Und wenn er dann seine Ansicht ändert, sagt er auch das. Aber ich glaube, daß aufrichtige Menschen es eher schätzen, daß er undiplomatisch und direkt ist.«

»Es tut mir leid, daß ich ihn nicht persönlich kenne. Ich bewundere die erfolgreiche Arbeit, die er zurückgelassen hat, von ganzem Herzen. Er ist offenbar systematisch und ein guter Organisator. Du hast einen Teil seiner Arbeit übernommen, die Redaktion der *Informationen über die Charta*[1] und die Mitgliedschaft im Ausschuß zur Verteidigung zu Unrecht Verfolgter.«

»Dem Ausschuß gehörte ich mit Peter seit seiner Gründung an. Ich möchte die Arbeit nicht fallenlassen, weil Peter eingesperrt wurde. Ich mache Dinge, die mich zeitlich nicht belasten.«

»Dich läßt die Polizei in Ruhe?«

»Vor einem Monat haben sie unsere Wohnungstür eingetreten. Gestern war ein Kontrolltrupp im Haus, jeder, der ins Haus ging, mußte sich legitimieren, und nach einem Verzeichnis wurden diejenigen, die zu uns kamen, auf die Wache abgeführt. Als Vorwand diente ihnen das Feuer in der *Demínka,* einem Caféhaus auf der Straße uns gegenüber. Alles davor kam durch Peter zustande. Ich habe zwei Kinder, und die Polizei schließt daraus richtig, daß mir für andere Dinge nicht viel Zeit bleibt. Als sie mich beim Prozeß gegen Peter aus dem Gerichtssaal wegschleppten, war das der erste Gewaltakt, der direkt mich betraf.«

»Ich werde nie vergessen, wie sie dich wegschleiften.«

»Es sah sicher schrecklich aus, das sagten mir mehrere Leute.

[1] Unregelmäßig herausgegebenes Rundschreiben (auf Schreibmaschine getippt), welches in Prag verbreitet und abgeschrieben wird.

Ich hatte die fixe Idee, daß ich nach oben zurück muß, wo sie über meinen Mann zu Gericht sitzen, oder zumindest auf den Gang, wo alle übrigen standen, und in diesem Sinne verhielt ich mich. In meiner Aufregung wurde mir ihre Gewaltanwendung gar nicht so schrecklich bewußt... Subjektiv gesehen war für mich der zweite Nachmittag in der Konviktgasse viel schlimmer, als ich zu vermuten begann – nach einem Verhör, das offenbar diese Vermutung erwecken sollte – daß ich angeklagt und inhaftiert bleibe. Ich hatte viel Mühe, mich mit diesem Gedanken abzufinden. Als mir das so leidlich gelungen war, schlief ich ein und um ein Uhr in der Nacht wurde ich geweckt und entlassen.«

»Du hast keine Angst vor dem Gefängnis?«

»Ich kenne es, es ist nicht angenehm, aber ich würde es bewältigen. Ich habe nur Angst wegen der Kinder. Jeder Mann, aber auch jede alleinstehende Frau ist hundertmal besser dran, als eine Mutter mit kleinen Kindern. Als man mich vom Prozeß wegführte, fragte man mich dauernd, wo ich die Kinder habe. Ich sagte nicht, wo. Ich sagte nur, daß gut für sie gesorgt sei. Vielleicht hätte man mich früher herausgelassen, wenn ich gesagt hätte, daß ich zu den Kindern muß. Aber denen würde ich nichts sagen, am allerwenigsten, wo meine Kinder sind.«

»Und wie denkst du über die Zukunft?«

»Ich will mir einfach nicht eingestehen, daß Peter die ganze Strafe absitzen muß.«

»Du lebst also fixiert darauf, daß und bis Peter zurückkommt.«

»Absolut.«

»Wie fühlt er sich? Was schreibt er in seinen Briefen?«

»Er wirkt ausgeglichen. Jede Entscheidung, die er trifft, wird rational sein und keineswegs so ausfallen, als fehle es ihm an Kraft.«

»Er ist in Mírov,[1] diesem berüchtigten Gefängnis. In seinem ersten Brief von dort schrieb er: Ich bin also wieder in Mírov, und es gefällt mir hier sehr gut. Er hat sonst nicht viel Sinn für Humor, diesen Satz mußte ich würdigen.«

»Du sprichst von Entscheidungen. Welche Entscheidung könnte er denn schon im Gefängnis treffen? Außer Landes zu gehen?«

»Dies erwägt er als eine der Möglichkeiten.«

»Und du?«

»Peter tut nie etwas Unehrenhaftes. Wenn er sich zur Emigration entscheiden sollte, gehe ich mit ihm.«

»So total bist du an sein Schicksal gebunden?«

»Ich würde so sagen: Wäre er nicht eingesperrt, würde ich ihn beeinflussen. Aber so habe ich das Gefühl, dazu kein Recht zu haben. Und wenn er über verschiedene Möglichkeiten reflektiert, bedenkt er alles. Vielleicht sogar die Tatsache, daß er nicht allein ist, daß sie fünf sind. Als Václav Havel vor Gericht ablehnte auszuwandern, beeinflußte er sicher mit seiner Entscheidung das niedrigere Strafmaß für sie alle. Aber Peter überlegt in dieser Richtung.«

»Anička, mich erfaßt ein bißchen Bangigkeit. Die meiste Zeit reden wir hier von der Gefangenschaft. In Beziehung zu dir, zu deinen Kindern, zu den Eltern. Und das ist kein künstlich hervorgerufenes Thema, es gehört einfach zu deinem Leben. Sag mir – da gerät man durch ein Zusammentreffen von Umständen in irgendeine Lebenssituation, und dann kann man nichts anderes tun, als das, was die Situation einem abnötigt, oder hat man immer die Wahl?«

»Man hat die Wahl. Ich bin kein Spielball des Schicksals. Wäre ich ein Spielball des Schicksals, ich würde zusammenbrechen. Und eine freie Entscheidung ist es deshalb, weil man

[1] Mírov, Ort nördlich von Olmütz, seit fast 100 Jahren durch das Gefängnis bekannt.

sonst auf etwas Wesentliches in seinem Innern verzichten müßte, worauf man nicht verzichten kann.«

»Was ist es – dieses Wesentliche?«

»Jetzt müßte ich etwas sehr Erhabenes sagen, also sage ich lieber nichts. Schließlich weiß das jeder – auf seine eigene Art.«

»Aber dennoch spüre ich aus dem, was du sagst, wie du dein Leben an das der Menschen bindest, die du liebst. An das deines Vaters damals 1972, an das deines Mannes heute.«

»Ich bin nicht ehrgeizig. Ich wollte Wissen erwerben, aber ich hatte kein Verlangen danach, herauszuragen. Ich bin anpassungsfähig, und für Peter bin ich mit den Kindern in meiner Art unersetzlich.«

»Weil er ein Zuhause braucht? Eine freundliche Umgebung?«

»Das braucht er. Ich erinnere mich, daß er mir einmal sagte, er würde emigrieren, wenn er mich und die Kinder nicht hätte, weil der Druck seitens der Polizei, vor allem der Geheimpolizei, zu stark wäre, als daß er ihn allein tragen könnte. Ich glaube, es trifft immer zu, daß es sich zu zweit besser zieht, sofern man nicht den anderen mitziehen muß, doch das war bei uns nicht der Fall.«

»Wer, meinst du, hatte in deinem bisherigen Leben auf dich den größten Einfluß?«

»Wahrscheinlich mein Vater.«

»Dein Vater hat dich sehr lieb, nicht wahr?«

»Das hat er. Von seinen Kindern bin ich ihm am ähnlichsten. Ich bin die einzige Tochter, er wollte immer eine Tochter.«

»Wen magst du am liebsten?«

»Das kann ich nicht beurteilen. Den Mann oder die Kinder... wahrscheinlich die Kinder. Sicherlich die Kinder.«

»Womit beschäftigst du dich noch außer mit den Kindern und deiner Arbeit bei der Charta?«

»Ich besuche eine Sprachenschule, lerne Deutsch. Hin und wieder gehe ich ins Kino. Morgen gerade zu Ema Destinová[1]. Ich lese, nicht viel, etwa zwölf Bücher im Jahr. Nun ja, und ich habe den Haushalt. Ich koche ziemlich gern.«
»Das habe ich mir gleich gedacht, als ich auf dem Regal eine Menge Gewürze stehen sah. Kannst du gut kochen?«
»Ich glaube ganz gut. Ehe ich heiratete, habe ich es lange nicht gekonnt. Aber dann mußte ich es lernen, und es macht mir ziemlich viel Spaß.«
»Hast du viele Freunde?«
»Ich habe genug. Anfangs fühlte ich mich in Prag recht verlassen, jetzt nicht mehr. Sie behandeln mich nicht wie die Ehefrau, die Peter sich von irgendwoher mitgebracht hat, es sind auch meine Freunde. Als man Peter einsperrte, konnte ich mich davon überzeugen, daß diese Freunde auch mich besuchen kommen, und nicht nur aus Pflichtgefühl, sondern gern.«
»War in letzter Zeit, seit Peter nicht mehr im Hause ist, irgend jemand böse zu dir? Ich meine jetzt nicht die Polizei.«
»Ja. Das ist auch passiert. Aber darüber schreib nicht!«
»Und was wünschst du dir jetzt am meisten?«
»Daß Peter freigelassen wird! Selbstverständlich auch Vater und alle übrigen; daß ich Peter zuerst genannt habe, ist sicher egoistisch, aber mit Vater lebe ich nicht zusammen, und Peter fehlt mir mehr.«
»Bist du traurig?«
»Ja, das bin ich ... ziemlich.«

8. Februar 1980

[1] Ema Destinová (Ema Kittlová), 1878–1930, die berühmteste tschechische Opernsängerin, über die in Prag ein Film gedreht wurde.

Věra Jirousová:
»... ich wünsche mir auch das nächste Mal an dem Ort zu sein, wo alles zu Poesie wird ...«

Ich blättere in einem Gedichtband, der eigentlich aus mehreren Gedichtsammlungen besteht, den Titel *Co je tu – co tu není* (Was hier ist – was hier nicht ist) trägt und gerade in der *Edition Expedice*[1] erschienen ist. Ich stoße auf viele Worte und Bilder und meine, so am besten an den Menschen Věra Jirousová heranzukommen. Fast um eine Generation jünger als ich, scheint sie den Ängsten enthoben zu sein, die meine Generation beklemmen. Eine verborgene, aggressive, an Gefühlsnuancen reiche, erotische, phantasievolle Weiblichkeit gibt hier Rechenschaft über ihr eigenes Dasein. Es ist eine nur im Verborgenen dramatische Dichtung, eher die Kralle einer Katze, die weich und tief eindringt, als direkte Angriffslust, eine Poesie voller Zurückhaltung, Geheimnisse und Andeutungen, die aufgewühlte Oberfläche eines schwermütigen Gewässers. Doch ist in dem visuellen Ausdruck etwas sehr Bestimmtes erkennbar: Die Autorin ist durch das Bildhafte geprägt, sie beherrscht das räumliche Sehen, nicht nur die Magie des Wortes. Das Durchdringen des Visuellen mit dem Wort läßt eine poetische Doppelsprache entstehen, stellenweise beinahe Dreifachsprache, die alles, was hier gesagt wird, zweimal oder mehrmals sagt: durch ein Wortbild und durch eine graphische Sicht, von innen und von außen, nach vorn und nach hinten, von rechts und von links. Die Form des Gedichtes tastet die Wirklichkeit ab wie die Hand des Blinden, der hartnäckig alles wissen will. Das Visuelle ist hier nicht nur attraktiv oder modisch – es dient der Mitteilung. Es

[1] *Edition Expedice*, neben *Edice Peteice* (Edition hinter Schloß und Riegel) die bedeutendste im literarischen Untergrund.

dient dem Prüfen, dem Suchen, dem Fragen. Und auch den Leser zwingt es zum Fragen, zum Entdecken. Ich stelle also fest, daß die Dichtung von Věra Jirousová bei aller Weiblichkeit zugleich unweiblich ist: sie ist nicht nur gradlinig reflexiv, sie stellt eine Reflektion dar. Womit mir diese Poesie ankündigt, daß die Frau, mit der ich mich zu einem Gespräch treffen werde, nicht einfach ist, und daß ein ihr Näherkommen nicht leicht sein wird. Um so mehr, als zwischen uns die Generationsgrenze liegt, das heißt, was Lebensgefühle und Ansichten angeht. Ich will mich deshalb um eines bemühen: sie in keiner Weise mit meinen Fragen zu bedrängen, sondern ihr nur mit ihnen einen Raum zur Aussprache zu schaffen.

»Frau Věra, ich lese hier in dem Almanach *Stunde namens Hoffnung,*[1] daß Sie im Jahre 1970 an der Philosophischen Fakultät der Karls-Universität promoviert haben, dann Mitarbeiterin der Zeitschrift *Výtvarná práce*[2] bis zu ihrer Einstellung im Jahre 1971 waren, und in den Jahren 1971–1975 dann am Institut für Kunsttheorie und Kunstgeschichte der Tschechoslowakischen Akademie der Wissenschaften tätig waren. Ab 1976 – wie hier berichtet wird – haben Sie eng mit psychedelischen Musikgruppen zusammengearbeitet. Soll ich das als Bruch in Ihrem Leben verstehen?«
»Das ist ein Druckfehler in den letzten zwei Zahlen, also kein Lebensbruch. Mit Musikgruppen habe ich schon seit dem Jahr 1967 zusammengearbeitet. Und ich würde es eher noch anders nennen. Ich half ihnen darin, was wiederum ich ein wenig kann, weil mir ihre Musik gefiel. Sie machen ihre Sache gut, und wenn ich diese Sache in der gegenwärtigen Welt für positiv halten kann, dann wünsche ich mir, dabei und mit ihnen zusammen zu sein. Gute Musik zu machen ist für mich

[1] Deutsch im S. Fischer Verlag als TB 2157 erschienen.
[2] *Výtvarná práce,* Zeitschrift der bildenden Künste.

ebenso respektabel wie gute Bilder zu malen oder gute Literatur zu schreiben. Ich glaube, daß in der heutigen Zeit sozusagen alle menschlichen Aktivitäten, die Arbeit, und in diesem Sinne auch die ›Dinge‹ von diesem Standpunkt aus zu fragen sind. Und darin entdecke ich das Kriterium jedes echten Schaffens, die Frage selbst in Frage zu stellen. Darin stelle ich die Richtigkeit jeder schöpferischen Fähigkeit fest. Und deshalb halte ich es gerade jetzt für eine höchst positive menschliche Möglichkeit. Nämlich für die Möglichkeit – die so leicht zu verlieren und so schwer zu bewahren ist –, seinen eigenen Standpunkt zu begreifen und durch diesen Prozeß des Verstehens zu versuchen, sein eigenes Leben zu leben.«

»Ich hätte gern, daß wir durch unser Gespräch Ihr derzeitiges Portrait entstehen lassen. Aber ich würde auch gern mit Hilfe des Gesprächs über Sie zu dem bedeutenden Phänomen unserer heutigen Wirklichkeit vordringen, nämlich zu den Underground-Musikgruppen. Ich kenne nämlich keine andere Frau, die in der Lage wäre, gerade dieses Thema der Öffentlichkeit nahezubringen. Sind Sie mit diesen beiden Schwerpunkten unserer Unterhaltung einverstanden?«

»Damit bin ich durchaus einverstanden. Über den hiesigen Underground existieren nämlich so viel Aberglaube, Verleumdungen und Legenden, die zu phantasmagorischen Ausmaßen angewachsen sind und Anlaß zu den verschiedensten irrigen Deutungen geben. Durch die offiziellen Nachrichtenmedien – über deren Objektivität schließlich jeder Bescheid weiß – kam zum Beispiel die Gruppe *Plastic People*[1] zu dem Ruhm von Ali Baba und den vierzig Räubern. Dabei leben sie einfach, arbeiten als Arbeiter, haben kleine Kinder und machen überdies so eine Musik, daß sie überall auf der Welt Freunde gewonnen haben, gerade unter den Menschen, die

[1] *Plastic People,* die berühmteste Underground-Musikgruppe

gleichfalls lieber kreativ leben, als alles zu konsumieren, was angeboten wird. Ihre Musik habe ich sehr gern. Wenn ich sie höre, gehe ich ganz in mich und fühle mich gleichzeitig den anderen nah. Sie schafft Raum für alle und für die Gemeinschaft im besonderen. Das ist nicht nur eine mögliche Begegnung, sondern ein Miterleben in Freundschaft, eine Art Zuhause, wo man sich spontan die Sprache der Kreativität aneignen kann. In den sechziger Jahren, als ich Kunstgeschichte studierte, verliebte ich mich wie vielleicht alle jungen Leute damals in die Beatles. Es war für mich wie die Wiedergeburt der Minnesänger. Kein Idol für die abgeschlossene Welt der Kunst, sondern gerade eine liebenswürdige Aufforderung, durch Gesang – das Lied (Melos) – die Welt in Freundschaft zu bewohnen. Zusammen mit Ivan Jirous suchten wir, wer in Prag so eine Musik machte. Beatle-Gruppen schossen wie Pilze nach dem Regen aus dem Boden. Während sich die Generation unserer Eltern in Freiheit und Verantwortung im öffentlichen Leben übte, wurden ihre heranwachsenden Kinder in dem sich allmählich öffnenden Raum durch die Musik ansässig. Es war wunderbar. Es gab wohl in jeder Gasse in Prag einen Keller, wo die Jungens spielen lernten. Schulbuchweisheit machte ihnen wirklich keinen Spaß. Buntgedruckte Bildchen aus der Geschichte der tschechischen Wiedergeburt konnten sie schwerlich für die tschechische Kultur begeistern. Sie verstanden sehr wohl, daß ohne moralische Autorität übermittelte Bildung buchstäblich nichts wert ist. Sie lernten von den Dingen, die sie wirklich mochten. Dem zu entsprechen, was einen auf diese Weise anspricht, bildet zugleich Verantwortungsgefühl. Damals lernten aber viele erfolgreiche Gruppen – wie etwa die *Olympik* – wie man Erfolge macht. Bis wir einmal in einem Konzert der *Primitives group*[1] sie wirklich zu

[1] Namen von verschiedenen Gruppen, die in Prag ihre Underground-Music produzieren.

verstehen lernten. Wie die meisten Gruppen spielten auch sie übernommenes Repertoire *(Fugs, Mother of Invention, u. a.),* und sie spielten diese inventionsreiche Musik so gut sie konnten. Es war eine erstklassige psychedelische Show, außerdem ungewollt komisch durch die Requisiten, in denen die damals herrschende verfemte surrealistische Imagination zum Ausdruck kam. Wir – Ivan Jirous, Zorka Ságlová, Dušan Kadlec und ich – boten der *Primitives group* an, sich mit uns als einem progressiven kreativen Team zusammenzutun, das für ihre Musik einen homogenen bildhaften Stil schaffen würde. Die Kapelle trat dann auf dem ersten und zugleich letzten Beat-Festival im Lucerna-Saal im Herbst 1967 mit einer neuen gestalterischen Konzeption auf. Dann folgte das *Fish feast, Bird feast,* Kostüme und Szenerie stellten eine einheitliche Aussage dar.«

»Den Musikern wurden Gipsabgüsse abgenommen, Dušan Kadlec machte aus diesen Abgüssen Gesichtsmasken, hinter denen sie sangen und aus denen dann bengalische Lichter flammten. Beim Fischfest bildeten dunkelblaue Schwämme aus porösem Material die Szene. Es war das Blau von Ives Klein, dessen kreative Wesensreinheit wir liebten. Beim Vogelfest wurden auf der Szene Dias von Kolářs Collagen mit Vögeln gezeigt, der Saal und die Bühne waren mit Federn bedeckt, und in einer Glasvitrine stand ein Mädchen, das nur mit Federn bedeckt war. Seit 1969, als wir mit der Gruppe *Plastic people* zu arbeiten begannen, nahmen die Musiker im großen Freundeskreis an Happenings teil, sie bildeten den lebendigen Teil des Environments auf der Ausstellung *Seno – sláma* (Heu – Stroh) in der Galerie Špála. Als die *Plastic People*[1] Kompositionen der New Yorker Gruppe *Velvet underground* spielten, wurden Dias von Andy Warhol und Fotografien aus seiner Factory gezeigt, wo er zusammen mit

Musikern seine phantastischen Filme machte. Ein andermal wurde die Szene aus aufgeblasenen Igelith-Säckchen gebildet, die wunderbar die Lichtsignale der Scheinwerfer reflektierten und absorbierten. Aber das ist alles Vergangenheit. Das waren Möglichkeiten, die damals erfüllt wurden.«

»Und heute?«

»Im Konzert der *Plastic People* im April 1978, als in der Scheune bei Václav Havel eine musikalische Passion aufgeführt wurde, bestand die Szene nur aus einer einzigen weißen Linie, einer Horizontalen in der Höhe des menschlichen Herzens. Diese gerade reine Linie war unser tatsächlicher Horizont, der den Raum, in dem die lebendige Musik pulsierte, vereinte. In einem Land, dessen Ruhm und Größe als geschichtliche Möglichkeit in der Vergangenheit erfüllt wurden, möchte ich versuchen, mich auf die Tradition Karls IV zu beziehen – auf diese fröhlichste der europäischen Kronen, besetzt mit Rubinen und Saphiren. In der Gegenwart, deren Hoffnung nur ›diese winzige ist, die jeden Morgen aufsteht‹, wage ich zu behaupten, daß kein Reich weder zu Ruhm noch zum Untergang prädestiniert ist, sollten auch seine nüchternen, rechtwinkeligen Bauten selbst die heiligsten Reliquien oder die absolutesten wissenschaftlichen Erkenntnisse beherbergen. Die Zukunft und die Stadt der Zukunft wird höchstwahrscheinlich nicht aus Ziegeln oder Betonfertigteilen gebaut. Nicht einmal die Schönheit, der ich so zugetan bin, scheint die Macht zu haben, die Zukunft zu gebären. Und so wünsche ich mir im Gedächtnis zu bewahren, daß denen, die in der Gemeinschaft des Glaubens, in Liebe und Frieden zusammenleben werden, das himmlische Jerusalem herabgesandt wird.«

»Wodurch hat die Zusammenarbeit mit den Musik-Gruppen Sie bereichert?«

»Das bedeutete damals vor allem, ein unmittelbares Miterleben dessen, was uns im breiten Freundeskreis interessierte. Ich studierte Kunstgeschichte, und Studenten sind meist introvertiert – das ist eine passende Voraussetzung für das Studium, nicht aber so sehr fürs Leben –, und während sie sich ihr Fach aneignen, geraten sie oft in eine Art Enklave überheblicher Pseudobildung. Sie eignen sich die Manieren eines Professionellen an, und es dauert lange, bis sie sich der verrosteten Ausrüstung entledigen, um überhaupt sehen und einfach formulieren zu können. Diejenigen, welche die Dinge kreativ anpacken und nicht nur studienmäßig akzeptieren und vorweisen, tun etwas Wesentliches. Sie fühlen, schaffen und leben das Gleiche. Wir wollten keine spezialisierten Kunsthistoriker werden, da uns vor allem das Schaffen interessiert, das sich gerade ereignet, und die Menschen, die ihm Ausdruck verleihen. So daß wir uns nicht in irgendein Amt oder Institut für das Schaffen des Nicht-Seienden, wie ich es gern nenne, setzen wollten. Und da ich erst lernen mußte, mit Menschen zu leben, erschien es mir schwieriger als das anspruchsvolle Studium. Gedichte schreiben und Bilder malen, das muß jeder allein. Damals schien es mir ein trauriges Los, eine harte Ordensregel zu sein. Gemeinsam Musik zu machen kam mir viel fröhlicher vor, menschlich natürlicher. Erst heute erkenne ich, daß es ebenso menschlich und gut ist, das Schaffen in der Einsamkeit anzunehmen, wenn wir es gemeinsam im Herzen zu tragen verstehen. In meinen Gedichten aus diesen Jahren rief ich aus unermeßlichen Weiten die Menschen an, während diese Musik plötzlich ganz nahe bei mir erklang. Mit einem gewissen Vertrauen und auch einer gewissen Behutsamkeit trat ich zu ihnen hinaus. Ich wollte weder geführt sein noch selber führen. Ich suchte nur unerschütterlich das, das immer vor uns, doch verborgen ist, und was danach ruft, aus der Leere und dem Staub das menschliche Wesen zu formen, dessen Schritte zum Weg werden.«

»Ich verstehe. Dem Menschen ist die Sehnsucht nach der Gemeinschaft angeboren. Mir scheint, als sei es Ihnen gelungen, eine schöpferische Symbiose zu erreichen. Wie lange dauerte dieses rare Ereignis?«

»Die *Primitives group* zerfiel im Jahre neunundsechzig. Die natürliche Kraft der Jugend ermöglichte ihnen, zwei Jahre zu spielen und den Stil der Spontaneität zu bewahren. Alle hatten wohl damals das Verlangen, in die Welt hinauszugehen. In unserem Alter war das ganz natürlich, wegzufahren, um Erfahrungen zu sammeln und etwas in der Welt zu lernen. Von der Gruppe blieb eigentlich Pepa Janíček als einziger übrig, und auch er wollte hinaus. Auf dem Festival der Amateur-Gruppen hörten wir aber die *Plastic People,* sie spielten die Musik von *Velvet underground* und Eric Burdon, sie hatten aber auch eine eigene Komposition mit tschechischem Text, sie hieß *Muž v koupelně* (Der Mann im Bad). Das war richtige Musik, wild und dennoch mit dem Willen zur Disziplin. Also überredeten wir Pepa, er solle mit ihnen spielen. Pepa ist ein gutmütiger Mensch. So sagte er ja und fuhr nicht in die Welt hinaus. Warum sollte er fahren, wenn es hier so viel zu tun gab. Um dich draußen umzusehen, dafür nimmst du dir zwischen der Arbeit frei, ermunterten wir ihn. Die *Plastic People* haben durch sein Kommen viel hinzugewonnen, nicht nur seine musikalische Erfahrung, sondern auch seine Ausdauer wußten sie bald zu schätzen.«

»Warum sind Sie nicht ins Ausland gegangen?«

»Ich hatte eigentlich keinen richtigen Grund dazu. Ich bin sehr vorsichtig und wünsche, Schritt für Schritt mir und meinem Weg näherzukommen. Ich weiß bis heute allerdings nicht, wohin mein Weg weist, und vielleicht soll das auch gar nicht meine Sorge sein, sage ich mir. Ich arbeitete damals an meiner Diplom-Arbeit über das graphische und dichterische Werk von Bohuslav Reynek. Ich hatte dieses Thema selbst gewählt, und es war für mich viel lebenswichtiger zu begreifen, wie mich das anspricht, was aus dem lebendigen Glauben an Gott erschaffen wurde, als irgendein fachlicher Erfolg. Ich wollte hier leben, wo mir doch alles so nahe war und durchstrahlt von einer Art unfaßbarer Gnade und Würde. In einer Landschaft, in der es Kirchen, Statuen und Bilder gibt, die ich so liebe. In der die Lichter der heimatlichen Orte aufleuchteten, Brennpunkte, zu denen ich pilgerte. Ohne etwas von meinen Wurzeln zu wissen, hielten sie mich fest und ließen mich wachsen. Überdies war ich den Menschen gegenüber sehr distanziert, sie erschienen mir wie unverständliche, wahrscheinlich mich bedrohende Geschöpfe, die entweder hinter etwas Bestimmtem her waren und nichts anderes sahen, oder im Gegenteil amorph und gierig nach allem waren. Es war die grausame Sicht eines jungen Menschen, kompromißlos und nicht durch den Erfolg getrübt. Ich stehe heute noch zu ihr, denn bei weitem ist sie nicht so schlimm, wie die Urteile braver Leute. Sie gibt einem zumindest die Chance, zu erkennen, was für Früchte wir tragen. Wir hatten zu Hause einen Purpurreiher und zwei Nachtrohrdommeln, das waren lebendige Geschöpfe, unendlich interessanter als Säugetiere. Die Hierarchie, deren Gipfel der Mensch – wie er selbst sagt –, als Herr der Schöpfung sein soll, kommt mir lächerlich vor.«

»Und auch die Tatsache, daß Sie nicht auf die Sprache verzichten wollten, in der Sie schreiben, oder nicht?«

»Alles, was ich gesagt habe, war ein Tasten und Suchen, wobei ich nicht einmal verstand, ob diejenigen mich verstehen, die die gleiche Sprache sprechen wie ich. Erst mein Kind hat mich eine – für mich – neue Bedeutung der Sprache gelehrt; wenn wir zusammen sprechen, bauen wir mit ihrer Hilfe einen bewohnbaren Raum auf und sind erst dann Zuhause. Bevor ich diese Erfahrung gemacht hatte, wendete ich mich eigentlich gar nicht an die Menschen. Nur selten und versuchsweise. Aus so manchen spaßigen Geschichten aus jener Zeit geht hervor, daß ich zum Beispiel die Telepathie als geläufigeres Verständigungsmittel ansah, als etwa ein Gespräch. Ich bin zu viel und zu sehr hier, an Ort und Stelle, gewesen – ich bin nicht einmal richtig zu Hause gelandet, wie konnte ich dann überhaupt ein Zuhause verlassen?«

»Bedauern Sie das?«

»Ich weiß es nicht. Ich hätte nicht weggehen können, aber meine Erfahrung als Lyrikerin bezeugt doch das Herumirren in der Heimatlosigkeit. Das Zuhause ist nicht der Ort, in den wir hineingeboren wurden – ich behaupte, das Zuhause ist jener besondere Ort, der uns genannt wurde und an dem die Gemeinschaft der Liebe mitgelebt wird. Ein Ort, den wir als Gabe erhielten und nur als solche annehmen und miterleben dürfen und ihn in ständigem Nehmen und Geben auch weitergeben sollen. Wenn ich meinen heutigen Platz abwäge, so wird ein Riß sichtbar, den ich nicht ableugnen möchte und den ich nicht selbst überbrücken darf. Ich wünsche mir, in Böhmen zu leben. Bescheiden und in Frieden. Tschechisch zu sprechen und zu schreiben über Dinge, die hier geschehen. Über Bilder, Musik und ein Schaffen, das ich begrüßen und mit anderen erleben möchte. Früher wünschte ich mir, anonym zu schreiben, ich brauchte meinen Namen nicht. Heute weiß ich, daß ich mit meinem Namen das unterschreibe, wofür ich einstehe, was ich auf meine Art und Weise vertrete. Mit Bangigkeit verfolge ich, wie meine Schuld anwächst. Wo soll ich aber eine Gerechtigkeit finden, wenn ich in diesem Land von keiner solchen moralischen Autorität weiß, die die offiziell bestätigte Macht hätte, Unrecht wieder gutzumachen, und für alle die Gleichheit vor dem Recht zu garantieren. Es ist nicht leicht, in so einem Land ein Kind großzuziehen, wo es schwerlich die Sicherheit des Zuhauses kennenlernt. Wenn ich zu dem Leid und Unrecht schweigen sollte, das jetzt gerade geschieht, gefährde ich zwar nicht die Gegenwart meines Kindes, bedrohe aber seine Zukunft. Ich wünsche mir also in einem Land zu leben, in dem die Wahrheit sagen und über die Wahrheit ein christliches Zeugnis ablegen zugleich bedeutet, seinem Kind ein liebevolles Zuhause zu schaffen.«

»Ich verstehe. Jede neue Erfahrung wühlt diese Entscheidung auf.«

»Mein siebenjähriger Sohn Tobias liebt die Musik von *Captain Beefheart, Patti Smith, Residens* – es scheint ihm unglaublich, daß es Länder gibt, in denen sie in Konzerten gesungen und gespielt werden kann. Mir kommt es wieder völlig unglaublich vor, daß es ein Land gibt – und in diesem Land lebe ich gerade – in dem diejenigen, die gute Literatur machen, ihre Bücher nur für einen Kreis von Freunden abschreiben können, in dem alle, die fantastische Bilder malen, nicht in den Galerien ausstellen können, die es hier gibt. Wozu verurteilt sich eine Nation, die ihre Kunst nicht zu schätzen weiß? Daß sie ihre Künstler erst postum schätzt, daran sind wir in Böhmen schon gewöhnt. Heute entsteht hier aber eine nationale Kultur in einem Belagerungszustand, und die Menschen konsumieren fast alles darüber, wie es hier nicht ist und was hier nicht geschieht, um abgelenkt zu sein, weil sie schon das vorteilhafte Modell der Konformität angenommen und auf jede eigene Verantwortung verzichtet haben. Hier an Ort und Stelle schöpferisch zu sein und die Verantwortung für das eigene Leben zu tragen, bedeutet, die Lage des Gejagten auf sich zu nehmen. Wie die Musiker von *Plastic People,* deren *Passion* oder das Konzert über Themen von Ladislav Klíma[1] unter solcher Bedrohung entstanden

[1] Ladislav Klíma, 1878–1928, bedeutender tschechischer Philosoph.

sind und gespielt wurden. Und ich kann einfach nicht schweigen zu einem Unrecht, das da geschieht, wenn es keine Selbstverständlichkeit mehr ist, der Kreativität Raum zu geben. Ich kann nicht anders, als dieses wesentliche Recht des Menschen auf Kreativität zu verteidigen, auf die Möglichkeit, den Dingen Gestalt zu geben und sich schöpferisch zu artikulieren.«

»Ich möchte Sie aber noch zum Beginn der siebziger Jahre zurückführen. Damals begannen Sie mit Ivan Jirous, mit den *Plastic People* zusammenzuarbeiten ... «

»*Die Plastic People* waren beim Prager Kulturzentrum als professionelle Kapelle registriert. Sie verdienten glänzend und hatten alle Möglichkeiten, in Prag und auf dem Lande zu spielen. Dann kamen irgendwelche Vorspielabende zur Kontrolle, dabei mußte der Name der Gruppe ins Tschechische abgeändert, die Haare geschnitten und auch irgendwie gefällig gespielt werden. Die Gruppe bereitete sich gründlich vor, sie spielten damals die *Plastische Sinfonie* mit tschechischen und englischen Texten. Sie bewahrten den Stil der Musik, der ihnen nahestand und lehnten es ab, ›Kaffeehausmusik‹ zu machen. Somit hörten sie auf, ein professionelles Ensemble zu sein und man gab ihnen den Amateurstatus. Sie verzichteten auf jede Dotierung und blieben eine freie Gruppe.

Es scheint einfach, sich so zu entscheiden – die meisten Gruppen fielen allerdings unter diesem Druck auseinander. Die *Plastics* waren jedoch von Freunden umgeben und nützten auch die letzten Möglichkeiten zu konzertieren aus. Sie vereinbarten Auftritte mit den örtlichen Gruppen des Sozialistischen Jugendverbandes, und das Honorar, das für das Bühnenbild gutgeschrieben wurde, deckte höchstens die Kosten für die Fahrt und den Auftritt. Sie hielten es für selbstverständlich, mit ihren Konzerten nicht ihren Lebensunterhalt zu verdienen. Musik machte ihnen einfach Spaß. Sie waren eigentlich die letzte Underground-Gruppe, die noch spielte, so daß die jungen Leuten, wenn sie von einem ihrer – wenn auch unplakatierten – Konzerte erfuhren, aus allen Ecken der Republik anreisten, und es kam zu Veranstaltungssituationen, die nicht mehr einzudämmen waren. Die Scharen, die zum Beispiel im Jahre 1975 in Budweis zusammenströmten, erregten die Aufmerksamkeit der Sicherheitsorgane, und das Konzert drohte zu platzen. Die Abteilungen des Sicherheitsdienstes hatten nur damit zu tun, die Haufen der Zuschauer wegzuführen und auseinanderzutreiben. Die Polizei gewann den Eindruck, es handle sich da um irgendeine geheimnisvolle Organisation – sie kontrollierten die Ausweise der Burschen, die bis aus Košice[1] gekommen waren – und beschuldigten die *Plastic People*, Krawalle und Provokationen hervorzurufen. Aber was heißt Provokation, wenn sie nur so selten die Möglichkeit hatten zu spielen, und alle dann dieses Konzert für ihr letztes hielten und auch alle daran teilnehmen wollten? Um die Gruppe begannen Erfindungen und Lügen zu wuchern.«

»Welche konkret?«

In einem der letzten Konzerte für die Öffentlichkeit wurden zum Beispiel Fotografien aus dem Ausstellungskatalog von Andy Warhol vorgeführt. Gängige Fotografien, die auch Fachzeitschriften für Bildende Kunst veröffentlichten. Noch vor Gericht, im Jahre 1976, wurde darüber verhandelt, ob die vorgeführten Bilder pornographisch waren. Im Budweiser Kreis wurden die im Schuldienst und im Kulturbereich Tätigen dahingehend instruiert, daß die Veranstaltung deshalb auseinandergetrieben worden war, weil dort alle bis zum Gürtel nackt tanzten, und die Band das Schlagzeug mit toten Ratten bearbeitet hätte. Man konnte dann die Wahrheit nicht

[1] Košice, deutsch: Kaschau, Stadt in der Ostslowakei.

mehr von den sinnlosesten Verleumdungen trennen. Nicht einmal vor Gericht.«

»Und was geschah dann?«

»Ivan Jirous, der als künstlerischer Leiter der Band unter diesen Umständen nicht mehr die Verantwortung zu tragen vermochte, entschied, daß die *Plastic People* nur noch für den Freundeskreis spielen würden, nicht mehr öffentlich, beispielsweise zur Hochzeit von nahen Freunden, wofür man irgendwo in der Nähe von Prag einen Gasthaussaal mieten konnte. Wir waren der Meinung, daß mit diesem Zugeständnis die Probleme möglicher Ausschreitungen entfallen würden. Der große Kreis des freundschaftlich gesinnten Publikums war absolut diszipliniert, während des Konzerts war niemand betrunken, alle wußten es äußerst zu schätzen, dabei zu sein, wenn neue Musik gespielt wird. Es zeigte sich, daß auch dies mit jenem absurden Mißtrauen gegenüber jungen Leuten aufgenommen wurde. Nach dem Konzert der Gruppe *DG 307* in Kostelec und Krížek im Jahre 1974, das auch anläßlich einer Hochzeit stattfand, sagten die Sicherheitsleute zu uns: Wir wissen, daß ihr nur deswegen beschäftigt seid, weil Ivan Jirous euch ohne Stempel im Ausweis nicht ins Konzert lassen würde[1]. Die Probleme hörten also nicht auf, im Gegenteil – sie verschärften sich noch. Im Frühjahr 1976 wurden Mitglieder der *Plastic People*, einige von der Gruppe *DG 307* und zwei Solosänger, zusammen mit Ivan Jirous verhaftet und wegen Anstiftung zu Krawallen angeklagt und schließlich im Herbst desselben Jahres zu Gefängnisstrafen ohne Bewährung verurteilt. Heute gilt das allgemeine Urteil, daß der hiesige Underground eine negative Einstellung zur Gesellschaft und eine billige ablehnende Haltung allem gegenüber habe, doch niemand will sich bewußt

[1] Ohne Stempel eines Arbeitgebers im Ausweis wird man des »Parasitentums« verdächtigt und kann somit jederzeit in Haft genommen werden.

machen, daß sie eigentlich durch die politischen Verhältnisse in diese Position hineingetrieben wurden. Heute müssen sie all ihre Bemühungen darauf konzentrieren, wenigstens ein oder zwei Konzerte pro Jahr veranstalten zu können. Das Haus der Freundschaft, wo diese Konzerte im vergangenen Jahr stattfanden, wurde aus diesem Grund enteignet.«

»Wodurch wurden *Sie* eigentlich unbequem?«

»Ich setzte mich für meine Freunde ein, ich sagte und schrieb über sie die Wahrheit, die ich kenne. Wenn ich mit ihnen schon meine Jugend durchtanzt und miterlebt habe, wie sie und ihre Musik sich formten, konnte ich sie doch nicht verleugnen. Ich fragte vorher nicht nach den Folgen, die das haben würde.«

»Kann man sich so Freundschaft bewahren?«

»Ich glaube, daß man nur auf diese Weise solche Freunde behält und gewinnt, die es wert sind. Meine Freunde wurden über Jahre durchgesiebt wie die Spreu vom Weizen. Diejenigen, die ihre Freunde in der Not nicht verleugnen und die das gegenseitige Vertrauen zur Gemeinschaft kennen, sind das echte Korn in einer Gesellschaft, in der Kleinmut und das Verleugnen von Bruder, Vater, Freund oder jedem, der den Privatraum des eigenen Interesses übersteigt, eine Art Möglichkeit gewähren, bequem und eingeordnet zu leben. Wenn der Mensch darauf verzichtet, was er liebt, und was positiv und kreativ ist, verzichtet er dann einmal auch auf sein Kind. Und folglich auch auf die zukünftige Generation und die Zukunft überhaupt. Es ist eine traurige Wahrheit, daß meine Freunde, die ihre Lieder zur Freude sangen, die Bitterkeit des Mißtrauens und der Verfolgung kennenlernen mußten. Sie wurden von ihren Arbeitsplätzen verjagt, aus ihrem Land vertrieben, hatten keine Existenzgrundlage mehr.«

»Und wie werden Sie mit dieser Situation fertig?«

»Für mich ist Ausgeglichenheit die Voraussetzung jeglichen

Schaffens. Man darf sich nicht von dieser Gegenwart, die keine Zukunft zuläßt, kaputtmachen lassen. Manchmal erscheint alles so schwer und niederdrückend, die Last wird fast unerträglich, und trotzdem! Wenn ich nur etwas vom Dasein und von der Qual des Schaffens verstehe, so besteht das Zeichen und der Beweis seiner Wahrhaftigkeit darin, daß der Charakter eines jeden Schrittes, der Aufbruch überhaupt – und das bedeutet auch *der Weg* – gegeben sind, daß man die Verläßlichkeit in sich selbst weder suchen noch finden kann, noch sich auf eine solche Gegenwart stützen kann. Im homozentrischen Bestehen auf der Verwirklichung des Lebens kann man weder aufbrechen, noch das Leben als Weg erkennen. Und wenn uns also die schöpferische Artikulation ein schöpferisches Leben lehrt und der Weg zum Weg wird, indem wir ihn gehen, kann es eigentlich nicht anders sein, als daß wir aus dem Glauben zu leben lernen... Er wird zum Brennpunkt und zur Quelle der Verläßlichkeit. Das scheint mir das Wahre und die wahre Schönheit zu sein. Diese Kreativität verteidige ich, und Don Quijote ist mein liebster Ritter.«

»Don Quijote? Sie sprachen doch von Ausgeglichenheit!«

»Damit Sie verstehen, warum ich von Ausgeglichenheit spreche, sogar davon, daß sie für mich eine Aufgabe darstellt. Das ist das Vermächtnis meiner Eltern, darum schätze ich sie so. Ich stamme aus einer Arbeiterfamilie, in der sich seit Generationen niemand mit Kunst befaßt hat. ›Davon wirst du nicht satt‹, sagte mein Vater, als ich nach dem Abitur an einer Fachschule für Elektrotechnik Kunstgeschichte zu studieren begann. Und obgleich mich meine Eltern gewissenhaft auf etwas, ›das Zukunft hat‹, vorbereitet haben, behaupte ich in aller Bescheidenheit: ›Der Mensch lebt nicht vom Brot allein.‹ Bei uns stand das geschriebene Wort, die Moral, die Arbeitsamkeit und die Wahrheit in hohem Ansehen. Statt Liebe lernten unsere Eltern Autorität. Statt ›nach der Wahrheit zu fragen‹ mußten sie sich doktrinären Leitsätzen beugen, die jeglicher ethischen Substanz entbehrten. Es ist für mich eine traurige Genugtuung, daß meine Eltern, die gleich nach dem Krieg in die Kommunistische Partei eingetreten waren – und im Herbst des Jahres 1968 wieder austraten – opferfreudig und selbstlos halfen, diese Gesellschaft zu schaffen, in der ich heute auf der Seite der Verfemten stehe. Um es klar mit Worten auszudrücken, die man auch heute noch hören kann: Diese Gesellschaft ließ mich Kunstgeschichte studieren (ich stammte von Arbeitern ab und bewies Fähigkeiten für das Studium), in diesem Lande bemühe ich mich darum, Gedichte zu schreiben, auch mein Leben schöpferisch zu gestalten. Deshalb kann ich es nicht hinnehmen, daß meine Zukunft nur ›auf Kredit‹ bestehen soll.«

»Woran arbeiten Sie, Frau Věra, was haben Sie abgeschlossen?«

»Im Jahre 1966 beendete ich die Gedicht-Sammlung *Co tu je – co tu neni.* Sie enthält ungefähr 150 Gedichte aus zwölf Jahren. Ich habe sie einige Male für Freunde abgeschrieben, und wenn ich sie dann immer im ganzen durchlesen mußte, kam es mir vor, daß es so viel ist – im Sinne von *dicht* – daß es eigentlich unverdaulich ist. Dennoch zeigt das letzte Gedicht meiner Meinung nach neue Wege. Das Thema der Heimatlosigkeit wurde zur wirklichen Voraussetzung für den Aufbruch.

Ich würde gerne Prosa schreiben. Vorläufig suche ich die Kontinuität der Prosa noch. Inzwischen entdecke ich in mir nur Fragmente, aus denen sich die für mich bewundernswerte Kontinuität der Prosa nicht zusammensetzen kann.«

»Woran arbeiten Sie konkret – außer der abgeschlossenen Gedichtsammlung?«

»In den letzten zwei Jahren habe ich nicht sehr viel geschrieben. Einige Gelegenheitsarbeiten: Zur Aufführung des Konzerts mit der *Passion* der *Plastic People*, zum Konzert derselben Gruppe im Oktober 1979, als sie drei Kompositionen nach Themen des Philosophen Ladislav Klima *Ich schritt über fünf Felder, Ruhmreiche Nemesis*, und *Ich bin der absolute Wille* spielten. Dann schrieb ich den Text anläßlich des Konzerts des Sängers Vlasta Třešňák, das Konzert wurde als Wassermusik unter den Bogen der Karlsbrücke in Prag durchgeführt. Der Text, der dem Gedächtnis des katholischen Dichters und Graphikers Bohuslav Reynek[1] gewidmet war, erschien in der ersten Nummer der Zeitschrift *Spektrum* und bildet die Einführung in der Ausgabe *Gedichte in Prosa* und in der letzten Sammlung von Gedichten von Bohuslav Reynek *Odlet vlaštovek* (Der Abflug der Schwalben) in der *Edition Expedice*. Zum dichterischen Schaffen meines Zeitgenossen Milan Koch[2], der im Jahre 1974 tragisch ums Leben kam, schrieb ich eine Studie *Orpheus Gesang*, die eine Auswahl seiner Gedichte in der vierten Nummer der Zeitschrift *Spektrum*[3], die noch nicht erschienen ist, einführt. Und dann habe ich noch innerhalb meines Berufs einige einführende

[1] Bohuslav Reynek, 1892–1971, einer der bedeutendsten tschechischen katholischen Dichter des 20. Jahrhunderts. Lebte einsam in Petrkov bei Havl. Brod. Sein dichterisches Werk (*Žízně*, 1921, *Rybí šupiny*, 1922, *Had na sněhu*, 1924, *Setba samot*, 1936, *Pieta*, 1940, *Pastorale* 1947) ist durch die reflektive Lyrik von J. Florian und J. Deml beeinflußt worden. Übersetzte G. Trakl und A. Stifter ins Tschechische, sowie auch französische Lyrik. Von Bedeutung sind auch Reyneks experimentelle Bilder. Ab 1948 wurde Reyneks Werk in der Tschechoslowakei verschwiegen und nicht publiziert. Erst 1968 konnte Reyneks Werk wieder gedruckt werden. 1970 und 1972 wurden in Prag seine Bilder ausgestellt. Für die heutige Generation der Intellektuellen in der geistigen Opposition zählt Bohuslav Reynek zu den wichtigsten Dichtern.

[2] Milan Koch, ein junger Lyriker, publizierte nur im Untergrund.

[3] *Spektrum*, auf Schreibmaschinen getippt, Zeitschrift im Prager literarischen Untergrund.

Texte zu inoffiziellen Ausstellungen geschrieben – über das *Ding* in den Bildern von Pavel Blatný[1] und ein Gespräch mit Jana Jonáková, beide Texte waren zusammen mit den ausgestellten Kunstwerken ausgehängt, sie waren zum Lesen bestimmt und ersetzten den Katalog, den man für eine private Ausstellung nur mit den größten Schwierigkeiten vorbereiten kann. Einen weiteren Text schrieb ich für die inoffizielle Ausstellung des Autors bildnerischer Aktionen, Eugen Brikcius, die gerade in dem Augenblick unterbrochen und durch die Polizei auseinandergetrieben wurde, als die Vorführung des Seifen-Musicals *Ave clave* des Autors durch die Gruppe *Plastic People* beendet war. So daß es von den geschriebenen Dingen eigentlich auch wieder nicht so wenig gibt, wie es mir jedesmal vorkommt, wenn ich versuche, etwas Zeit für die Arbeit zu erübrigen und nicht möchte, daß es auf Kosten des Kindes geht. Ihm gehört meine Zeit tagsüber, und erst spät abends und in der Nacht bleibt mir Raum für eigene Arbeit. Im letzten halben Jahr, seit mein Sohn schon in die erste Klasse geht, sind noch vier Vormittagsstunden für Studium und Schreiben dazugekommen.«

»Verzeihen Sie mir die Frage: Wovon leben Sie?«

»Dank einem Stipendium, das mir in letzter Zeit von der Friedrich-Ebert-Stiftung geschickt wird, kann ich mich in diesen Tagesstunden der Kunstgeschichte und der Literatur widmen, und muß daher nicht mühsam den Posten einer Putzfrau als Halbtagsarbeit auftreiben. Das wäre eine der wenigen möglichen Beschäftigungen, die ich als promovierte Kunsthistorikerin, die das Manifest der Charta 77 unterzeichnet hat, ausüben dürfte. Meine Eltern waren arm, aber trotzdem wäre es denkbar gewesen, daß meine Mutter nicht wenigstens bis zu meinem zehnten Lebensjahr bei mir zu

[1] Pavel Blatný, Jana Jonáková, Maler und Graphiker, die offiziell in Prag nicht ausstellen dürfen, genau wie Eugen Brikcius.

Hause geblieben wäre. Auch bei den Ärmsten war es selbstverständlich, dem kleinen Kind die Geborgenheit der Familie zu gewähren. Ich kann und möchte nicht auf die natürlichen Ansprüche des Kindes zugunsten eigener schöpferischer Arbeit verzichten. So daß ich erst in letzter Zeit über größere Arbeiten nachdenke, zu denen Konzentration über einen längeren Zeitraum nötig ist. Ich habe einige monographische Studien über das bildnerische Werk meiner Freunde im Sinn. Aus begreiflichen Gründen möchte ich keine in Arbeit befindlichen Sachen anführen, ehe sie nicht abgeschlossen sind.«

»Eine Frau bringt Mutterschaft und schöpferisches Engagement schwer miteinander in Einklang. Glauben Sie nicht, daß es Männer in dieser Beziehung leichter haben?«

»Vielleicht ja. Ich bin mir dessen allerdings nicht sicher. Oft finde ich, daß Männer sich leichter tun, mit ihrer Zeit, mit ihren Fähigkeiten zu disponieren und gleichzeitig ihren Beruf zu bewältigen. Nicht immer führt diese vorprogrammierte Beziehung zur Wirklichkeit, zum Guten. Ich möchte mir die Demut dessen erhalten, der sich und seinen Namen erst sucht. Seit der Zeit, in der ich zu schreiben anfing, hat sich daran wenig geändert. Die Gedichte meiner Sammlung sind Spuren des Suchens und Umherirrens eines Menschen, der ähnlich einem Pilger durch die Dämmerung und Dunkelheit der Heimatlosigkeit geht, in dieser Vereinsamung und Bangigkeit für sich singt, auf dem Weg, und dieser Gesang – Gedicht – ist nichts weiter als der Ausdruck dieser Orte und Schritte. Von Zeit zu Zeit leuchtet ein kleines Licht, da hat möglicherweise schon jemand sein echtes Zuhause gefunden, und damit der erschöpfte Pilger zu ihm gelangen kann, darf er keiner Stimme den Vorzug geben. Also hört er manchmal aus dem Wehen des Windes mehr Gutes als aus dem Sprachgewirr der Menschen beim Turmbau zu Babel. Daß alle Akte der Schöpfung sich gegenseitig durchdringen, ist für mich ein Geheimnis und außerdem ein Wunder. Ich hänge so sehr an der Schönheit, und die sehbare Welt *ist* für mich tatsächlich da. Der Gesang eines Gedichts als Berührung und Gemeinschaft mit der Ganzheit der Welt, mit der Harmonie ist für mich das Orpheus'sche Vermächtnis aller Dichter, die Aug in Aug mit diesem Geheimnis trotzdem am Leben geblieben sind. So eine Stimme des Lebendigen sind vielleicht auch die holprigsten meiner Gedichte. Und heute, da ich mein Kind an der Hand führe und zugleich von ihm geführt werde, spreche ich von einem Land der liebevollen Herzen und lebendigen Stimmen, das vor uns liegt, wie von einem einzigen wahren Zufluchtsort und Heimat der Menschen, aus der man mich nicht ausweisen kann und die ich einzig teilen möchte. Achim von Arnim hat in seiner Prosa eine Stelle, die ich zwar nicht wörtlich, aber ungefähr wiedergeben kann: *Gott liebte die Welt, die er erschaffen hatte, so, daß er ihr seinen eingeborenen Sohn sandte. O Welt, werde schöner, damit du würdig dieser Gnade seist!* Dies ist für mich eine Aufforderung der Dichter, eine Aufforderung, daß die Erde zur Heimat der Menschen werde.

Februar 1980

Jiřina Hrábková:
»In diesem Marasmus möchte niemand für immer leben«

Ich beginne dieses Portrait schon zum wiederholten Male und immer wieder habe ich Schwierigkeiten, Jiřina alleine, losgelöst von ihrer Familie zu sehen. Etwas in mir zwingt mich zu einem Gruppenbild. Ich möchte eigentlich über alle vier schreiben, über Jiřina und ihre drei Männer, über Jiří Ruml, ihren Ehemann, und über Jan und Kuba, ihre Söhne. Die Familie bildet meist eine Einheit, doch hier tritt ihre Zusammengehörigkeit, ihre Geschlossenheit, besonders deutlich hervor. Sie beginnt gewiß bei der verständnisvollen Beziehung der Eltern zu den Kindern, Jan und Kuba wurden zu Hause schon als fünfzehnjährige Jungen geachtet und auch dort noch freundlich respektiert, wo ich meinen Sohn schon längst ermahnt hätte. Ich möchte mir kein vorschnelles Urteil erlauben, aber mir schien, daß sie möglicherweise gerade wegen dieser familiären Toleranz und Liebenswürdigkeit, wegen dieser absoluten Solidarität, die einer gegenüber den anderen, und die anderen gegenüber dem einen empfinden, so leben: Die Kinder zeigen kein Verlangen, sich dem Einfluß der Eltern zu entziehen, und alle zusammen fühlen sich als unmittelbarer Mittelpunkt aller Bemühungen und auch aller Bedrohungen. Was zugleich auch bedeutet, daß es keinem Außenstehenden schwerfallen braucht, zu ihnen zu kommen und sich wortlos an sie anzulehnen.

Dabei ist Jiřina eine zerbrechliche Frau, es ist viel für sie, drei Mannsbilder am Hals zu haben mit ihren Sorgen, Krankheiten, Schwierigkeiten, Mißerfolgen und Verfolgungen. Und dazu noch ihr eigenes, nicht leichtes Leben zu ertragen. Und vielleicht hat sie selbst den stillen Ehrgeiz einer Frau, die jahrelang als Reporterin gearbeitet hat, auch etwas zu schreiben, sich öffentlich zu äußern – doch woher sollte sie dafür die Konzentration, die Zeit und Kraft nehmen? Durch die existentielle Bedrohung wird in geradezu gefährlicher Weise klares und freies Denken verhindert.

»Jiřina, in den siebziger Jahren warst du Journalistin, Rundfunk-Reporterin. Dann warf man dich überall heraus, aus der Partei, aus dem Rundfunk. Wir lernten uns kennen, als du in einer Auto-Versicherung Zahlkarten ausfülltest. Wieviel Zahlkarten waren das täglich?«
»Etwa 150 bis 200. Die Beträge mußte man dann in überlange Listen eintragen, auf verschiedene Weise addierte man das zur Kontrolle, und wenn das eine Paket fertig war, fing man mit einem neuen Stoß Zahlkarten an, und so immer im Kreis herum. Das war wohl überhaupt die schrecklichste Arbeit, die ich je gemacht habe. Nämlich die langweiligste. Ich überlegte mir, wie ich diese endlose Monotonie etwas dramatisieren könnte. So stoppte ich ab, wieviele Zahlkarten ich in zehn Minuten, in einer halben Stunde, in einer Stunde schaffte. Ich sagte mir, das mache ich ganz schrecklich schnell und werde dann eine halbe Stunde lesen. Aber das ging natürlich nicht, an der Schreibmaschine lesen oder irgendwo draußen. Dort mußte man nur schreiben, schreiben. Es war grauenhaft. Und dabei hatte ich noch Glück, daß ich überhaupt in der Versicherung angenommen worden war. Als man mich nach fünfundzwanzigjähriger Tätigkeit beim Rundfunk hinauswarf, antwortete ich etwa auf zwanzig Inserate, lief mehr als dreißig Stellen ab, hörte mir Dutzende Versprechungen, Ausreden, Beschwichtigungen an, erlebte Achselzucken und Spott, bis ich nach drei, vier Monaten begriff, daß irgendwelche Höllenkräfte es nicht zulassen: Wer aus politischen Gründen aus dem Rundfunk gefeuert

wurde, kann auch nirgendwo als Schreibkraft unterkommen. Als wir dann zu Hause überhaupt kein Geld mehr hatten, ging ich in das *Slawische Haus* Geschirrspülen. *Arcadia Bar* nannte sich dann mein erster Arbeitsplatz im Gaststättengewerbe. Da habe ich zum erstenmal einen Blick in den Dschungel geworfen, der sich RAJ [1] nennt, oder auch sozialistische Gastlichkeit. Neue Erfahrungen sammelte ich dann in der Gastwirtschaft im Prager Zoo, wo ich während zweier Saisons, immer von April bis Oktober, an einem Stand Würstchen, Eis und Getränke verkaufte. Das Gaststättengewerbe ist nämlich einer von vielen Wirtschaftsbereichen, wo man als Folge einer falschen Lohnpolitik ganz selbstverständlich damit rechnet, daß die Angestellten zu ihren niedrigen Gehältern sich ›nebenbei‹ etwas dazuverdienen, was soviel heißt wie den Kunden zu bestehlen. Ich begann als ungelernte Verkäuferin mit einem Bruttolohn von 700 Kronen monatlich, mit der Provision aus dem Umsatz machte das 1200 bis 1300 Kronen und gearbeitet wurde von morgens bis abends, sogar Samstag und Sonntag. Allgemein weiß man, daß niemand für diesen mageren Lohn die Arbeit machen würde, und weiß daher auch, daß in die Becher mit Kofola [2] Wasser zugeschüttet wird, daß die Würstchen-Portionen teurer verkauft werden, daß man beim Eis und Kaffee etwas ›abzweigt‹, usw. Dabei drückt man die Augen zu. Wenn einen die staatliche Kontrollen nicht erwischen, dann ist es gut. Und außerdem kann man die staatlichen Kontrollen bestechen. Und wenn man diesen Leuten etwas von Moral zu erklären beginnt, lachen sie einen aus oder sie kriegen Angst und wollen einen loswerden. So erzieht sich das Regime im Gaststättengewerbe eine ganze Armee von kleinen Dieben,

[1] Deutsch: Paradies; Abkürzung für Restaurace a jídelny = Restauration und Speisehäuser.

[2] Kofola – Coca-Cola ähnliches Getränk.

aber auch von großen Dieben, die so viel Geld ›verdienen‹ wie wir beide noch nie auf einem Haufen gesehen haben. Deshalb wollte ich nicht in diesem Morast der Korruption, wo es manchmal zuging wie unter Wölfen, versinken – ich verkaufte später noch in der Halbfertigung, aber dort war es auch nicht anders. Ich habe richtig aufgeatmet, als ich die Stelle in der Versicherung bekam.«

»Und dann hast du die Charta unterschrieben und durftest nicht einmal mehr diese Zahlkarten ausfüllen. Wie bist du jetzt finanziell dran?«

»Ich habe eine Invalidenrente. Diese letzten zwölf Jahre haben jedoch vielen von uns, nicht nur gesundheitlich, sondern vor allem psychisch geschadet. Es geht ja nicht allein darum, daß man die Existenz und die Arbeit verlor, die dem Leben einen Sinn gab. Das haben wir alles in allem recht sportlich genommen und wir haben uns auch bewiesen – jedenfalls, soweit es um den Kreis meiner Kollegen und Freunde geht –, daß wir fähig sind, jede andere Arbeit vortrefflich zu meistern. Übrigens ist das vor allem der Fehler und die Schande des Regimes, daß es so leichtfertig die Qualifikationen und die Professionalität Tausender von Menschen verschwendet, und daß es wertvollen nationalen Besitz und Werte mißachtet, die diese Leute hervorbringen könnten. Was aber am meisten an meiner Gesundheit genagt hat, war das Schicksal unserer Kinder. Nicht nur das meiner Söhne, sondern das aller Jugendlichen, die nach dem Jahre 1968 erwachsen wurden und aus ähnlichen Familienverhältnissen stammen wie unsere. Das Leben sollte sich ihnen öffnen, statt dessen waren alle Tore für sie verschlossen. Vielleicht weißt du, daß unser Jan die Aufnahmeprüfung für die Hochschule fünfmal gemacht hat, Kuba, der jüngere, wurde nicht einmal mehr am Gymnasium zugelassen, er machte also zuerst eine Lehre und dann die Reifeprüfung, doch er wurde an der Hochschule nicht angenommen. Nach dem Militärdienst wollte er es erneut versuchen, aber im Betrieb gaben sie ihm keine Empfehlung. Ich habe als Mutter jedesmal darunter mehr gelitten als sie. Diese Ohnmacht quälte mich. Und ihre Aussichtslosigkeit. Wenn ich zurückschaue, ist den Jungen praktisch nichts gelungen. Ich jammere nicht – ich konstatiere nur die Tatsachen. Sie haben beispielsweise Kuba, der sich für Sport interessiert und bei der *Slavia*[1] Schüler trainierte – und er machte das mit ganzem Herzen – im vorigen Jahr aus der *Slavia* herausgeworfen, weil er als Unterzeichner der Charta auf die Kinder einen politisch falschen Einfluß hätte nehmen können. Es war als Wink von ›oben‹ gekommen, die Leute in der *Slavia* selbst bedauerten sehr, einen so guten und aufopfernden Trainer zu verlieren, doch fand sich unter ihnen keiner, der sich hingestellt und erklärt hätte – jetzt reicht es! Hier könnte ich zu erzählen anfangen, von der Angst, die sich in allen Bereichen des Lebens ausbreitet, überall dort, wo es etwas zu verlieren gibt, aber das ist schon wieder ein anderes Kapitel. Ich möchte nur sagen, daß im Prinzip jeder Mensch die gleichen Chancen haben sollte, seine Fähigkeiten und Ambitionen zur Geltung zu bringen, und bei den Jungen sollte das eine Selbstverständlichkeit sein. Warum sollen sie mit irgendeinem elterlichen Handicap ins Leben treten? Damit stößt das Regime eine Menge junger Leute ab, verhärtet sie, macht aus ihnen Gegner, ja Feinde. Wenn so ein junger Mensch nur ein wenig empfindsam ist – und das sind unsere Jungen – gegen Ungerechtigkeiten, gegen unverdiente Vorteile für die einen, und unverschuldete Schikanen gegen die anderen, beginnt er schließlich über die Rechte des Staatsbürgers ganz im allgemeinen nachzudenken. Die Jungen kaufen sich nicht gern

[1] *Slavia* Prag, Sportklub.

frei, sie wollen lieber etwas erringen, sie melden sich lauter zu ihrem Recht als wir Älteren. So ist es also absolut logisch, daß auch unsere Jungen die Charta unterzeichnen und aktiv in ihr arbeiten. Sie wollen frei und ohne Angst denken. Und es geht ihnen überhaupt nicht darum – wie ihnen so oft unterstellt wird – die Republik zugrunde zu richten. Sie wollen doch hier leben! Vielleicht wird ihre heutige Bürgerinitiative, sei sie auch noch so bescheiden und voller Irrtümer, einmal der Keim von etwas sein, das helfen könnte, die Gesellschaft aus diesem Marasmus herauszuführen, in dem wir leben.«

»Du warst in den sechziger Jahren dafür bekannt, daß du keine Angst hattest, bei deinen Reportagen ein heißes Eisen anzufassen. Stell dir vor, du wärest heute wieder Rundfunk-Reporterin, welche Themen würdest du wählen und warum?«

»Das kann ich mir gar nicht mehr vorstellen. Themen gäbe es natürlich genug. Aber für den heutigen Rundfunk könnte und möchte ich nicht einmal etwas aufnehmen. Ich höre die Nachrichten, Kommentare und alle möglichen politischen Sendungen und habe in den letzten Jahren wohl nichts gehört, was mit irgend welchen neuen Ansichten, mit tieferen Gedanken oder dem Versuch, wahre Erkenntnisse aufzuzeigen, hervorgetreten wäre, nichts und niemand wagt aus dem zähen und langweiligen Rahmen der offiziellen Linie auszubrechen. Aber versuchen wir es mit der Fiktion. Eigentlich habe ich eine Menge Sendungen im Kopf, die ein Abbild der absurden Lebensumstände um uns herum darstellen. Es sind allerdings Themen, bei denen der jetzige Chefredakteur des Rundfunk-Nachrichtenjournals höchstwahrscheinlich in Ohnmacht fallen würde. Ich habe mich mit Innenpolitik befaßt, und wenn ich heute von meiner Warte aus die Wirklichkeit darstellen sollte, würde ich etwa eine wahrheitsgemäße Reportage vom letzten politischen Prozeß gegen sechs

Unterzeichner der Charta 77 aufnehmen. Nur – wenn die Situation so wäre, daß ich das machen dürfte, stünden diese sechs Menschen gar nicht vor Gericht. Und das ist die Absurdität. Oder ich würde eine Sendung darüber machen, wie Jiří Lederer die Republik dadurch aufwiegelte, daß er die literarischen Werke von Autoren, die bei uns tabu sind, ins Ausland schickte und dafür drei Jahre im Gefängnis saß. Oder ein Portrait von Vlasta Chramostová, diesem prachtvollen Menschen, dieser großen Schauspielerin, die schon Jahre nicht mehr Theaterspielen und auch nirgendwo auftreten darf. Und auch das würde ich bringen, wie unlängst die Polizei Freunde aus ihrer Wohnung gejagt hat, als sie ihnen in der schönen Atmosphäre ihrer Privatwohnung eine eigene Einstudierung des Lebens von Božena Němcová vorführen wollte. Oder stell dir vor, ich mache eine Sendung über das Einsparen von Treibstoff. Wie wir das heutzutage im Rundfunk und Fernsehen oft hören – in dem und dem Betrieb wurden durch die Initiative der Werktätigen soundsoviel Hektoliter Benzin oder Naphta eingespart. Nur müßte ich auch erwähnen, daß der Staatsicherheitsdienst überhaupt nicht mit Benzin spart, wenn seine Beamten die verhörten Menschen mit dem Wagen bis zu hundert Kilometer aus Prag hinausfahren und sie dann dort in den Feldern aussetzen, ungenügend bekleidet und ohne Geld, und das nur, um sie zu quälen und ihnen Angst einzujagen. Oder ein anderes Thema: Wir sparen Devisen. Wir stoppen die Einfuhr wichtiger medizinischer Instrumente und Arzneien. Die Arbeiter in den Betrieben zerbrechen sich den Kopf, wie sie ohne die nötigen Rohstoffe und Maschinen die Produktion ankurbeln können, und gleichzeitig verbrauchen wir eine Menge Devisen, um ein Hotel der Partei luxuriös einzurichten oder neue Villen von hohen Funktionären mit exclusiven Möbeln aus dem Westen auszustatten.

Oder das Problem der arbeitenden Frauen. Ich arbeitete einige Zeit im Frauenfunk – das war in der Zeit, als von uns die Begeisterung für den »sozialistischen Aufbau« schon langsam abbröckelte und wir begriffen, daß der Sozialismus der Frau eigentlich nur ein einziges Recht gibt, nämlich das Recht auf viel Arbeit. Auch heute fordert man von der Frau vor allem zu arbeiten und zu arbeiten. In öffentlicher Funktion vielleicht noch tätig zu sein. Beim Einkaufen stundenlang Schlange zu stehen, ordentlich zu kochen, die Wäsche zu waschen und zu Hause aufzuräumen, mit den Kindern zu lernen, weil man das in der Schule nicht bewältigt; doch soll sie auch die Kinder erziehen und Zeit dazu finden, mit ihnen in die Natur zu gehen, sie soll sich um Himmelswillen auch bilden, und falls sie keine Qualifikation hat, weiterbildende Schulen oder Kurse besuchen, und selbstverständlich auch politische Schulungen mitmachen, und zu all dem soll sie es auch noch schaffen, hübsch und attraktiv auszusehen und mit Gewißheit und Vertrauen der sozialistischen Zukunft entgegensehen. Was haben wir uns damals im Frauenfunk laut wetternd dafür eingesetzt, daß es nötig sei, neue Bedingungen für die Frau zu schaffen und ihnen die Arbeit zu erleichtern, Dienstleistungen und die Infrastruktur zu verbessern, Kinderkrippen und Kindergärten einzurichten, usw. Und was haben die Frauen erreicht? Sie werden immer müder und nervöser, und sie gehen meist nicht ihrer Selbstverwirklichung wegen arbeiten oder um dem sozialen Aufbau zu helfen, sondern nur aus dem Grund, weil sich mit einem Gehalt allein die Familie nicht ernähren läßt. Die Probleme haben sich eher vervielfacht. Wird doch heute in den Krippen und Kindergärten die Aufnahme eines Kindes nur mehr mit Schmiergeldern erreicht – das gab es damals nicht. Und das Sortiment an Mangelwaren, das schon damals beträchtlich war, wächst sich so aus, daß man außer den Grundnahrungsmitteln praktisch allen anderen Dingen mühsam und langwierig nachjagen muß. Daß es auf einmal so banale Sachen wie Zahnpasta, Streichhölzer oder Baumwolltrikots nicht gibt, daß ein ständiger Mangel an warmer Damenwäsche, Herrenkniestrümpfen, Skiern, Schlitten, einfachem Geschirr, Fahrrädern, Reifen oder Möbeln herrscht – ganz abgesehen vom Fleisch – hat tiefe wirtschaftliche Ursachen, die die gleichen sind, damals wie heute. Wollte ich heute Reportagen aufnehmen, warum es keine Kinderstrumpfhosen oder keine Skistiefel gibt, müßte ich wieder die unqualifizierte und verantwortungslose Leitung der gesamten Volkswirtschaft anführen. Aber ich glaube nicht, daß das heute jemand senden würde.«

»Oft hört man die Ansicht, daß die Charta nur mit der Polizei aneinandergerät, daß die Charta ein Ghetto hervorbringt, das den normalen Menschen unzugänglich ist. Was hast du für Erfahrungen? Gibt es eine Hoffnung für eine größere Breitenwirkung der Charta in der Bevölkerung? Und wie ließe sich das erreichen?«

»Im Zusammenhang mit der Charta gefällt mir das Wort Ghetto überhaupt nicht – und es entspricht auch nicht der tatsächlichen Situation. Ich habe die Diskussionen gelesen, die man über dieses Thema in der Charta geführt hat, doch sehe ich das nicht so zugespitzt. Ich kann nicht theoretisieren, ich spreche wirklich nur von meinen eigenen Erfahrungen. Zu einem bestimmten Zeitpunkt begann im Rahmen der Charta eine Gruppe von Leuten sehr initiativ aufzutreten, unter ihnen viele junge, deren Handlungsweise und Äußerungen anderen Leuten zu radikal erschienen, zu sehr die Staatsmacht provozierend. Und diese wiederum – ich glaube, es sind meist ältere und nicht selten ehemalige Kommunisten, die an eine andere Arbeitsweise gewöhnt sind und sich offensichtlich wünschten, die Tätigkeit der Charta im Rahmen eines Dialog-Versuches mit den Machthabern zu halten – haben sich, statt weitere neue Wirkungsmöglichkeiten der Charta zu überlegen und durchzusetzen, zurückgezogen, und viele von ihnen haben resigniert. Vielleicht sind sie auch erschöpft von den unaufhörlichen Schikanen, was einen nicht verwundert, oder sie sind zu der Ansicht gekommen, daß man in einem Polizeistaat bei der gegenwärtigen internationalen Lage nichts machen kann. Und zugleich kritisieren sie manchmal auch diese ›Initiativen‹, in die sie sich unentwegt stürzen, wenn sie doch nichts weiter erreichen als eine schärfere polizeiliche Verfolgung. Ich glaube nicht, daß die Radikaleren, aus denen der Ausschuß zur Verteidigung zu Unrecht Verfolgter und die neuen Sprecher der Charta hervorgegangen sind, alles überlegen, ohne Irrtümer und Fehler zu machen, aber sie tun es aufopfernd und uneigennützig, und ich glaube, mit den besten Absichten. Daß die Welt heute weiß, wieviele Menschen und weshalb sie bei uns eingesperrt sind, ist ihr Verdienst. Daß die gefangengehaltenen Bürger und ihre Familien moralische, aber auch materielle Unterstützung haben, ist ihr Verdienst. Daß die Charta überhaupt weiterexistiert und Informationen herausgibt, daß sie auch heute zahlreiche Menschen noch unterzeichnen, auch das ist ihr Verdienst. Jiří Lederer, der nach drei Jahren aus dem Gefängnis zurückgekommen ist, erzählte, wie ungeheuer ihm die Gemeinschaft der Charta moralisch geholfen hat, wovon er auf diese oder jene Weise erfuhr, auch, wie die Leute sich um seine Familie kümmerten. Wie wäre ihm zumute gewesen, wenn wir alle die Hände in den Schoß gelegt hätten? Sicher, es gibt viele Verluste, und so mancher mag sich denken, daß diese sechs Leute des Ausschusses zur Verteidigung zu Unrecht Verfolgter, erst kürzlich zu langjähriger Gefängnishaft verurteilt, heute ruhig zu Hause sitzen könnten, wenn sie mit sich hätten reden lassen und nicht so unvernünftig und wild gewesen wären. Aber so sind sie eben nun einmal und werden es auch in Zukunft sein. Gottseidank! Sonst ginge es so, daß sich der fromme Wunsch der Staatsmacht und folglich auch des Staatssicherheitsdienstes erfüllen würde: Wenn ihr Ruhe gebt und anständig arbeitet – als Hauer, Heizer, Hilfsarbeiter, Lageristen und Putzfrauen – lassen wir euch auch in Ruhe. Wir lassen euch leben. So wäre das!«

»Und noch zu der Frage, ob die Charta so in sich abgeschlossen, unzugänglich für normale Leute ist. Ich weiß nicht, was ›normale Leute‹ bedeutet. Sind es vielleicht die Leute, die aufgehört haben, aktiv in der Charta tätig zu sein, und dann alle diejenigen, die sich nie zu ihr bekannt haben? Ich selbst halte die Charta weiterhin für eine offene Gemeinschaft, die es nicht nur niemandem verwehrt, sondern mit Freuden jede noch so kleine Initiative einer Gruppe oder eines Einzelnen, jeden neuen Gedanken und jede neue Tat begrüßt. Und es muß gewiß keine Tat sein, die gleich die ganze Polizei in Aufruhr versetzt, wertvoll ist doch alles, selbst der kleinste Ausdruck von Bürgermut. Allerdings spielen da Angst und Sorge vor Repressalien beständig ihre traurige Rolle. Aber es gibt viele Leute, die, auch wenn sie sich fürchten, etwa öffentlich ihre Sympathie für uns zu zeigen, doch nur nach Berichten und Informationen über die Charta hungern. Unlängst war ich bei einem Abend mit Leuten zusammen, die überhaupt nichts mit der Charta zu tun haben – und dennoch waren sie zu meinem Erstaunen sehr gut informiert über das Geschehen in der Charta, über die Prozesse und ähnliches. Wir waren zwölf Personen – und auch wenn einige von ihnen durch das gegenwärtige Regime nicht in Mitleidenschaft gezogen waren, stimmten wir in unserer Ansicht über den gegenwärtigen Zustand unserer Gesellschaft völlig überein.

Was aber nach meiner Meinung der Charta in bezug auf eine

größere Einflußnahme wirklich fehlt, sind qualifizierte Analysen und aktuelle Kommentare zu den gegenwärtigen Mißständen, die um uns herum wuchern. Ob es nun um die Stellungnahme offizieller Stellen zu internationalen Vorkommnissen geht oder um die katastrophale Situation der Wirtschaft und das sich daraus ergebende Korruptions- und Bestechungssystem, um den Schlendrian auf Baustellen, im Gesundheitswesen, oder darum, wem die Gewerkschaften dienen und wen sie verteidigen, um die Mängel im Schulwesen, das alles sind Dinge, die einer Erörterung bedürfen, die uns tatsächlich unter den Nägeln brennen.«

»Andererseits frage ich aber auch: Welchen Einfluß haben – deiner Ansicht nach – die offiziellen Massenmedien auf die Bewohner dieser Republik? Und was hältst du überhaupt von ihnen?«

»Wenn mich das jemand fragt, so muß ich mir erst selbst im Geist die Frage stellen, was die Leute wohl über die Rundfunksendungen dachten, als ich dort zu arbeiten begann. Nach dem Jahre 1948[1] warf man eine große Zahl guter Kommentatoren und Reporter hinaus – und ich war eine von denen, die ihre Plätze einnahmen. Wir interessierten uns nicht einmal besonders dafür, welches weitere Schicksal diese Leute hatten. Vielleicht waren wir nicht sensibel genug und hatten andere Sorgen. Am meisten habe ich über all das nachgedacht, als ich nach 1968 selbst vom Rundfunk weggehen mußte. Da war ich schon ein ganz anderer Mensch. In den Gastwirtschaften, in denen ich arbeitete, dachte ich oft darüber nach, und ich glaube, ich habe es bis heute nicht verarbeitet. Aber ganz allgemein. Ich habe den Eindruck, daß unsere Nachrichtenmedien und unsere Journalisten heute nicht einmal vorgeben, es ginge ihnen um irgend etwas, das

[1] 1948 – kommunistischer Putsch und Machtergreifung in der ČSSR.

Urteil der Leser bzw. Hörer und Zuschauer ist ihnen gleichgültig. Sie drucken und senden, was ihnen von oben vorgelegt wird. Deshalb bemühen sie sich nicht einmal zu erklären, wie es möglich ist, daß der Schah von Persien einmal eine ernstzunehmende Persönlichkeit und unmittelbar darauf ein Verbrecher ist, eine Woche lang loben sie Amin, um ihn in der nächsten Woche zu verdammen. Sie haben allerdings uns gegenüber die schlechtere Position. Wir lebten damit – sie leben davon. Unser Versuch, manchmal naiv und meistens vergeblich, entstand aus dem Gefühl der gemeinsamen Verantwortung und wurde mißverstanden. Damals begann die Kritik ein organischer Bestandteil des gesellschaftlichen Lebens zu werden, während heute jede konsequente Kritik unterdrückt und verboten wird. Damals hatten Künstler aller Bereiche einen recht beträchtlichen Einfluß auf die Medien, heute sind sie entweder zum Schweigen gebracht oder gekauft, und deshalb ist der Einfluß der Zeitungen und Zeitschriften, des Rundfunks und Fernsehens völlig kulturlos. Am meisten aber leidet die heutige Publizistik, wenn man sie überhaupt so nennen kann, an der unbarmherzigen Konfrontation mit vielen informierteren Massenmedien im Ausland, die mindestens die Hälfte der Republik hört und auf dem Bildschirm verfolgt. Sie haben es also nicht leicht. Aber das geschieht ihnen recht.«

»Das hier ist ein Buch von einer Frau über Gespräche mit Frauen. Ich hätte mich sehr gern auch mit Otka Bednářová[1] unterhalten, was aus bekannten Gründen noch mehr als zwei Jahre nicht möglich sein wird. Du kennst Otka seit vielen Jahren, möchtest du mir von ihr erzählen, da ich nicht mit ihr reden kann.«

»Wo soll ich da nur anfangen? Als ich sie das letzte Mal aus

[1] Otka Bednářová, Chartistin, im Oktober 1979 zu drei Jahren Gefängnis verurteilt.

dem Gangfenster des Gerichts sah, wie eine Eskorte sie über den Hof führte und wie sie, zierlich, in Jeans und mit langem Haar, uns nach oben zuwinkte? Oder wie uns beiden in einer März-Woche im Jahre 1953 Söhne geboren wurden – mein Jan und ihr Jan? Und daß wir es damals nicht geglaubt hätten, unter welchen Umständen und bei welcher Arbeit sich unsere Söhne nach siebenundzwanzig Jahren treffen würden? – Beide begannen wir damals zur gleichen Zeit im Rundfunk zu arbeiten, und mit dem Erkennen von Lüge und Wahrheit machten wir, glaube ich, einen analogen Prozeß des Augenöffnens durch. Ich erinnere mich ziemlich genau an die Zeit, als Otka mit ihrer Sendereihe anfing – eigentlich ging es um die Durchsetzung der Menschenrechte. Es war zu Beginn der sechziger Jahre, ich kam nach drei Jahren Berlinaufenthalt wieder zurück und registrierte verwundert, daß sich inzwischen im Rundfunk eine Art ›Neue Welle‹ gebildet hatte. Es wurden sogenannte Problem-Sendungen gemacht und gerade wurde eine von Otka gesendet. Sie hieß, glaube ich, ›Alle Kinder gehören uns‹ und es ging darin um ein Mädchen, die Tochter eines Gutsbesitzers, die wegen dieses väterlichen Makels nicht an die Hochschule zugelassen wurde. Solche Fälle gab es zu Tausenden, aber niemand sprach öffentlich darüber. Um Programme mit solchen Themen zu machen und vor allem, um sie durchzusetzen, brauchte man ziemlich viel Mut, viel Geduld und auch professionelles Können. Und das hatten nur wenige Leute – wie Ludvík Vaculík und noch ein paar andere, die sich auf die Seite der in verschiedenster Weise vom Regime unterdrückten Menschen stellten und die dann bei den leitenden Herren des Senders oder bei noch höheren Stellen nicht mehr gut angeschrieben waren. Otka war eine von ihnen, und sie hatte Erfolg. Es kamen junge Leute aus der ganzen Republik zu ihr, und dabei spreche ich noch nicht einmal vom Fernsehen, wohin sie später und zwar

in die Redaktion *Die neugierige Kamera* überwechselte. Sie war eine ausgezeichnete Journalistin, sie verstand zu kämpfen. Jetzt in den letzten Jahren setzte sie nur das fort, was sie schon lange gemacht hatte. Sie war überall dort zu finden, wo sie Ungerechtigkeit, Lüge, Heuchelei, Unrecht spürte. Ich glaube, daß ihre Opferbereitschaft niemand genügend zu würdigen vermag. Als Julius Tomín im Hungerstreik war, gehörte sie natürlich zu den ersten, die ihn ermutigen kamen. Wenn irgend jemand eingesperrt wurde, ging sie sofort zu den Angehörigen und bot ihre Hilfe an. Als Lederer vor Gericht stand, zog sie zu seiner Frau und durchlebte alles mit ihr. Sie verstand es, Menschen Halt zu geben!
Nur sitzt sie jetzt selbst im Gefängnis. Was können wir für sie tun? Außer Gesuchen, Aufrufen und Protesten? Wenn sie uns jetzt hörte, würde sie lachen und sagen: Seid Ihr verrückt, glaubt Ihr denn, ich halte das nicht aus?! Es haben schließlich ganz andere durchgehalten! ... Jeder weiß, daß Otka stark ist – aber sie ist nicht gesund. Sie ist auch nicht mehr die Jüngste, auch wenn sie jugendlich aussieht und auch so handelt. Ich habe gerade den wunderschönen Brief eines völlig unbekannten Mannes gelesen. Ein Arbeiter, gläubiger Christ, er schreibt an den Präsidenten der Republik, er möchte sich für die Freilassung von Otka Bednářová einsetzen, er würde für sie den Strafvollzug antreten. Er hat sie nie im Leben gesehen, aber ihr Schicksal ließe ihn nicht schlafen. Das hat einen tiefen Eindruck auf mich gemacht. Doch auf den Präsidenten wird es wohl schwerlich einen Eindruck machen. Wunder geschehen bei uns leider Gottes keine.«
»Jiřina, im Zusammenhang mit Otka fällt mir folgendes ein: Eine Gruppe von Frauen hat sich an den Präsidenten der Republik gewandt mit dem Gesuch um Otkas Freilassung. Mein Ermittlungsbeamter beim Verhör wegen anderer solcher Gesuche (für Pavel Kohout, damit er in sein Heimatland

zurückkehren kann) bezeichnete unsere Initiativen ›Nötigungs-Gruppen‹. Es geht mir jetzt nicht darum, was wir darüber denken, mir kommt eine wichtige Frage in den Sinn: Hat es überhaupt einen Zweck, sich mit Gesuchen und Hinweisen an die Vertreter des Staates zu wenden, wenn es nicht nur bedeutet, tauben Ohren zu predigen, sondern wenn wir dadurch zusätzlich noch günstige Gelegenheit, uns zu schikanieren, bieten? Oder anders gesagt: Sollen wir überhaupt Kontakte mit den Machthabern aufnehmen, ich meine durch Beschwerden und Gesuche, wenn es praktisch zu keinem Erfolg führt?«

»Soweit es um Reaktionen der Machtorgane auf solche Initiativen geht, ist das Ergebnis wirklich gleich Null. Beschwerden werden nicht bearbeitet, auf Gesuche nicht geantwortet, jeder Hinweis wird ignoriert. Und schließlich landen alle unsere Bittschriften und Briefe nach ihrer Pilgerfahrt doch nur an einem Ort – beim Staatssicherheitsdienst. Aber ich glaube dennoch, daß es einen Sinn hat. Einerseits machen wir die Repräsentanten des Staates, die Minister und alle Institutionen, an die wir unsere Schreiben richten, verantwortlich, und andererseits informieren wir sie darüber, daß unsere Bemühungen nicht erlahmen. Das ist zwar wenig, aber recht wichtig. Noch wichtiger ist es jedoch für die Menschen, um die es in diesen Gesuchen, Protesten geht – denn in der Atmosphäre von Resignation und Gleichgültigkeit sind für sie Solidarität, Anteilnahme und moralische Unterstützung unschätzbar wertvoll. Das Wichtigste aber ist, daß von einer solchen Initiative einer Gruppe oder eines Einzelnen immer die Öffentlichkeit erfährt. Auf den verschiedensten Wegen – durch mündliche Weitergabe, aus dem ausländischen Rundfunk, aus dem Material, das die Charta oder der Ausschuß zur Verteidigung zu Unrecht Verfolgter herausgibt. Ich mache mir keine Illusionen, daß auf diese Weise alle informiert werden, selbst wenn es nur jeder fünfte oder jeder zehnte Bürger wäre, lohnt es sich bereits. Sein Bewußtsein ist geprägt davon, daß manche seiner Mitbürger sich den Machthabern widersetzen, sich um das Schicksal anderer kümmern, daß sich trotz allgemeiner Demoralisation und Angst Menschen finden, die das Recht verteidigen. Manchmal wird einem ganz übel davon, wie sich die Bürger manipulieren lassen. Vorbildlich haben wir das in den Anfängen der Charta erlebt, als man in Betrieben, Behörden, Theatern, Schulen, einfach überall Resolutionen gegen die Charta unterschreiben ließ. Die Leute wollten nicht, es gab sogar Nervenzusammenbrüche, doch schließlich unterwarfen sie sich gegen ihr eigenes Gewissen den Zwangsmaßnahmen. Der Charta geht es darum, daß den Menschen ein wenig stärker bewußt wird, daß jeder als Staatsbürger verantwortlich dafür ist, wie unsere Gesellschaft aussieht. In diesem Marasmus möchte doch niemand auf ewig leben.«

»Euren Söhnen ist es nicht gelungen, zu Ende zu studieren. Jan ist in der Charta sehr aktiv, er hat auch kein leichtes Leben. Hast du nicht manchmal Angst um seine Zukunft? Viele Leute ziehen sich zurück, und das manchmal schon von viel weniger gefährlichen Aktionen als der Teilnahme an der Charta, nur um ihren Kindern sozusagen ›nicht zu schaden‹. Wie denkst du darüber?«

»Schlecht. Eine Menge Leute ziehen sich tatsächlich nicht nur zurück, sondern entwickeln im Interesse ihrer Kinder und meistens gegen ihre Überzeugung sogar irgendwelche seltsamen Initiativen. Im Unterbewußtsein spüren sie, wie sie sich erniedrigen, was ihre Kinder meist gar nicht würdigen, eher im Gegenteil. Ich kenne eine Familie, in der die Frau ihren Mann zwingt, in die Partei einzutreten, damit der zwölfjährige Sohn in zwei Jahren problemlos ins Gymnasium aufgenommen wird. Ich habe einen Bekannten, der sich bei mir beklagte, wie er sich abhetzt, weil seine Tochter auf die juristische Fakultät möchte. Er arbeitet im Elternbeirat – damit er bei der Klassenlehrerin gut dasteht. Er organisiert beim Bürgerausschuß Arbeitseinsätze und veranstaltet im Betrieb für die Gewerkschaft noch Vorträge über die Sowjetunion. Und das alles für sein Kind, damit dies im Fragebogen der Kaderabteilung eingetragen wird und es eine gute Beurteilung erhält, ansonsten wurmt es ihn. Ich habe auch mit einer Frau gesprochen, die mit ihrem Mann schon ein Jahr lang spart, um die Bestechungsgelder für die Aufnahme ihres Sohnes an die Medizinische Fakultät zahlen zu können. Solche Beispiele gibt es hundertfach. Das Schlimmste aber ist, wenn Eltern ihre eigenen Kinder zwingen, in dieser Heuchelei mit ihnen zusammenzuarbeiten. Wenn sie sie antreiben, in den Jugendverband einzutreten, nur um an irgendeiner Schule aufgenommen zu werden, wenn sie sie zu verschiedenen Kompromissen veranlassen, zu Lügen, in der Öffentlichkeit und in der Schule nicht ihre eigenen Ansichten zu äußern. Was kann aus solchen Kindern anderes werden als wieder nur Duckmäuser ohne Rückgrat? Du kannst diesen Leuten kaum ins Gewissen reden. Sie zucken die Schultern und sagen – und wie ist es mit deinen Söhnen ausgegangen? Da haben sie recht – aus meinen Kindern werden wohl keine studierten Männer, aber ich weiß heute schon, daß sie im Leben nicht verloren gehen. Auch ohne Hochschule sind es gebildete, charaktervolle und arbeitsame Menschen geworden.«

»Die nächste Frage ist eigentlich tückisch, Jiřina. Was führst du für ein Familienleben? Dein Mann ist im Ausschuß zur Verteidigung zu Unrecht Verfolgter, dein Sohn ebenfalls, dein zweiter Sohn hat gewiß auch viel zu tun, man jagt deinen Mann, man jagt deinen Sohn, kann man da noch von Familienleben sprechen?«

»Eigentlich ist das gar keine so tückische Frage, wir leben wie

jede andere Familie. Und welche Familie lebt heute schon normal? Sie muß nicht einmal zu den Chartasignataren gehören, um nicht ebensoviel Trubel, Sorgen und Probleme zu haben. Mein Eindruck ist, daß die Menschen stärker zusammenhalten, wenn sie innerhalb der Familie gemeinsam einer Sache die Stirn bieten müssen.
Bei uns liegt die größte Schwierigkeit darin, daß wir eine doppelt so große Wohnung brauchen würden. Oder eine noch größere. Wenn vier erwachsene Menschen in so einer kleinen Wohnung wie der unseren leben, wo man arbeitet, kocht, ißt, schläft, wäscht, in die Freunde kommen und in der auch der Hund Babeta, der viel herumbellt, sein Heimatrecht hat – wundere ich mich manchmal, daß wir uns noch keine Töpfe an den Kopf geworfen haben. Aber sonst geht es – Hauptsache, wir sind ›gesund‹.«
»Viele Menschen fliehen jetzt ins Ausland. Ist es Euch noch nicht in den Sinn gekommen, auszuwandern?«
»Aber natürlich, wer hat darüber nicht zumindest schon im stillen nachgedacht? Viele Menschen, die uns nahestehen, sind schon draußen, und andere bereiten sich darauf vor. Wir wollen – vorläufig – nicht auswandern. Wir sind wohl nicht die richtigen Typen für Emigranten. Vielleicht fürchten wir, daß wir etwas verlieren könnten, was wir anderswo nicht finden. Sicherlich würde es uns besser gehen, nicht nur was das Lebensniveau, die Existenz betrifft, sondern vor allem die Freiheit in allen Lebensbereichen, die Möglichkeit zu reisen, die Welt kennenzulernen, die Weltkulturen – was haben wir in den letzten Jahren allein an Literatur, an Filmen aus der westlichen Welt versäumt! Wir haben die Frage ›bleiben oder gehen‹ vor Jahren recht ernsthaft diskutiert, damals, als ich und Jirka begriffen, daß die naheliegendsten Perspektiven unserer Söhne in dieser Republik gleich Null sind. Doch gerade sie sprachen sich schon damals dagegen aus. Ich will

nicht für sie sprechen, sie sind darin ziemlich empfindlich, aber bis heute bestehen sie darauf – und wir stimmen mit ihnen überein – daß es möglich, sogar nötig ist, hier zu leben und zu arbeiten. Auch in dieser Not. Jeder Fortgang eines Freundes tut uns leid, selbst wenn wir wissen, daß auch seine Entscheidung schwer und vielleicht schmerzhaft war. Da kann einem niemand raten, weil so eine Entscheidung die ureigenste Angelegenheit eines jeden Menschen ist. Meist jagt er ja nicht irgendeinem Trugbild vom leichten Leben nach, sondern er geht deshalb weg, weil ihm das Leben hier unerträglich geworden ist. Das Maß des Erträglichen ist bei jedem anders. Für den einen bricht das ganze Leben zusammen, wenn man ihn ›nur‹ aus seinem Arbeitsplatz hinauswirft. Ein anderer paßt sich einer neuen Tätigkeit an, doch sind für ihn wieder andere Repressalien unerträglich – Verhöre, Verfolgung, Arrest, Abhören der Telefongespräche oder Liquidierung des Telefons, des Führerscheins, Hausdurchsuchungen. Und die Unmöglichkeit, irgend etwas nach dem eigenen Willen zu tun. Wir haben dieses Maß bisher noch nicht überschritten. Ich sage – bisher, weil ich nicht weiß, wie die Zukunft aussieht. Das ist das einzige, was sich mit Sicherheit sagen läßt.«

»Und was ist mit eurem Wochenendhäuschen? Ich kenne es ja nur von Fotografien. Ist irgend etwas los gewesen?«

»Du bist schon seit langem eingeladen – vielleicht gelingt es heuer, daß du es kennenlernst. Wegen Krankheiten in der Familie war ich seit Oktober nicht mehr dort, aber ich beginne schon so eine Art Unruhe zu spüren, wie immer im Vorfrühling – mich zieht es jetzt schon sehr hin. Gerade, weil ich nicht weiß, was draußen während des Winters geschehen ist. Ob mir die Hasen nicht die jungen Apfelbäumchen angefressen haben und ob mir nicht die Rosen erfroren sind. Oder die Erdbeeren. Was für Schäden die Mistviecher von

Nagetieren wieder angerichtet haben. Es kommen eine Menge schöner Sorgen auf mich zu: Wohin pflanze ich in diesem Jahr die Möhren und wohin die Kartoffeln, ich muß die Rosen versetzen, damit sie mehr Sonne haben, und für die Dahlien muß ich einen neuen Platz finden, weil im vergangenen Jahr die Rudbekie über sie hinwegwucherte und wir dort eine richtige Wildnis hatten. Und ich möchte einen Birnbaum pflanzen – wir haben im Garten noch keinen und wir mögen Birnen gern. Dann gehe ich auch in den Wald, schaue, wie es heuer mit den Preiselbeeren, Himbeeren und Heidelbeeren wird, und sehe beim Fischteich nach, ob er den Winter gut überstanden hat.«

»Das Häuschen ist einfach meine zweite Welt, die bessere und natürlichere. Dort ist es möglich, sich von den Gedanken freizumachen, die mich in Prag nicht loslassen. Ich habe dort verschiedene Winkel, auf dem Hof und im Garten, wo man nachdenken, lesen oder einfach sich nur zurückziehen kann. Dort fahren keine Autobusse und Lastwagen unter den Fenstern vorbei, niemand verpestet die Luft. In Prag habe ich manchmal den Eindruck, daß ich eigentlich nicht lebe, sondern unentwegt über irgendwelche Hindernisse stolpere. Im Häuschen draußen habe ich das Gefühl, daß man noch leben kann. Und die Arbeit im Garten ist eine Freude. Ich freue mich, wenn die Johannisbeeren rot werden und die Kohlrabi-Setzlinge aufgehen. Es freut mich, wenn die Kresse blüht und wenn schöne, gesunde Petersilie heranwächst. Der Garten und der Wald sind für mich immerzu eine Welt der Wunder, der Überraschungen. Und der Abenteuer. Ich gärtnere schon das siebente Jahr und doch höre ich nicht auf, mich darüber zu wundern, daß binnen so kurzer Zeit aus einem kleinen Samenkorn eine so riesige Sonnenblume heranwächst. Daß im Wald die Pfifferlinge an der gleichen Stelle wie im letzten Jahr herauskommen. Komm doch einfach mal hinaus – vielleicht blüht schon der Löwenzahn, dann ist es bei uns wirklich schön. Oder im Sommer, wenn die Heidelbeeren reif sind. Wenn es so viele geben wird, wie im vergangenen Jahr, überschütte ich dich mit Heidelbeeren.«

»Möchtest du zum Schluß noch einen bestimmten Gedanken aussprechen? Zum Beispiel: Ob dich die Welt freut oder nicht freut? Und ob du dir noch etwas von ihr versprichst?«

»Wenn man von mir will, daß ich etwas Kluges sage, kommt nichts Gescheites dabei heraus. Aber ich habe dir jetzt erzählt, was mir am Häuschen und in der Natur Freude macht. Du weißt selbst, daß das eine Flucht ist. Aus dem anormalen, hektischen und überreizten Leben in die natürliche Umgebung der ländlichen Natur. Sieht man sich sonst die Welt als solche an, wie kann sie einen erfreuen? Wenn die Menschen nicht mehr sie selbst sein können, wenn die Beziehungen zwischen den Mächtigen und den Gedemütigten an der Grenze des Erträglichen angelangt sind, wenn unschuldige Menschen im Gefängnis sitzen und die Zukunft ziemlich vernebelt ist? Und wenn das auch für die ganze übrige Welt gilt? ›Was ist das nur für eine Welt?‹ fragen die Menschen ungläubig, wenn ein Land mit seinen Truppen in ein anderes einfällt, um es zu versklaven, und das als Hilfe ausgibt, als brüderliche noch dazu. Wenn jeden Augenblick irgendwo Regierungen gestürzt werden und die neuen Machthaber die vormaligen massakrieren? Also muß man sich an Dinge halten, die einen eher aufrichten. Wir haben gesunde und kräftige Kinder, in der Familie sind wir ein Team, das etwas aushält. Wir haben eine Menge guter, verläßlicher und mutiger Freunde, mit denen wir beschlossen haben, nie als Erniedrigte zu leben. Darin liegt unsere Hoffnung. Professor Patočka schrieb uns vor seinem Tod noch ein paar kluge, heute schon berühmte Worte, die ich auswendig kann. Er schrieb uns: *Die Menschen wissen heute, daß Dinge existie-*

ren, für die es sich auch zu leiden lohnt. Daß die Dinge, für die man eventuell leidet, die sind, für die es sich zu leben lohnt. – Du siehst also, daß ich mir vom Leben doch noch etwas verspreche...

10. März 1980

Jarmila Bělíková:
»Optimismus ist irrational, aber notwendig«

Während des Sommers und Herbstes 1979 veröffentlichte die Charta 77 Persönlichkeitsportraits der in Haft befindlichen Mitglieder des Ausschusses zur Verteidigung zu Unrecht Verfolgter. Das Portrait von Jarmila Bělíková stellte man aus ihren Briefen aus dem Gefängnis an die Eltern zusammen. »Mir fiel ein ziemlich großer Stein vom Herzen«, schrieb sie, »als ich aus Euren Briefen sah, daß Ihr mir nicht böse seid, mir nicht einmal Vorwürfe macht und mir im Gegenteil glaubt, daß ich nichts Schlechtes getan habe... Übrigens kann man das alles wie eine weitere Lebensetappe ansehen, durch die man sich durchbeißen muß. In jeder Etappe habe ich etwas verloren, aber auch wieder etwas anderes gewonnen. Und wenn ich sie bewerten sollte, müßte ich sagen, daß jede ihren Reiz hatte. Und so wird das bestimmt auch mit dieser Etappe, selbst wenn das etwas töricht klingt. Der Teufel weiß, was ich in ihr verlieren werde, aber entschieden werden es nicht meine Ehre und mein Lachen sein.« Der Brief ist von Mitte Juni datiert, vierzehn Tage nach Jarmilas Verhaftung. Vor Weihnachten wurde sie dann entlassen und jetzt wartet sie auf ihren Prozeß.

Wir trafen uns Mitte Februar im Café Slavia, Jarmila hatte schon den Nachgefängnisschock hinter sich. Die gemeinsam zu ertragende Bedrohung der Chartisten bringt sie einander näher, und vor allem diejenigen, welche das Offensein als Programm einbringen, unterliegen keiner Konvention, und dennoch überrascht mich bei einigen – vor allem Frauen – ihre Aufrichtigkeit. Als böte man einem Skeptiker hier einen Becher frisches Wasser an, genau so wirkte Jarmila Bělíková auf mich, eine zweiunddreißigjährige Frau in modischer, durchbrochener Spitzenbluse und kurz geschnittenem Haar – ihr dichtes, langes Haar hatte sie im Gefängnis eingebüßt. Um uns drängten sich die Studenten der nahen Film-Fakultät. Die bewußte Nachlässigkeit ihrer Kleidung und ihres Benehmens waren auffallend. Ein junges Mädchen, das uns am nächsten saß, spielte mit ihren Armbändern, und in freien Augenblicken schrieb sie ein Stück eines Beatle-Textes in ihr Heft. Ihre beiden Gefährtinnen machten immer erst nach einer langen Pause über ihren Gläsern Bemerkungen wie: »Und weißt du, daß er gestern auch dort war?« – »Ja«, antwortete das Mädchen und drehte an ihren Armreifen. Sie saßen so nahe bei uns, daß sie uns hätten hören können, ich hatte Bedenken – doch sie bemerkten nichts, wohl nicht einmal den schönen Vorfrühling durch das Fenster. Die Sonne hatte den Nebel über dem Fluß und über dem Laurenziberg noch nicht aufzusaugen vermocht, und die Konturen der Burg waren verschwommen, obgleich die Sonne schon ziemlich hoch stand. »Sie fuhren mich ins Krankenhaus«, berichtete Jarmila, »durch das Fensterchen hinter dem Fahrer sah ich für einen Augenblick das Moldau-Ufer und die Burg, alles war wunderschön bunt, wie es im Herbst nun einmal ist, mich hat's ganz schön umgehauen.«

»Wir sollten lieber von Anfang an beginnen, Jarmila. Ich habe in Ihrem Lebenslauf gelesen, daß Sie im Jahre 1971 an der Philosophischen Fakultät in Brünn Psychologie absolviert haben, dann arbeiteten Sie kurze Zeit in einer psychiatrischen Heilanstalt und gingen dann nach Prag, wo Sie vier Jahre als Sozialpädagogin für entlassene Sträflinge tätig waren. Diese Arbeit würde mich sehr interessieren.«
»In der Abteilung Spezialfürsorge beim Nationalausschuß der Hauptstadt Prag wurde eine Gruppe von etwa vierundzwanzig jungen Leuten zusammengestellt, Psychologen und

Pädagogen, meist mit Hochschulbildung. Ein Teil hatte die Häftlinge, die aus dem Strafvollzug kamen, zu betreuen, und ein Teil die Zigeuner. Ziel unseres Wirkens sollte die Resozialisierung unserer Schutzbefohlenen sein, aber das ist eine sehr problematische Sache. Es ging eher darum, für die Leute, die aus der Haft in ein zerstörtes Leben zurückkehrten, die grundlegendsten Existenzbedingungen sicherzustellen – Arbeit, eine Wohnung, das heißt dem Wohnungsamt zumindest die vierte Kategorie abzuluchsen, und auch manchmal darum, ihnen die Situation innerhalb der Familie zu erleichtern. Zwischen dem Sozialpädagogen und dem Klienten entsteht so ein gewisser Kontakt, und der Sozialpädagoge kann auf seinen Klienten Einfluß nehmen, doch bis zur Resozialisierung ist es meist noch weit. Unsere Funktion war weit mehr die eines Sozialpflegers als jede andere. Diese Arbeit interessierte mich, sie wurde im Außendienst durchgeführt, nicht im Büro, die Selbständigkeit daran gefiel mir. Beratung hatten wir alle vierzehn Tage, die übrige Zeit widmeten wir den Klienten. Ich sollte zusammen mit noch einer Kollegin, einer Pädagogin, eine selbständige pädagogisch-psychologische Beratungsstelle einrichten, aber das gelang uns in vier vollen Jahren nicht, obgleich ich diese Beschäftigung mit der Absicht aufgenommen hatte, nach einem halben Jahr wieder in meinem Beruf als Psychologin weiterarbeiten zu können. Und überhaupt hat das, was die Zeit angeht, irgendwie nie geklappt. Was heißt geregelte Arbeitszeit in so einem Beruf! Unsere Dienstzeit ging von sieben bis fünfzehn Uhr, aber kann man denn um sieben Uhr früh eine Familie besuchen und nachmittags um drei Uhr sagen: Feierabend!? Ständig nahmen die administrativen Aufgaben, die Zuweisungen von Besuchen und die Anzahl der Gespräche zu. Die praktische Arbeit mit diesen Leuten litt darunter. Es galt der Grundsatz, daß der Klient schon nach einem halben Jahr resozialisiert sein sollte, so daß ich mich ihm nur privat widmen konnte, wenn er dann über diese Zeit hinaus noch etwas brauchte. Als man mich also im Jahre 1977 herauswarf, war das meist nur noch Verwaltungstätigkeit, und es tat mir eigentlich nicht leid um diese Arbeit. Mich ärgert nur, daß es nicht gelang, diese Beratungsstelle durchzusetzen, das wäre auf fachlichem Niveau etwas Neues gewesen.«

»Könnten Sie mir etwas von Ihren Klienten erzählen?«

»Warum nicht. Beispielsweise rief mich eine Sozialarbeiterin aus dem Pankrácer Gefängnis[1] an: Morgen entlassen wir einen Mann, dem ein Bein amputiert wurde. Er hat noch keine Prothese und er hat auch niemanden zur Betreuung zu Hause, er lebt mit seinem Bruder zusammen, doch der ist in Haft. Dieser Herr war an der Buerger-Krankheit (Gefäßverengung) erkrankt, das Bein mußte ihm oberhalb des Knies amputiert werden, die Wunde war erst im Abheilen, er war eigentlich ein Pflegefall. Er hatte keine Schlüssel zu seiner Wohnung, ein Jahr hatte niemand in der Wohnung gewohnt, er selbst war geschieden und hatte niemanden, der für ihn sorgen konnte. Ich mußte die Schlüssel besorgen, für ihn einkaufen, Krücken beschaffen, ihm einen Arzt vermitteln, seinen Personalausweis abholen, im Haus eine Frau auftreiben, die ihm die Einkäufe erledigte, die Arzneien für ihn sicherstellen, das Essen auf Rädern von der Sozialfürsorge anordnen. Natürlich half ich mir damit, daß ich auf die Pankrácer Sozialarbeiterin schimpfte, die die Pflicht gehabt hätte, mich rechtzeitig davon zu verständigen. Ich fuhr fast ein Jahr lang zu ihm. Es gelang mir, für ihn eine Heimarbeit aufzutreiben, und ich glaube, er freute sich, wenn ich kam. Er war Lehrer, so um die Vierzig, und soweit ich mich erinnere, hatte man ihn wegen nicht gezahlter Alimente verurteilt. Im

[1] Pankrác, Stadtteil von Prag.

Gefängnis passierte ihm dann das Unglück mit dem Bein, und es lag an mir, ihm wenigstens ein bißchen Selbstvertrauen und Lust am Leben zurückzugeben. Wir fühlten uns eher als Heilsarmee denn als Sozialpädagogen. Bei uns landete das, was kein Amt übernehmen wollte.

Oder ich hatte einen siebzehnfach bestraften Rückfalltäter zu versorgen. Er war durchschnittlich intelligent, das mußte er ja als Betrüger sein. Er wurde mit Lungenkrebs entlassen, er wußte nichts davon, doch ahnte er es, weil er schrecklich hustete. Es war ziemlich grauenhaft, ihm das immer auszureden. Er hatte eine Schutzüberwachung vorgeschrieben. Ich hatte ausgemacht, daß er sich nur telefonisch melden mußte, wenn er gesundheitlich schon so schlecht dran war ... Sonst konnte ich nichts für ihn tun, nur die Arzneimittel-Dosierungen veranlassen. Die Häftlinge sehen im Sozialpädagogen nur jemanden, der sie zur Arbeit nötigt, die Annahme der sozialpädagogischen Fürsorge ist freiwillig. Wegen des Personalausweises muß sich der entlassene Häftling zuerst bei mir melden, aber dann zwang ich sie zu nichts mehr. Wäre der Rückfällige nicht krank gewesen, hätte er seine Betrügereien vermutlich fortgesetzt. Betrug ist offenbar so etwas wie eine Krankheit. Er gewöhnte sich daran, zu mir zu kommen, damit er sich bei jemandem beschweren konnte. Ich habe niemanden, zu dem ich gehen könnte, sagte er, nur zu Ihnen und zur Polizei zur Schutzüberwachung. Ich fuhr dann noch zu ihm ins Krankenhaus und war dann auch auf seiner Beerdigung. Er hatte niemanden als eine alte Mutter, die ganz allein zurückblieb.

In diesen Fällen habe ich vielleicht wirklich geholfen. Solche bitteren Erfolge gab es in der Tätigkeit als Sozialpädagogin. Und doch war das eine weit interessantere Aufgabe als etwa die laufende Routine-Arbeit eines Klinik-Psychologen, sie war bunter, abwechslungsreicher, man hatte ein ganzes

menschliches Schicksal vor sich und konnte es positiv beeinflussen. Meistens konnte ich aber nichts tun. Manche schimpften auch, daß ich für sie nichts tun konnte. Zum Beispiel eine Wohnung auftreiben. Eine Wohnung! Das erinnert mich noch an einen Fall.
Das war auch ein Rückfälliger, er hatte keine Wohnung. Es gelang uns höchstens dreimal im Jahr, dem Wohnungsamt eine Wohnung abzuluchsen. Und wie durch ein Wunder war es mir gerade in diesem Fall gelungen. Es war eine Wohnung in einer kleinen Villa, beide Räume befanden sich im Souterrain, aber da das Haus am Hang lag, waren die Fenster auf dem Niveau des kleinen Gartens. Mein Klient begann sofort mit den Renovierungsarbeiten. Zum Schluß hatte er etwas, worauf er sich setzen und wohin er seine Freundin mitbringen konnte. Und da er eine Frau hatte, mußte er auch arbeiten gehen, weil er Geld brauchte. In solchen Fällen löst man gewöhnlich mit einer Wohnung fast alle Probleme. Doch dann gab es eine Komplikation. Mein Klient hatte sich im Strafvollzug ein Vergehen zuschulden kommen lassen. Er hätte schon dort bestraft werden sollen, aber das war nicht geschehen, so verurteilte man ihn nachträglich. Ich lief herum, bewies, daß er resozialisiert war, aber er bekam die Strafe trotzdem. Dann warf man mich hinaus und ich weiß nicht, wie die Sache mit ihm ausging. Im vergangenen Jahr traf ich ihn in der U-Bahn, er kam freundlich auf mich zu, sagte, daß er arbeite, wohne und eine Frau habe. Als ich erwähnte, daß man mich hinausgeworfen hatte, sagte er: ›Ich habe es mir sowieso gedacht, als ich Sie so beobachtete, daß Sie es dort nicht lange aushalten würden.‹ So eine Einsicht! Ich traf ihn übrigens zu Mittag, während der Arbeitszeit!«
»Die Sozialpädagogin hat gesprochen.«
»Ja. Diese Beschäftigung begann wirklich, mich professionell zu deformieren. Ich begann, immer gleich jedem Ratschläge

zu erteilen. Und was für einen Einfluß hatte sie auf mein Vokabular! Um mich den Klienten verständlich machen zu können, mußte ich mich ihrer Sprache anpassen.«

»So lernten Sie das Gefängnis von beiden Seiten kennen: als Sozialpädagogin und als Gefangene.«

»In Ruzyň war ich in Verlegenheit, ob ich meinen Zellengenossinnen sagen sollte, daß ich als Sozialpädagogin gearbeitet hatte. Die Gefangenen hegen keine besondere Zuneigung zu den Sozialpädagogen, vor allem außerhalb von Prag haben sie keine guten Erfahrungen mit ihnen gemacht. Damit sie nicht einen falschen Eindruck von mir bekommen, erzählte ich erst später davon, als sie mich schon ein wenig kennengelernt hatten.

Was das Kennen beider Seiten betrifft: Jetzt, nach meiner Rückkehr, habe ich bei der Sozialpädagogin festgestellt, daß es diese pädagogisch-psychologische Beratungsstelle noch immer nicht gibt. Niemand kann es machen. Wenn sie einen neuen Psychologen einstellen würden, hätte er wiederum keine Erfahrung mit dieser spezifischen Klientel. Deshalb gab ich ihr einen Tip: Es muß ein Psychologe sein, der eine mehr als vierjährige Erfahrung als Sozialpädagoge hat und einen verhältnismäßig guten Überblick über die Bedingungen in der Haft und über die eventuellen psychischen Deformationen, die sie mit sich bringt. Sie lachte und nahm das nicht ernst. Sicher weiß sie, daß die kadermäßigen Voraussetzungen wichtiger sind als die Qualifikation.«

»Ist es von Vorteil, das Gefängnis zu kennen, bevor man hineingerät?«

»Ich wußte genug über das Gefängnis, meine Klienten kamen oft ins Erzählen. Und ich lernte Ruzyň kennen, die Häftlinge aus Ruzyň ohne festen Wohnsitz wurden zu uns geschickt und ihr Referent – als es in Ruzyň auch noch ein Kommando, das heißt einen Strafvollzug gab – bat mich zu sich, um ihm zu erklären, was ein Sozialpädagoge für sie tun könne. Nur von den konkreten Bedingungen der Untersuchungshaft hatte ich keine so rechte Vorstellung. Also bereitet man sich selbst auf die Haft vor. Ich kannte Vašek Šabata[1] gut, wir gingen in Brünn zusammen in die Schule, und als er aus der Haft zurückkehrte, erzählte er uns ausführlich. All das tauchte dann in meinen Erinnerungen wieder auf. In diesem Sinn war auch die Arbeit als Sozialpädagogin für mich wertvoll. Wie meine Klienten sie einschätzten, weiß ich nicht, mir hat sie viel gegeben.«

»Die Arbeit einer Sozialpädagogin ist direkt an die Institutionen des Regimes gebunden, als Sozialpädagogin waren Sie sein Bestandteil. Hier könnte es einem unlogisch erscheinen, daß Sie die Charta 77 unterschrieben haben. Überdies machte Ihnen die Arbeit Spaß, Sie mußten wissen, daß man Sie hinauswerfen würde. Warum haben Sie die Charta unterschrieben?«

»Das läßt sich nicht so einfach beantworten. Mit Motivationen ist das manchmal ziemlich kompliziert. Kurzgefaßt kann ich nur das sagen: Als ich das Manifest der Charta las, hatte ich einfach das Gefühl, ich muß es unterschreiben, wenn ich mit seinem Inhalt übereinstimme. Ich weiß nicht, wie ich das anders erklären sollte. Die Unterschrift einer Sozialpädagogin unter die Charta ist auch wieder nicht so unlogisch. Übrigens haben aus unserer Gruppe vier die Charta unterzeichnet. Gerade in meiner Tätigkeit als Sozialpädagogin konnte ich erkennen, daß die Leute nicht immer zu Recht verfolgt werden und daß viele Dinge nicht in Ordnung sind. Aber dabei befand ich mich damals auf einem anderen Dampfer als meine Klienten, das ist sicher. Dorthin ist ein großer Sprung. Das ist ein totaler Wechsel.«

[1] Václav Šabata, Unterzeichner der Charta 77, jetzt im Exil in Wien.

»Bedauern Sie das nicht?«
»Nein. Ich habe es nie bedauert, und jetzt ist es schon völlig klar, daß ich es nie bedauern werde. Es war keine Kurzschlußhandlung. Um so mehr, als ich die Charta erst mit der zweiten Welle unterschrieb, als schon feststand, daß man für die Unterschrift den Hinauswurf aus der Arbeit und polizeiliche Verfolgung zu erwarten hatte. Aber dann sagt einem der Bauernverstand ein: Wenn du es für richtig hältst, wenn du damit übereinstimmst, warum solltest du dann nicht unterschreiben? Eine Mitgefangene von mir machte einmal in den Zellen sauber. In einer Zelle lag ein junger Zigeuner am hellichten Tag auf dem Bett. ›Das darf man nicht!‹ sagte ihm die Referentin. ›Und warum nicht?‹ fragte er und sagte ganz ungezwungen: ›Warum sollte man sich nicht aufs Bett legen dürfen, sei es auch am Tage, wenn das Bett nun mal dasteht und man nichts zu tun hat?‹ Ich schwärme durchaus nicht für ein Leben ohne Regeln, aber uns fehlt es schon sehr oft an den natürlichsten Reaktionen. Es ist richtig zu fragen: Und warum nicht? Warum nicht unterschreiben? Gegen die Unterschrift sprach, was man den Chartisten Böses antat, aber im Menschen kann auch das Bessere, das Natürlichere siegen. Und dann muß er danach handeln, was auch immer es zur Folge haben mag. Aber die Unterschrift unter die Charta allein halte ich nicht für so mutig, das ist nur der erste Schritt, wenn auch vielleicht der schwerste. Wichtig ist vor allem das, was folgt. Aber darüber müßten wir viele Stunden sprechen.«
»Also wurden Sie Signatarin der Charta und Putzfrau. Was war in dieser Zeit für Sie das Schwerste?«
»Schwer waren vor allem die Existenzprobleme. Zum Beispiel, wie man mit sieben Hundertern monatlich auskommen soll. Ich habe auch all das, was die Aktivitäten in der Charta mit sich brachte, nicht so leicht bewältigt. Daß ich diese

Dinge machen mußte und sollte, das wußte ich. Bis zu einem gewissen Grad habe ich mich in ihnen selbst verwirklichen können. Aber es ging alles sehr schnell, schneller als ich in der Lage war, mich all dem anzupassen. Aber eigentlich holte ich diese Verspätung dann im Gefängnis auf der Erlebnisebene ein. Vor der Haft, gerade in dieser Zeit, brachten mich viele Dinge aus der Fassung.«

»Welche Dinge waren das?«

»Existenzielle und persönliche Dinge, Verhöre, meine Entlassung, die ständige Verfolgung. So liefen zum Beispiel den ganzen März die Spitzel demonstrativ hinter mir her. Es war irgendwie zu viel auf einmal. Und vor allem gab es plötzlich keinerlei Sicherheiten mehr. Mir fiel ein, daß ich für eine exponierte Position vielleicht nicht geschaffen bin. Ich hatte einfach Angst vor dem Gefängnis. Alles zielte dahin, wohin man nicht wollte. Doch kaum befand ich mich im Gefängnis, war alles in Ordnung. Dort reagierte ich schon richtig. Eigentlich hat mir das Gefängnis geholfen.«

»Entschuldigen Sie, Jarmila, das verstehe ich nicht ganz. Für mich klingt das ein bißchen unglaubwürdig, wenn man sagt – mir hat das Gefängnis geholfen. Worin bestand diese Hilfe?«

»Vielleicht kann man sagen, daß ich dort wieder zu mir selbst fand. Nach dieser Periode des ziellosen Umherirrens und teilweise auch des mangelnden Selbstvertrauens wußte ich auf einmal wieder, wer ich bin und daß mir dies auch das Gefängnis wert ist. Viele Menschen brauchen dazu offenbar keine so extreme Situation, ich wohl schon. Es half mir ... wie könnte ich das bescheidener sagen: Es half mir, ein Stückchen weiterzukommen. Eine große Unausgeglichenheit in mir selbst wesentlich zu verringern. Das Gefängnis war für mich entschieden nützlich.«

»Als Lebenserfahrung?«

»Ja, und nicht nur das.«
»Erzählen Sie zuerst, wie das konkret war.«
»Von den konkreten Eindrücken der wichtigste: Ich schlief mich aus. Ich holte alle unausgeschlafenen Nächte bis zur Wiege zurück nach. Ich schlief dort fabelhaft und das vom ersten Tag an. In der Früh hatte ich eine Hausdurchsuchung, dann wurde ich abgeführt, untergebracht und bis elf Uhr nachts verhört. Um elf Uhr fiel ich ins Bett und schlief wie ein Murmeltier. Weil das Verhör bis elf Uhr nachts gedauert hatte, weckte man mich erst zum Frühstück um acht Uhr. Danach schlief ich wieder ein, diesmal im Sitzen, sie mußten mich wachrütteln, als sie mich wieder zum Verhör holten. ›Mensch, Sie haben vielleicht Nerven‹, sagte man zu mir. Nach dem, was man in Büchern gelesen hat, stellt man sich vor, daß die erste Nacht im Gefängnis schlaflos ist, daß man sich in der Dunkelheit quält.
Unruhig war ich erst, als ich krank wurde. Man ließ mich zwei Monate ohne Medikamente, vergeblich versuchte ich die Ärztin davon zu überzeugen, daß ich tatsächlich krank war! Man glaubte mir erst, als sich meine Schilddrüse so stark vergrößert hatte, daß mir das größte Hemd, das ich je gesehen habe, um den Hals zu eng wurde. Mir fiel die Hälfte meiner Haare aus, meine Backenzähne ließen mich im Stich, ich konnte nicht schlafen, ich war nervös und schrecklich müde. So müde, daß ich nicht einmal turnen konnte. Durch die Überfunktion der Schilddrüse wird der ganze Organismus schneller angekurbelt, ich hatte fürchterlichen Hunger, Hitzegefühle und unregelmäßige Herztätigkeit. Ich war so müde, daß man mich – als ich endlich nach Pankrác ins Gefängniskrankenhaus gebracht wurde – auf das Treppchen des Lastwagens heben mußte, da ich aus eigener Kraft nicht hinaufgekommen wäre. Aber vor allem hatte ich Angst vor dieser Nervosität. Ob ich mit ihr fertig würde.«

»Ist das eine Streß-Krankheit?«

»Ja.«

»Sie müssen mir verzeihen, Jarmila, aber ich bin immer noch nicht dahintergekommen, wieso die Haft für Sie nützlich war.«

»Das ist eine rein persönliche Angelegenheit. Ich möchte das Gefängnis nicht als Universalmedizin gegen existenzielle Probleme empfehlen. Vorbehaltlos kann man es nur als geradezu wunderwirkende Droge gegen Übergewichtigkeit empfehlen. Immerhin gewinnt man dort einen Überblick, gewinnt Abstand. Manche Dinge, die mich vorher quälten, waren dort auf einmal unwesentlich. Man beginnt sie anders zu sehen.«

»Durch diese aufgezwungene Entfremdung?«

»Nicht nur dadurch. Ein halbes Jahr im Gefängnis reicht, aber auch das ist keineswegs viel. Immerhin genügt es, einen weit längeren Aufenthalt zu akzeptieren. Um sich mit einer möglichen Strafe abzufinden. Anfangs bereitete ich mich lieber auf die zehn Jahre vor, mit denen man mir gedroht hatte, dann mußte ich mit einer weiteren Verlängerung der Haft auf drei Jahre rechnen. Und diese drei Jahre habe ich in mir.«

»Als hätte man sie dort verlebt?«

»Vielleicht nicht ganz so. Aber irgendwie hat man sie im Bewußtsein. Und von diesem Blickpunkt aus ist man fähig, alle übrigen Dinge zu sehen.«

»Gilt das auch für persönliche Schmerzen?«

»Vielleicht. Aber das ist komplizierter.«

»Wird man klüger? Ruhiger?«

»Es mag so aussehen. Aber vielleicht verändert es einen auch. Ich jedenfalls komme mir so vor.«

»Man hat die Ermittlungen in Ihrem Fall abgeschlossen. Glauben Sie, daß man Ihnen und den drei anderen den Prozeß machen und Sie aburteilen wird?«

»Ich weiß nicht. Niemand weiß das. Ich rechne damit.«
»Sie sind jetzt den zweiten Monat in Freiheit. Sie sind krank. Bekommen Sie Krankengeld?«
»Nein. Meine letzte Beschäftigung vor der Inhaftierung war nur ein Arbeitseinsatz im Archäologischen Institut, und der war schon beendet. Übrigens berechtigt die Teilnahme an einem Arbeitseinsatz nicht dazu, Krankengeld zu beziehen. Und die Haft auch nicht.«
»Also was haben Sie gemacht? Gingen Sie zur Sozialarbeiterin?«
»Ja. Und ich bekam Unterstützung. Bei der Sozialfürsorge zahlt die Unterstützungen ein Herr Mazanec aus. Ein lieber, alter Beamter, den man sich noch mit Ärmelschützern aus Cloth vorstellt, er meldet sich immer so nett am Telefon: ›Sozialer Mazanec.‹
Wir hatten uns immer wegen meiner Klienten geneckt: ›Zahlen Sie Unterstützung?‹ fragte ich und er sagte: ›Zahle ich nicht.‹ Und jetzt kam ich selbst hin und fragte: ›Zahlen Sie?‹ ›Zahle‹, sagte er und gewährte mir 120 Kronen nicht rückzahlbare Unterstützung, die er für alle ehemaligen Sträflinge zahlen darf. Die Sozialpädagogin schickte mich zum Nationalausschuß, Abteilung für Arbeitskräfte, ich sollte mich nach Arbeit umsehen. Ich bin noch nicht gesund, ich kann nicht physisch arbeiten. Sie gaben mir den Tip, Operateurin an einer Rechenmaschine zu werden, jetzt werde ich in dem Betrieb kadermäßig überprüft.«
»Und werden Sie durchkommen?«
»Das wird sich zeigen. Aber es dauert schon ziemlich lange. Dann hat man mir noch vorgeschlagen, durch den Bahnhofsfunk Züge anzusagen. Mit der Möglichkeit, nach einiger Zeit aufzusteigen – zur Fahrdienstleiterin.«
»Von der Sozialpädagogin zur Klientin einer Sozialpädagogin. Jarmila, wie verhielten sich Ihre Kollegen von der Spe-

zialfürsorge-Abteilung Ihnen gegenüber, als Sie Ihr Arbeitgeber wegen der Unterzeichnung der Charta entließ?«

»Von den vierundzwanzig Angestellten unserer Abteilung, das sagte ich schon, unterschrieben vier die Charta. Das ist verhältnismäßig viel und beweist doch etwas. Ein paar Kollegen waren begeistert. Bei den übrigen rief unser Entschluß Aversion hervor. Ihr habt uns gegen die Wand gestellt! Wir müssen jetzt zur Kaderaussprache und zu eurem Handeln Stellung nehmen. Wäret ihr nicht gewesen, müßten wir uns jetzt nicht wie Schufte benehmen.«

»Ja, das ist die alltägliche Reaktion von Leuten, die wie man so sagt, heute etabliert sind. Und die nicht um ihre Stellung kommen möchten und zugleich gern ihr Gesicht wahren oder zumindest anständig aussehen wollen. Was meinen Sie – haben Sie sie durch Ihre Unterschrift wirklich in die Ecke gedrängt?«

»Hätte es unsere Unterschrift nicht gegeben, würde man sie wegen etwas anderem an die Wand stellen.«

»Und Jarmila, wenn Ihnen das Gefängnis in gewisser Hinsicht genützt hat, wie Sie sagen, wie würden Sie denn die Schäden bezeichnen, die Sie davongetragen haben?«

»Wenn ich von meinem persönlichen Bedauern über die wirklich blöd verbrachte Zeit – Frühling, Sommer, Herbst und Winter – absehe, war und ist meine echte Sorge, wie sich meine Eltern, die nicht mehr die Jüngsten sind, mit meiner Situation abfinden. Die Haft hat mich auch teilweise aus der Gesellschaft der Menschen, die nicht im Gefängnis waren, ausgeschlossen. Aber ich bin Optimist. Auch sie werden einmal dort landen und dann werde ich mich nicht mehr als Außenseiterin fühlen.«

»Ich halte Ihren Optimismus für einen Scherz. Aber erklären Sie mir dieses Ausgeschlossensein.«

»Ich fürchte mich etwas, ob ich nicht etwa meine Möglichkeiten und Fähigkeiten überbewerte, wenn ich schon vor dem Gefängnis keine Angst habe. Pithart[1] oder Vaculík[2], die verkündet haben, man solle nicht das Gefängnis um des Gefängnisses willen ausprobieren, sondern an der Basis für das Vaterland arbeiten, würde ich wahrscheinlich erschrecken.«

»Sie fürchten sich wirklich nicht vor dem Gefängnis?«

»Ich habe mich ungenau ausgedrückt. Eine Haft bewirkt noch gar nichts. Auch die Angst vor dem Gefängnis kann man nicht völlig verlieren, sie verwandelt sich in etwas anderes. Diesmal hatte ich Glück mit meiner Mitgefangenen, es war eine Prostituierte, eine ziemlich kluge Frau, sie hatte eine sympathische Einstellung zu allem dort: sie nahm es mit der linken Hand und mit einem Lächeln. Ich habe es ihr zu verdanken, daß es mir schon vom ersten Tag an gelang, ohne Schwierigkeiten die Dinge genauso zu nehmen.«

»Ich habe in Ihren Briefen an die Eltern gelesen: ›Mein Lachen werden sie mir nicht nehmen können.‹«

»Immer war es auch nicht zum Lachen. In meinen Briefen untertreibe ich ein wenig. In Wirklichkeit plagte mich oft eine böse Claustrophobie, der Unterseeboot-Komplex. Die Zelle war klein, die Fenster aus Milchglas. Als wir zu zweit waren, konnte man in dem Gäßchen zwischen den Betten und dem Tisch fünf kurze Schritte hin und her machen. Waren wir drei – und das kam auch vor – konnte man nur sitzen oder einander über den Rücken kriechen.«

»Trotzdem haben Sie während der Verhöre gelächelt.«

»Ja, in meinen Protokollen steht immerzu: Die Angeklagte schweigt. ›Warten Sie nur, was der Staatsanwalt sagen wird, wenn er das liest‹, drohte mir der Untersuchungsbeamte. Und die Protokollführerin bat mich, doch irgend etwas zu

[1] Dr. Petr Pithart, Rechtsanwalt, Unterzeichner der Charta 77.

[2] Ludvík Vaculík, Schriftsteller, Unterzeichner der Charta 77.

sagen, es sei langweilig, auf jede Frage ins Protokoll zu schreiben: die Beschuldigte schweigt. Ich äußerte mich nur zu drei Dingen: Ja, das ist meine Unterschrift – die Unterschrift stand auf einem Begleitschreiben an den Generalstaatsanwalt, womit ich ihm eine Eingabe des Ausschusses zur Verteidigung zu Unrecht Verfolgter zugesandt hatte mit der Forderung, Abhilfe zu schaffen. Dann sagte ich noch: Ja, ich bin Mitglied des Ausschusses. Und als drittes: Die Beschuldigungen nehme ich nicht an, die Tätigkeit, die mir vorgeworfen wird, steht nicht im Widerspruch zum Gesetz, es ist die Anwendung des Petitionsrechts, das die Verfassung garantiert.«

»Fällt es Ihnen schwer zu schweigen?«

»Ja. Aber es ist das geeignetste Vorgehen. Der Untersuchungsbeamte erleichterte mir das Schweigen etwas, denn er benahm sich nicht gerade anständig mir gegenüber. Er versuchte mich zu erpressen und mit Anspielungen auf mein Privatleben zu beleidigen. Ich lächelte. Für mich bist du kein Mensch, ich lächle. Nach fünf Wochen bekam ich einen, der den Ruf hatte, Frauen ›zum Reden zu bringen‹. Er benahm sich korrekt und anständig mir gegenüber.«

»Sie sind Psychologin. Wie schnell und wie tief entsteht eine Symbiose zwischen Untersuchendem und Untersuchtem?«

»Peter Uhl sagte einmal: ›Der Kontakt des Untersuchungsbeamten zum Untersuchungshäftling ist wie der Flug des Nachtfalters um die Lampe. Der Nachtfalter fliegt und fliegt, bis er sich zum Schluß doch verbrennt. Ich werde nicht fliegen, entschloß ich mich, ich werde nicht mit den Flügeln schlagen. Ich lasse mich nicht von der Lampe verbrennen. Die Haft ist gerade dafür gut eingerichtet. Man ist aus seiner normalen Umgebung herausgerissen, man ist von sich selbst weggerissen, man kann sich an niemanden wenden. Man hat keine Identifikationsmöglichkeiten, man ist vollkommen allein. Zum Beispiel gibt es dort keine Spiegel. Man hat also nicht einmal die Möglichkeit, sich zumindest äußerlich zu identifizieren, indem man sich im Spiegel anschaut. Der Untersuchungsbeamte ist das einzige Gesicht, das man sieht, der Punkt, um den sich alles dreht. Man beginnt sich auf ihn zu beziehen, man identifiziert sich durch seine Vermittlung. Mich deprimierte es zum Beispiel sehr, daß man nur graue und grüne Farben und lauter kalten Beton um sich hat. Und als ich bei einem Spaziergang in einer Betonspalte einen Grashalm hervorsprießen sah, hielt ich das für ein kleines Wunder.«

»Erlauben Sie mir eine praktische Frage: Wie steht es dort mit der Hygiene?«

»Die Toilette ist in der Zelle, wir hatten ein Spülklosett mit Becken. Auch kaltes fließendes Wasser ist da, so kann man sich waschen, so oft man will. Zum Waschen bekommt man Kernseife. Ansonsten wird die Wäsche einmal wöchentlich gewechselt, die Trainingsanzüge alle sechs Wochen. In der Zeit, ehe der Häftling ein eigenes Konto angelegt hat, von dem er abheben kann – das dauert ungefähr vier bis fünf Wochen – ist er auf die solidarische Hilfe derer angewiesen, die schon ein Konto haben. Das bedeutet Aushilfe mit Zigaretten, mit Geld für die Aufbesserung des Essens, aber auch für Seife und Schampoon. Ich hatte besondere Isolationshaft, was im ganzen gesehen ein Nachteil ist, aber beim täglichen Duschen mit warmem Wasser ist es ein Vorteil, denn wir hatten zu zweit, meine Mitgefangene und ich, einen Waschraum mit zwei Duschen allein für uns.«

»Und wie steht es mit dem Friseur, der Haarpflege?«

»Frauen, die ihr Haar färben, denen wächst es aus. Allerdings ist der weibliche Scharfsinn unübertroffen. Das Haar schneidet man mit stumpfen Maniküscheren, die man uns ab und zu borgt, dreht sie auf Papierröllchen ein, die Augenbrauen werden mit Hilfe eines Patentschreibers gezupft, mit einem abgebrannten Streichholz gefärbt, usw. Gegen Flöhe hilft Nevakain. Das kenne ich auch. Aber es gibt schlimmere Dinge. Während des ganzen Oktobers wurde nicht geheizt, das war arg. Man kann sich nicht bewegen, warme Kleidung gibt es nicht, nicht einmal warme Socken, und ins Bett darf man auch nicht.«

»Jarmila, ich würde Sie gern über Ihre Arbeit im Ausschuß zur Verteidigung zu Unrecht Verfolgter befragen. Glauben Sie, wir können uns öffentlich über konkrete Fälle unterhalten, derer Sie sich angenommen haben?«

»Ich glaube nicht, daß es taktisch richtig wäre, namentlich darüber zu sprechen, wer was konkret getan hat. Das würde vor allem die Untersuchungsbeamten interessieren, die dauernd danach fahnden. Ich habe nicht das Gefühl, daß ich mich denen anvertrauen sollte, und ich halte es auch nicht für gut, über die konkreten Methoden der Arbeit dort zu sprechen.«

»Ich verstehe. Aber glauben Sie nicht, daß der von den Machthabern verfolgte Ausschuß, indem er sich der Betroffenen annimmt, ihnen – denen er helfen möchte – eigentlich schadet, weil die Machthaber sich für dieses Eingreifen an ihnen rächen?«

»Diese Gefahr ist in einigen Fällen sicher gegeben. Es bedarf der Besonnenheit. Aber zugleich möchte ich Ihnen auch das darauf sagen: Sollen wir uns also alle mit den Ungerechtigkeiten abfinden? Sollen wir nichts tun, weil die Machthaber die Möglichkeit haben, sich zu rächen?«

»Ist Ihnen aufgefallen, daß Ihre Arbeit im Ausschuß eigentlich nur die der Sozialpädagogin unter anderem Vorzeichen ist? Daß Sie wieder das humanitäre Interesse an den Menschen zur Geltung bringen und versuchen, ihnen zu helfen?«

»Das ist mir nicht aufgefallen. Erst jetzt, da Sie es sagen.«
»Warum haben Sie im Ausschuß mitzuarbeiten begonnen?«
»Nur die Charta zu unterschreiben erschien mir zu wenig. Sich hinauswerfen lassen und sich dann bis ans Lebensende nur beschweren – das wäre zu wenig. Sie haben recht, diese Problematik war genau die, die mich ansprach, nämlich tätig zu werden. Daß es notwendig war, spürte ich dann selbst als zu Unrecht Verfolgte. Gottseidank, daß der Ausschuß existiert, sagte ich mir, sie lassen uns da drin nicht hängen. Natürlich lag es nicht so sehr an ihnen, ob wir dort grau werden oder nicht, aber allein das Gefühl, daß sie da sind und sich melden, hilft schon viel. Ein Augenblick war für mich schlimm, als ich Angst bekam, der Ausschuß könnte durch unsere Verhaftung auseinanderfallen. Und dann las ich an der Ausgangstür zum Gefängnishof die Nachricht von *INFOCH (Informationen der Charta)*, daß der Ausschuß zwölf neue Mitglieder hat. Und diesen zwölf Leuten danke ich nicht nur für meine Person, sondern ich schätze sie auch sehr. Sie hatten es schwerer als wir. Denn wir erfuhren erst im Gefängnis, daß wir zehn Jahre auf dem Buckel haben werden, sie aber haben es von Anfang an gewußt.«
»Ich möchte Sie etwas Heikles fragen. Ist es zulässig, daß man – von Verfolgungen bedroht – an die Anständigkeit eines Untersuchungsbeamten des Sicherheitsdienstes glaubt – sagen wir im Interesse der Gerechtigkeit oder wegen des eigenen psychologischen Studiums, wenn er sich offensichtlich als anständig ausgibt?«
»Diesen Einwand höre ich immer wieder: Die Psychologie erklärt alles und damit entschuldigt sie auch alles. Und hier sage ich als Psychologin, daß es für die praktische Verteidigung besser ist anzunehmen, unter den Untersuchungsbeamten des Staatssicherheitsdienstes gäbe es nicht einen einzigen

anständigen Menschen. Denn wenn man den Untersuchungsbeamten Glauben schenkt, bedeutet das immer, sich selbst zu schaden, oft auch anderen. Und ich richte bestimmt keinen Schaden an, wenn ich dem einzigen anständigen, falls ich auf ihn stoßen sollte, auch nicht glaube. Ich werde mich höchstens um die Einsicht bringen, daß auch bei ihnen mögliche Differenzierungen bestehen.«

»Darf ich nach Ihren Eltern fragen? Sie haben Sie im Gefängniskrankenhaus besucht?«

»Ja, sie kamen mich besuchen. Ich hatte Angst davor. Sie sind beide prachtvolle Menschen. Vater war Schuster, Mutter Schneiderin; als mein Bruder und ich heranwuchsen, ging sie saubermachen. Sie ließen meinen Bruder und mich studieren. Sie leben jetzt von ihrer Rente und sind arm, es war schwer für sie, mir Päckchen zu schicken.«

»Was würden Sie sich am meisten wünschen?«

»Daß meine fünf Kollegen herauskommen! Ich durchlebe ein bißchen dieses Nachgefängnis-Syndrom: Wieso bin ich draußen, wenn sie noch sitzen müssen ... Und daß es für all die anderen Häftlinge eine General-Amnestie gäbe, das wünsche ich mir. Es würde Frieden und Behaglichkeit herrschen, der Ausschuß hätte nichts zu tun. Zumindest für eine gewisse Zeit. Daß wir ganz ›in Pension gehen‹ können, das wird wohl noch eine Weile dauern. Und sonst hätte ich noch viele Wünsche.«

»Hoffen Sie wirklich auf eine Amnestie?«

»Ich hoffe nicht, ich glaube daran. Ich habe zwar nicht den geringsten Grund, das anzunehmen, aber ich bin ein Optimist. Wenn ich zu allem noch Pessimist wäre, könnte ich gleich in die Moldau springen. Optimismus ist etwas Irrationales, aber er ist notwendig.«

»Und damit wir uns auch unverbindlich als Frauen unterhalten: Diese schöne durchbrochene Spitzenbluse haben Sie selbst genäht?«

»Ja, selbst. Wenn die Charta in Pension geht, richte ich mir eine Boutique ein. Ich nähe gern, aber nicht systematisch. Wenn ich irgend wohin gehen soll und nichts anzuziehen habe, beeile ich mich etwas Neues zu nähen, schaffe ich es, habe ich ein neues Kleid, schaffe ich es nicht, lege ich es unfertig in die Truhe.«

»Ich glaube, ich werde Ihrer Truhe einen Besuch machen. Und nun die letzte Frage: Gibt es etwas, das ich vergessen habe, Sie zu fragen, und worüber Sie gern sprechen möchten?«

»Es gibt etwas. Ich habe ständig gewartet, wann Sie aufhören, so ernsthaft zu reden. Und dann – Sie haben mich nicht nach Barborka gefragt! Und dabei ist es sogar in unsere Anklageschrift als ›Kaninchen namens Barborka‹ geraten. In diesem Gespräch darf es nicht fehlen, es hat auch Gefängnis hinter sich, wenn auch nur das häusliche. Als man mich nach Ruzyň abführte, versiegelte man meine Wohnung mit ihm darin, wohl, um sich an ihm zu rächen. Als man nämlich bei der Hausdurchsuchung eine Mitteilung vom Ausschuß auf den Boden legte, ahnte man nicht, daß dort mein mutiger Schutzengel lauerte – das Kaninchen als Verteidiger. Barborka sieht nämlich alles aus Papier sehr gern, aber der Staatssicherheitsdienst wiederum ungern, wenn jemand bereits registrierte Belege aus einer Hausdurchsuchung verschlingt. So ein kleines Kaninchen ist aber manchmal schneller. Sie rächten sich gemein an ihm, es war eine ganze Woche lang in der Wohnung eingeschlossen. Bis heute weiß ich nicht, wie dieses kleine unverwüstliche Ding es fertigbrachte zu überleben. Verdiente es nicht eine Medaille?«

15. Februar 1980

Libuše Šilhánová:
»Was auf einer Lüge aufgebaut ist, kann keine hehren Ideen und kein anständiges Verhalten hervorbringen«

Die Šilháns haben eine Hütte in einer Felslandschaft, das Bad ist draußen in der Natur, zwischen Felsgestein untergebracht. Libuše ging sich waschen und erblickte auf einem Stein hinter dem Waschbecken einen merkwürdigen Frosch mit einem langen Schwanz. Sie griff nach dem Frosch, der wild glotzte, und hielt auf einmal eine Natter in der Hand, die den Frosch schon fast zur Hälfte verschlungen hatte. Der Frosch sprang der Natter aus dem Maul, und die Natter verkroch sich aus dem Bad. Als Libuše diese Begebenheit erzählte, wurde mir bewußt, wie verschieden wir sind. Ich hätte nicht den Frosch gesehen, der um sein Leben kämpft, sondern die Schlange, und hätte natürlich zu schreien begonnen. Wenn ich mich beherrscht hätte, würde ich wie angewurzelt stehen und nicht wissen, ob ich weglaufen oder zusehen soll, wie der Frosch verschlungen wird. Letzteres könnte ich nicht ertragen, also würde ich die Natter aufscheuchen, und es hinge von ihrer oder seiner Geschicklichkeit ab, ob der Frosch verschlungen würde oder nicht. In dem Natur-Badezimmer würde ich mich dann lange nicht mehr waschen. Mancher Mensch hat eben Eigenschaften, die wir selbst gern hätten.

Und so mag ich Libuše nicht nur, sondern ich bewundere sie auch ein bißchen. Und genau dieses Maß an Bewunderung läßt mich über sie stolpern. Meine Skepsis stolpert über Libušes Liebenswürdigkeit. Meine Heftigkeit und Hast stehen in unmittelbarer Reaktion auf ihre Bedächtigkeit. Meine Ungeduld steht im Gegensatz zu ihrer Ruhe. Wir sehen die

Welt auf verschiedene Weise, ihr fällt zuerst auf, was die Menschen verbindet, ich nehme die menschlichen Situationen vom Konflikt her auf. Als ich ihr aber Fragen zu stellen begann und ihre Antworten hörte, kam mir in den Sinn, ich hätte einige Fragen ebensogut mir selbst stellen können, so ähnelten sich unsere Leben. Die Menschen in ungeschminkter Realität oder idealer Verklärung sehen – das ist wichtig, aber nicht wesentlich. Wesentlich ist eines dieser schönen Mysterien des Lebens, das zu begreifen es Menschen verschiedenster Wesensart ermöglicht, sich einander anzuschließen.

»Erinnerst du dich, Libuše, an unsere erste Begegnung? Es war im Jahre 1967 in der Černágasse am Lehrstuhl für Soziologie. Ich benützte damals, um den Verlag vor den Behörden zu schützen, deine Studie über die Lese-Interessen der Jugend.«

»Du bist mir eher durch ein späteres Treffen im Gedächtnis geblieben, und zwar bei einer sehr gut besuchten Tagung über Fragen der Leser-Problematik, meine Wenigkeit spielte dort eine Rolle ... ich weiß eigentlich nicht mehr welche. Diese Befragung hatte der Verlag *Mladá Fronta* an unseren Lehrstuhl vergeben, ich habe sie ehrlich durchgeführt, sie wurde später meine Dissertation. Doch schon im Verlauf der Untersuchungen kam Skepsis in mir auf. Will man feststellen, was junge Leute verschiedener Alters- und Berufsgruppen und von verschiedenem Bildungsgrad lesen, wie oft und wieviel sie lesen, und was ihnen an Büchern gefällt oder mißfällt, läßt sich das nicht mit einfachen Fragebogen, nicht einmal durch gesprächsweise Befragung ermitteln. Man kann eine solche menschliche, kulturelle oder soziale Realität nicht allein auf eine Meinungs-Reflexion reduzieren, weil die Wirklichkeit nicht mit der Ansicht über sie gleichzusetzen ist. Um zu einem in jedem Falle authentischen Ergebnis zu kommen, hätte es mehrerer Methoden bedurft, auch der objektiven, doch dazu fehlte uns die Kraft.«

»Einmal erzähltest du mir, daß du schon seit 1945 im Jugendverband tätig warst, Arbeitseinsätze organisiert und dich an ihnen beteiligt hast, eine Zeitung herausgabst, rezitiertest, Theater spieltest und in der Bücherei aushalfst. Wollen wir damit beginnen?«

»Das war wohl überhaupt meine fruchtbarste Zeit. Das Theater, Rezitationsabende – wieviel inneren Reichtum gab uns das! Nach dem Abitur in Komotau studierte ich an der Pädagogischen Fakultät Pädagogik und Bibliothekswesen, das Studium kombinierte ich mit der Tätigkeit in der Redaktion der Zeitschrift *Osvětové práce* [1]. Eine Reihe guter, aufgeklärter Leute wollte damals mit den Volksbildungsbemühungen Masaryks, Trnkas und Blahas fortfahren, auch die Gründung unseres Studienfachs war ein Bestandteil davon; einige bemühten sich auch um die Synkrese mit der marxistischen Auffassung. Das Studienfach wurde nach zwei Jahren aufgelöst. Wäre das nicht geschehen und zudem noch einige bürokratische und sehr unselige Eingriffe in die kulturellen Bemühungen um die Volksbildung, wie sie sich vom Kriegsende an bis etwa zum Jahre 1950 zu entwickeln begannen, wäre ich mit großer Wahrscheinlichkeit Bibliothekarin geworden, Volksbibliothekarin.«

»Gingst du zu einem anderen Studienfach über?«

»Im Sommer des Jahres 1949 war ich noch fünf Wochen beim

[1] *Osvětová práce,* Zeitschrift für Volksbildung, die an die Tradition der Bemühung um Volksaufklärung (Masaryk, Trnka, Blaha) anknüpfen wollten. Nach dem kommunistischen Putsch 1948 waren freilich solche Bemühungen nicht mehr möglich und durch dogmatische Parteipropaganda ersetzt.

Bau der sogenannten Slowakischen Jugendeisenbahnstrecke[1], dann erkrankte ich an Tuberkulose und ließ alles, auch mein Studium, fallen.«

»Wie alt warst du da?«

»Einundzwanzig. Ich lag erst vierzehn, dann acht Monate in Sanatorien und Krankenhäusern. Man mußte mir einen Lungenflügel entfernen. Die Krankheit nahm mir reichlich Kraft weg, aber sie ermöglichte mir auch, das Leben von einer anderen Warte aus zu sehen. Zu jener Zeit starb man gewöhnlich noch an Tuberkulose, und um mich herum starben die Menschen auch, junge wie alte. Da begann ich die Gesundheit zu schätzen. Ich wurde schnell erwachsen, möglicherweise sogar alt. Es war eine komplizierte Erfahrung, ich begann mich anders umzusehen als ›aus der Position der Jugendverbandsgruppen‹. Auch das politische Leben beurteilte ich mit größerer Zurückhaltung und Kritik. Irgendwann im Jahre 1953 lud Klement Lukeš[2] die Studenten der Philosophischen Fakultät zu einem Gespräch in die städtische Beratungsstelle für Marxismus-Leninismus in die Zeltnergasse ein und fragte uns unter anderem, warum bei Studentenversammlungen nicht mehr gesungen würde. Das war nicht nur eine billige Frage, sie drückte auch etwas Symptomatisches aus. Ich studierte mit Leuten, die fünf Jahre jünger waren als ich, und ich spürte deutlich, um wieviel skeptischer, realistischer, aber auch zynischer sie im Gegensatz zu der Generation waren, zu der Klement gehörte, die die aufregend opti-

[1] Jugendeisenbahnstrecke in der Slowakei; die im von Kommunisten gesteuerten Jugendverband organisierte Jugend wollte in den fünfziger Jahren mit dem Bau einer Eisenbahnstrecke ihren Anteil beim Aufbau des Sozialismus leisten. Nicht alle Jugendlichen arbeiteten an der Strecke freiwillig.

[2] Klement Lukeš, damals KP-Funktionär, 1977 Unterzeichner der Charta 77.

mistische Atmosphäre an den Hochschulen in den Jahren gleich nach dem Krieg erlebt hatte. Es waren ebenfalls marxistisch orientierte Studenten, aber sie konnten die soziale und politische Wirklichkeit bereits nicht mehr so unmittelbar und optimistisch ansehen wie die vor ihnen, die anders waren, viel entschlossener. Doch auch ihren Schwung und Elan kennzeichneten dunkle Schatten. Ich geriet zwischen diese beiden Generationen, hatte die Möglichkeit, zu vergleichen, zu beurteilen. Wir begannen beide an der Hochschule politische und Wirtschaftswissenschaften zu studieren, aber wir waren zwei Semester auseinander.«

»Siehst du, das habe ich nicht einmal gewußt. Ich begann im Jahre 1952 Philosophie und Geschichte zu studieren. Vom Jahre 1955 an orientierte ich mich an der Philosophischen Fakultät mehr an Soziologie, die damals nach langer Pause wieder an Boden gewann. Wir kamen beide an die Hochschule, als sich dort die Folgen der Februarrevolution [1] schon längst durchgesetzt hatten. Könntest du versuchen, dein Studium so wahrheitsgetreu wie möglich zu charakterisieren?«

»Daß nach dem Februar 1948 eine Reihe hervorragender nicht-marxistischer Lehrer hinausgeworfen wurden, daß man auch Studenten ausschloß, das habe ich während des Studiums nur bruchstückweise, sporadisch erfahren. Die Situation hatte sich bis zu unserem Studienbeginn im Jahre 1953 sicher gewaltig geändert, aber bald begann sie, so meine ich, sich im guten, schöpferischen Sinne zu konsolidieren. Die heutigen jungen Leute haben von den fünfziger Jahren eine völlig dunkle Vorstellung. Was haben wir aber damals in den Seminaren diskutiert! Was für Fragen gestellt! Damals gab es an der Fakultät schon Jaroslav Klofáč, Ivan Sviták,

[1] Februarrevolution, gemeint ist der kommunistische Putsch vom Februar 1948.

Jindrich Srovnal, Milan Machovec und Jiří Cvekl[1]. (Letzterer hat dann leider seinen Weg verlassen.) Sie lehrten uns kritisch, kompromißlos zu denken, sie führten unsere Überlegungen zur Konfrontation mit der gesellschaftlichen und politischen Praxis. Was konnten wir damals alles! Sicher waren bestimmte Themen tabu, das bekamen Studenten, die die Grenzen der erlaubten Häresie überschritten, an der eigenen Haut zu spüren, und das mußten auch einige Lehrer bitter erkennen, aber die damalige Meinungsfreiheit – mag sie auch relativ und begrenzt gewesen sein –, läßt sich mit dem Dogmatismus und der geistigen Begrenztheit der siebziger Jahre nicht vergleichen. Für mich war das eine Zeit des Suchens, fesselnder Diskussionen, eine Zeit der Auseinandersetzungen und auch des Spaßes – selbst wenn die Studentenjahre für mich nicht so leicht waren. Die Krankheit begleitete mich, dann kamen die Kinder, Věneks Studium in Leningrad, Jitkas Kinderlähmung ... unsere Zwillinge waren nicht in mein Studium eingeplant, aber ich meisterte drei Kinder und die Fakultät ohne Prüfungsaufschub, vor allem dank meiner Mutter. Aber wohl auch dank meines Elans ...«

»Und Věnek?«

»Soweit er zu Hause war, half er auch. Doch er war immer so von seiner Arbeit, den öffentlichen Interessen in Anspruch genommen, du kennst ihn ja. Ihm war soviel daran gelegen, daß sich bei uns alles zum besseren wendet, er glaubte daran, sie bemühten sich, mit ihrer Wissenschaft die Wirtschaftspolitik rational zu beeinflussen – und ich gönnte ihm dieses Engagement. Hat es einen Sinn, sagte ich mir, wenn wir beide

[1] Jaroslav Klofáč, Ivan Sviták, Jindřich Srovnal, Milan Machovec, Jiří Cvekl, Hochschullehrer, die das kritische Denken der tschechischen Hochschuljugend schon ab Mitte der 50er Jahre wesentlich beeinflußten. M. Machovec ist jetzt Hilfsarbeiter in Prag, Ivan Sviták lebt in Kalifornien.

durch Familienschwierigkeiten beeinträchtigt sind? So trat ich oft von meinen beruflichen Plänen und Interessen zurück. Ich weiß nicht, ob das gut war.«

»Wie habt ihr euch kennengelernt?«

»Soll ich dir das überhaupt erzählen? Das klingt heute wie aus einem Mädchenroman. Ich wurde irgendwann im Frühjahr 1946 zu einem Treffen der Gewerkschaftsjugend in die Komotauer Mannesmannwerke eingeladen. Ich fuhr mit dem Fahrrad durch die ganze Stadt, es goß in Strömen. Ich wollte das Rad nicht vor dem Eingang stehenlassen, damit es niemand wegnimmt, so schleppte ich es über die Treppen in den dritten Stock. Von oben sah mich ein Junge im Monteuranzug, lief herunter und half mir, ohne langes Reden. Mir gefiel seine Selbstverständlichkeit sehr. Oben verständigten wir uns, daß er bei dieser Versammlung, wo ich etwas zu erklären hatte, den Vorsitz übernehmen sollte. Danach begleitete er mich durch die ganze Stadt, er erzählte mir, daß er das Gymnasium zu Ende machen wollte und daß dies nicht ginge, er erzählte mir, was er liest, was er gern machen möchte, und ich Gymnasiastin stellte fest, daß dieser Junge aus der Fabrik zehnmal mehr von der Welt wußte als ich. Dann ging Věnek anderswohin arbeiten, begann zu studieren. Erst im Jahre 1951 trafen wir uns an einem Mai-Nachmittag wieder. Ich kam gerade aus dem Sanatorium zurück, ich fühlte mich einsam, ich brauchte jemanden in meiner Nähe. Wir gingen die ganze Nacht durch Prag spazieren, jeder erzählte dem anderen alles über sich, und am Morgen war uns klar, daß wir heiraten würden. Zwei Monate später waren wir verheiratet.«

»Nach Beendigung des Studiums hast du unterrichtet?«

»Im Jahre 1957 am Gymnasium in Poděbrad, dann in Prag an einer Grundschule, weil ich keine Stellung an einem Gymnasium fand. Diese Arbeit mochte ich sehr. Mit zeitlichem

Abstand kann ich heute sagen, daß die Lehrerinnentätigkeit, die Arbeit mit Kindern und jungen Leuten – damals noch nicht zu sehr formalistisch geprägt – mir vielleicht die größte Befriedigung gebracht hat. Schade, daß ich für sie nicht die geforderte Qualifikation hatte. 1961 ging ich in die Redaktion der philosophischen Abteilung des Verlages *Svoboda*[1]. Tauwetter zeigte sich an, und auch dort wurde das Denken freier, ich hatte den Einfall, Bücher herauszugeben – Diskussionen. Aufmerksamkeit erweckte die Publikation ›Wir diskutieren über die Moral von heute‹, sie war in Umfang und Form ziemlich neu, und der Sammelband ›Vom Sinn der Philosophie‹.

Es wurde eine Stelle am Lehrstuhl für Soziologie und Psychologie an der Wirtschaftshochschule ausgeschrieben – ich wurde angenommen. Das war eine hübsche Arbeit, ich habe dort viel gelernt, und ich glaube, dort auch ein anständiges Stück Arbeit geleistet zu haben. Nach einiger Zeit paßte mir aber die Manager-Ausrichtung des Lehrstuhls nicht mehr und ich nahm ein Angebot des Instituts für sozialpolitische Wissenschaft an der Karls-Universität an, wo man die Erforschung der sozialen Strukturen der tschechoslowakischen Gesellschaft vorbereitete. Mein Thema war ›Die Sozialisierung und Wertorientierung der Jugend‹. Mit einer kleinen Gruppe von Soziologen und Psychologen bereitete ich eine Untersuchung der Wertorientierungen der Studenten vor – und mitten in den Voruntersuchungen und den ungeheueren Anstrengungen der ganzen Anstalt ›passierte‹ es. Das Institut und der Sitz des Rektorats wurden von Soldaten besetzt, ich verlebte diese Tage dramatisch. Věnek war auf dem Vysočaner Treffen[2], wo man ihn anstelle des verschleppten Dubček

[1] *Svoboda,* Verlag der kommunistischen Partei der ČSSR in Prag.

[2] Vysočaner Treffen, gemeint ist der XIV. Parteitag in Prag im August 1968, kurz nach der Okkupation in einer Fabrik abgehalten.

zum 1. Sekretär der Kommunistischen Partei wählte. Ja. Die ›unübersehbaren Folgen‹, mit denen man uns drohte, hätten – möglicherweise, ich weiß es nicht – noch schlimmer sein können, wäre nicht dieser von ihnen unerwartete Widerstand gewesen. Dennoch übertraf das, was dann kam, noch alle schlimmen Erwartungen. Unsere Arbeitsstätte – ähnlich wie viele andere – wurde mit einem einzigen Federstrich des Herrn Hrbek[1] abgeschafft. Mir gelang es gerade noch, nach Los Angeles zu der Konferenz über die Probleme der Jugend zu kommen, ich sprach dort über die Jugendprobleme in der Entwicklung der tschechoslowakischen Gesellschaft, nahm noch an einem schönen Seminar in Jugoslawien über die Freizeit der Jugend teil, und bereitete mit einem größeren Kollektiv von Fachleuten das Projekt einer staatlichen Institution für Jugendfragen und Fernseherziehung vor. Dann verbrachte ich – schon mehr der Not gehorchend – einige Monate am Ministerium für Jugend- und Fernseherziehung und gab dort eine Reihe guter Texte heraus. Im Jahre 1970 kam ich nicht mehr durch die Parteiüberprüfung, und mit dem Ausschluß aus der Partei wurde ich automatisch über Bord geworfen. Ich fand nirgendwo Arbeit in meinem Fach, nicht einmal in Randgebieten meines Faches – ebenso wie viele andere Leute.«

»Auf mich hattest du aber gerade damals einen aufmunternden Einfluß. Als Věnek sich auf einen Bagger setzte und anfing, die südböhmischen Fischteiche zu säubern, und du dir von dem Geld, das du in Amerika mit deinem Vortrag verdient hattest, eine Strickmaschine kauftest, um von etwas leben zu können, sagte ich mir, nur nicht der Ohnmacht verfallen, ich muß auch für mich eine aktive Lösung finden ...«

[1] Dr. Hrbek, ein Hochschullehrer, der nach August 1968 die Säuberungen der Universitäten von »antisozialistischen Elementen« einleitete.

»Jedoch: Strickjacken in der erforderlichen Menge für die Genossenschaft zu stricken, erwies sich überhaupt nicht als leichte Arbeit, wie ich vorher geglaubt hatte. Sie machte sich an meiner Wirbelsäule, durch Kopfschmerzen und Schwindelanfälle verhängnisvoll bemerkbar, so daß ich mich von 1972 an im Invalidenstand befand. Nach der Unterzeichnung der Charta 77 nahm man mir die Rente weg, Krankheit hin – Krankheit her, und ich war mit meinen fast fünfzig Jahren wieder mittellos. Und ohne jede Möglichkeit zu arbeiten: Denn physische Arbeit kann ich nicht leisten, und geistige gibt es für mich nicht. Was sage ich, geistige! Ich fand – erst neulich – einen Job, ich sollte in Prag Baueinrichtungen aufzeichnen, da geht man um verschiedene Bauzäune herum, beschreibt, was sich darin befindet und zeichnet es in die Pläne und Karten ein – doch bin ich dafür beim Einstellungsverfahren nicht durchgekommen.«
»Deine Familie hat schwer draufgezahlt – weswegen eigentlich? Wegen Věnek und deiner Aktivität vor einem Jahr und vor allem im Jahre 1968? Wegen der Niederlage nach der Invasion?«
»Draufgezahlt – wie man es nimmt. Wenn ich die Verluste aufzählen sollte, die meine Familie nach der großen Wende im Jahre 1969 erlitten hat, würde ich an erster Stelle die Tatsache setzen, daß die Kinder nicht studieren durften, vor allem Katka. Die ganze Geschichte ihrer Bemühungen um ein Studium und die Hindernisse, die sich uns in den Weg stellten, würde eine Fall-Studie verdienen. Sie wollte Medizin studieren, sie lernte ausgezeichnet, leicht, sie hatte und hat das Bedürfnis, den Menschen zu helfen, das bewies sie während ihrer Krankenhauspraxis und nicht nur dort. Sie bewarb sich fünfmal, alle Prüfungen legte sie erfolgreich ab, aber jedes Mal wurde sie abgewiesen. Wenn ich jemandem erzähle, welche Lügen über sie konstruiert wurden, um eine

solche Zurückweisung triftig zu begründen, kann er es kaum glauben. Věnek junior studierte schließlich trotz aller Hindernisse zu Ende, aber ein ganz anderes Fach, als er ursprünglich wollte. Dieser reaktionäre Mechanismus einer Manipulation der Bürger, der ihren Kindern die Chance einer Betätigung zuteilt oder ablehnt, wurde schon oft beschrieben, aber es wird noch lange dauern, ehe er in unseren Bedingungen definitiv verurteilt wird. Er ist Bestandteil einer nichteuropäischen, östlich despotischen Auffassung von Staat und Bürger, einer Auffassung, die – leider – nicht nur Theorie, sondern lebendige politische und soziale Praxis ist. An zweite Stelle bei der Aufzählung unserer Verluste würde ich die Tatsache setzen, daß weder Věnek noch ich uns beruflich betätigen dürfen. Wir hatten unsere Arbeit gern, wir waren beide wesentlich mit der progressiven Entwicklung unserer Gesellschaft verbunden ... zumindest hatten wir dieses Gefühl ... Du hast recht, es war ein Engagement, das oft in unser Privatleben hineingriff. Von dieser Lebenseinstellung war ein großer Teil unserer Generation gezeichnet. Ich gebrauche selten Zitate, aber hier fällt mir ein Ausspruch von Alexander Gercen[1] ein: ›Nichts auf der Welt reinigt das jugendliche Alter so, erhebt es so, nichts beschützt es so, wie der Gemeinsinn des Menschen‹.«

»Und welchen Platz nimmt in deinen Erinnerungen die Tatsache ein, daß andere die Zeit unseres Engagements für das Gemeinwohl nur als Diskriminierung erlebten, in Arbeitslager gesteckt wurden, daß einige von ihnen ihr ›Anderssein‹ mit dem Leben bezahlten?«

»Das belastet mich sogar schwer ... Wir alle werten das Zurückliegende um. Nur habe ich diese Zeit eben so verlebt, wie ich sie erlebt habe, und nur schwerlich könnte ich in ihre

[1] Alexander Iwanowitsch Gercen, 1812–1870, russischer Philosoph, Schriftsteller und Publizist.

Schilderung meine jetzige Einstellung und Selbstkritik einbringen. Und ich denke mir, daß das nicht einmal richtig wäre. Möglich, daß wir mit diesen ›unverzeihlichen‹ Illusionen und der Fiktion, daß wir die Wahrheit besitzen – zumindest viele von uns – auch eine gute Rolle spielten.«

»Und liegt nicht in dem, was du jetzt sagtest, auch ein wenig Abneigung, seine alten Illusionen völlig aufzugeben?«

»Aber gewiß. Es ist nur unsere Ansicht über unsere vergangene Wirklichkeit, es ist nicht die Wirklichkeit selbst. Die war farbiger, widersprüchlicher. In uns war das Gute und das Böse, wie in allen Menschen. Etwas weiß ich, glücklicherweise, noch mit Sicherheit: bewußt habe ich niemandem Schaden zugefügt. Zumindest habe ich dieses Gefühl.«

»Bedauerst du nichts? Bist du nicht verbittert geworden?«

»Ich bedauere meine vergeudeten Bemühungen, Fähigkeiten und Kenntnisse, und die vieler meiner Generationsgefährten. Das sind Verluste, die einmal niemand verantworten und wohl niemand bezahlen und büßen wird, absurde Verluste, wenn auch nüchtern gesehen, reale. Warum muß ein Philosophie-Dozent, ein hervorragender Lehrer für philosophische Anthropologie und Erziehungsphilosophie, der eine große Anzahl von Studenten und Erwachsenen höchst positiv und humanistisch beeinflußt hätte, wegen seiner demokratischen Gesinnung ganze Tage und Nächte in einem Kesselraum zubringen, um für seine Rente und den blanken Lebensunterhalt Geld zu verdienen? Warum muß ein ausgezeichneter Ökonom, der fähig ist, die Staatsfinanzen zu regeln, Währungsveränderungen vorauszusagen und zu lehren, Fischteiche ausbaggern? Warum putzt ein Historiker Schaufensterscheiben und ein anderer reinigt Kanäle? Warum fand eine ausgezeichnete Grundschullehrerin keinen anderen Arbeitsplatz, als Fasane zu füttern, und eine andere wurde Geschirrspülerin? Warum arbeitet ein Bauingenieur, der fähig ist, ein

Bauunternehmen zu leiten, als Asphalteur? Warum mußte ein glänzender Chirurg die Klinik verlassen und eine Stellung außerhalb seines Fachs annehmen? Warum darf die große tschechische Schauspielerin Vlasta Chramostová schon zehn Jahre nicht mehr Theater spielen? Warum dürfen die Schriftsteller ihre Bücher nicht im eigenen Land herausgeben? Wer lädt sich dieses ewige Abtöten von Gedanken, Schöpfungen und Menschen auf sein Gewissen? Ich selbst könnte und möchte so manches gern tun, Kinder unterrichten, Bücher redigieren, vielleicht in der Bibliothek eines wissenschaftlichen Instituts arbeiten – aber all das ist mir versagt, weil ich eine kritische sozialistische Anschauung habe, nach der ich lebe, handle, und die ich mir nicht nehmen lasse. Ob ich verbittert bin? Ich sage mir – wie Luther – hier stehe ich, ich kann nicht anders. Ich bin mir meiner und unserer Grenzen und der Bedingtheit unseres Lebens bewußt. Die Grundbedingungen unseres Lebens wurden und werden von Kräften bestimmt, die weder ich noch die kleine (immer noch kleine) Gruppe von Menschen beeinflussen können. Aber ich kann mich nicht den Tatsachen und Prozessen unterordnen, die ich und meine Freunde für unrichtig halten und die meinen Vorstellungen von einem guten menschlichen Leben widersprechen. In mir und in vielen anderen steckt der Imperativ, uns nicht damit abzufinden, was gegen den Menschen gerichtet ist, gegen sein Recht auf ein Leben in guter und gesunder Umgebung, in guter menschlicher Gesellschaft, gegen sein Recht auf Kultur, Bildung und Arbeit, auf Reflexion und Selbstreflexion und auf die Gestaltung der menschlichen Wirklichkeit. Und mit diesem Imperativ ist Aktivität verbunden. Wenn ich feststelle, daß etwas in starkem Maße unrichtig, verlogen und ungerecht ist, kann ich nicht schweigen, indolent und gleichgültig bleiben. Und das auch dann nicht, wenn ich auf Hindernisse stoße, selbst auf solche, die meine

Lebensinteressen bedrohen, wie etwa die Möglichkeit der Beschäftigung und des Verdienens. Also du siehst – ich bin nicht verbittert. Ich habe mein eigenes minimales Programm und daran halte ich mich.«

»Hast du dir das Gefühl für den Sinn des Lebens erhalten?«

»Ich kann mir mein Leben nur als dieses alltägliche Gerede und Herumgehetze schwer vorstellen. Und ich bedauere die Menschen, die sich nur um ihr Wohlleben kümmern, die täglich da einem Teppich und dort einem Kleid oder einem Auto nachjagen. Sie sind allerdings mit ihrer ganzen Lebensweise und ihrem Rhythmus in so ein sinnloses Dahinvegetieren hineingezogen und können sich ihm nicht widersetzen. Darin liegt, meine ich, unser großer Vorteil: ›Das Schicksal‹ hat uns ein Stück des Lebens anders verleben lassen, so daß wir es von vielen Seiten her betrachten können, es hat uns zu einer Wende gezwungen und wir haben – dank unserer Erfahrungen und unserer persönlichen Veranlagung – erkannt, daß es verschiedene Möglichkeiten für unsere Entscheidungen gibt. Dabei haben wir die bisherigen Werte umgewertet und umgeschichtet. Darin sind wir eigentlich um vieles freier geworden.«

»Und dieses Mehr, welches du heute zu deiner alltäglichen Tätigkeit auf dich nimmst, tust du nur für dein gutes Gewissen, für diesen kategorischen Imperativ, oder glaubst du, daß auch diese Arbeit, eigentlich eine Ameisenarbeit, zu irgend etwas nütze ist oder sein wird?«

»Ich weiß nicht, ob ich diese Ameisenarbeit den bergebildenden Bewegungen zurechnen soll, den Umwandlungen im tierischen Reich, oder ›nur‹ der Bemühung um Erhaltung des Ameisengeschlechts. Damit die Menschen Menschen bleiben. Ob du nun die Vergiftung der Luft nimmst, die Vernichtung unserer schönen Wälder, Gewässer und Bergrücken, ob du das Beschneiden und die Vernichtung der Kultur nimmst,

die Entfremdung und Selbstentfremdung des Menschen, wie sie sich in der Tätigkeit und Existenz verschiedener Institutionen, in Anordnungen, Strafen oder verfehlten Lebensweisen, in der Aufrüstung und in Kriegen zeigt – all das ist gegen den Menschen gerichtet und wir müssen dagegen wirken. Und immer mehr Menschen müßten sich zu dieser humanitären Bestrebung melden, ob sie nun die Natur und die Umwelt beschützen oder sich in unabhängiger Weise bilden, die Jugend und die Kinder frei erziehen, oder über die Einhaltung der Gesetze wachen. Abzuwägen, wieweit diese Arbeit vergeblich oder hoffnungsvoll ist, würde ich dem ›Schicksal‹, der Geschichte überlassen. Ich glaube einfach, daß auch wir kleinen Ameisen diese Berge, sprich Geschichte, mit unserer unscheinbaren Arbeit etwas ›weiterrücken‹ können.
Übrigens – warum kommt uns gerade in der Tschechoslowakei diese Arbeit gar so ameisenhaft vor? Im Vergleich zu wem?«
»Libuše, wir waren beide Mitglieder der Kommunistischen Partei, ich ziemlich lange, von meinem 16. Lebensjahr an, du bist später in die Partei eingetreten. Beide aber so frühzeitig, daß man uns das vorwerfen könnte, was man ›kommunistische Vergangenheit‹ nennt. Kann sein, daß diese Betrachtungsweise die geschichtlichen Umstände nicht berücksichtigt, das müßte jemand objektiver beurteilen. Ich würde dich gern etwas anderes fragen: Hast du – als ehemaliges Mitglied der Kommunistischen Partei – das Gefühl einer Schuld? Der Schuld des Anteils an den Folgen des Terrors, der die sozialistische Revolution begleitet hat?«
»Die Vergangenheit ... das Gefühl einer Schuld ... diese Schuld ist bestimmt strukturiert. Ein Mensch, der in der Zeit, als über die Art des sozialistischen Aufbaus, über die Einführung des Verstaatlichungssystems und über die harten Strafen gegen die, die sich widersetzten oder mißliebig machten,

entschieden wurde, sechzehn oder neunzehn Jahre alt war, kann nicht die gleiche Verantwortung dafür tragen. Er hatte ja gar nicht genug Überblick oder Einblick, als daß man ihn überhaupt zu grundsätzlichen Entscheidungen zugelassen hätte, im Gegensatz zu dem Menschen, der zu dieser Zeit schon erwachsen war, der schon zahlreiche Erfahrungen und konkrete Möglichkeiten und Gelegenheiten hatte, ›mitzureden‹. Diese Leute sollten sich die Frage der Schuld stellen, und ich weiß, daß einige sie sich tatsächlich stellen, und zwar umso dringlicher, je offener sich das ganze System innen und nach außen hin in seinen unmenschlichen Ausmaßen offenbart und je mehr es sich von seinen ursprünglichen Vorstellungen entfernt. Und ich habe den Eindruck, daß diese ganze tiefe negative Erfahrung viele meiner Weggefährten – von den älteren wollen wir gar nicht reden – merklich desaktiviert, sie in private Interessen und Sphären treibt. Das gilt auch für einen großen Teil der ausgeschlossenen Kommunisten. Ihre Enttäuschung und Desillusionierung ist wirklich tief. Zum Glück reagiert ein bestimmter Teil von ihnen auf diese bittere Erkenntnis mit Aktivität, einige, als wollten sie es vor sich selbst und den anderen wiedergutmachen, daß sie sich damals nicht geregt, nichts Wesentliches getan hatten. Aber konnten sie denn? Wo wären sie heute? Wären sie überhaupt noch da? War es möglich, in stichhaltiger Weise Einspruch zu erheben und wirklich kritisch zu wirken, wenn der Dämon des Beifalls und der Moloch der Macht das ganze Feld beherrschten? Und wenn sich überdies uns nur bestimmte Seiten des Systems als schlecht, verzerrt offenbarten, und andere im Gegenteil als höchst positiv? Wenn es uns so schien, wir überzeugt waren, daß die Gesellschaft sich vorwärts bewegt, und daß es möglich ist, die positiven Seiten allmählich, ruhig aber sicher zu entwickeln und zu stärken? Wenn wir wußten, daß in der Partei Leute sind, denen es aufrichtig um den

Sozialismus geht – um den guten, unverzerrten – und die auf verschiedenen Ebenen und in verschiedenen Bereichen diese guten Seiten entwickeln und tatsächlich etwas für den Fortschritt leisten?
Vor einiger Zeit traf ich mit einem interessanten Menschen zusammen, einem hervorragenden Biologen. Er war seit 1932 Parteimitglied und rang um das Ideal des Sozialismus, das er in früher Jugend angenommen hatte, selbstlos, mit allen Risiken und ohne Vorteile davon zu haben. Den Krieg überlebte er im KZ. Im Jahre 1970 sagte er über seinen Parteiausschluß: ›Ich bin damals in eine andere Partei eingetreten. Übrigens gab es wohl immer schon zwei Parteien in einer: Was die Interessen angeht, die Erfahrungen und Erkenntnisse, die menschlichen Typen und Qualitäten. Gottseidank, ich ging mit der besseren Partei.‹ – Viele sind in diese bessere Partei eingetreten. Ihr Programm knüpfte vor allem in seinen humanistischen Dimensionen an ihre kontrastierenden sozialen Erfahrungen an, an ihre politische Kritik, an die Sehnsucht nach einer besseren, menschlicheren Welt. Deshalb bekannten sich so viele Intellektuelle zur Partei, sogar vor dem Krieg, doch hauptsächlich danach. Wir erlebten den Krieg als Kinder, für viele von uns war das schon ein drastisches, dramatisches Erlebnis. Das Jahr 1945 erlebten wir als fünfzehn- bis zwanzigjährige. Nach dem schrecklichen Krieg, nach der entsetzlichen Vernichtung von Menschen und Werten kam die Freiheit. Wir waren von ihr berauscht, glücklich, der Kontrast zwischen dem Krieg und der Hoffnung auf Freiheit – bestimmte dann lange unser Bewußtsein und Handeln. Und die Schatten, die wir da und dort wahrnahmen? Einige von uns waren kritisch, doch auch sie waren von diesem grundsätzlichen Kontrast bestimmt. Wenn ich dies sage, spreche ich von meiner, ausgeprägt sozialistischen oder kommunistischen Generation.

Die Schauprozesse zu Beginn der fünfziger Jahre erweckten nur in einigen von uns Zweifel und Fragen. Unser ganzes gesellschaftliches Klima, unser ganzes Wahrnehmungsvermögen und unsere Vision der Welt war für ein tieferes, wahrhaftigeres Erkennen nicht gerade geschaffen. Das Ausmaß des Erkennens, seine realen Möglichkeiten waren in unserer Generation sehr, sehr begrenzt. Unsere kritischen Erfahrungen setzten wir aus Splittern zusammen, aus einzelnen kurzen Berichten. Für mich war so ein erster Bericht die Bemerkung eines sowjetischen Soldaten. Er war im Mai 1945 bei uns einquartiert. ›Vater ist auch Arzt, so wie Sie‹, sagte er zu meinem Vater, ›aber er lebt schon zwanzig Jahre nicht mehr bei uns.‹ Ossips Vater war als angeblicher ›Trotzkist‹ auf die Insel Sachalin verbannt. Einen ähnlichen Bericht hörte ich von einem Tschechen, der im Rahmen von Interhelp nach Rußland ging und dort eine Reihe von Jahren blieb. Er kam in ein Lager, wo er mit Kommunisten und Nichtkommunisten und gläubigen Christen zusammensaß. Auch meine Verwandten wurden bei der Kollektivierung als Kulaken bezeichnet und aus dem Dorf gejagt. Mein Onkel wurde wegen vierzig kg nicht abgelieferten Weizens und einer alten rostigen Flinte für zwei Jahre eingesperrt. Mir kamen deshalb Zweifel, grundlegende Zweifel, ich wußte, dies ist nicht richtig, aber ich sagte mir: ohne diese Zweifel und dieses Unrecht wird es wohl nicht gehen ... obwohl ich immer dazu neigte, die Dinge optimistischer, positiver zu sehen. Der Kontrast zwischen dem Krieg und der Freiheit, die kommen sollte, machte uns blind. Waren wir schuldig? Später, etwa im Jahre 1954, öffneten mir Freunde, die vom Studium in der Sowjetunion zurückgekehrt waren, während ausführlicher Debatten über das Leben dort die Augen, so daß Chruschtschows Entlarvung für mich schon kein Schock mehr war. Viel erfuhr ich auch bei einem Polenbesuch und bei Diskus-

sionen mit polnischen Studenten kurz vor dem *Pázdiernik*[1]. Wir sahen ständig die Möglichkeit einer Wiedergeburt vor uns. Irgend etwas in der Luft erweckte Hoffnung. Allmählich reifte das Programm der Kultur-Demokratisierung, der Lokkerungen im Bereich des wissenschaftlichen und künstlerischen Schaffens, der Demokratie, des wirtschaftlichen Lebens, des Lebens in der Partei und in der Politik überhaupt. Erst damals trat ich in die Partei ein, in der Überzeugung, man könne etwas machen, es würde möglich sein, das, was mir am Leben hier nicht gefiel, langsam zu verändern.
Als es zu den Enthüllungen der ›Justizirrtümer‹ der fünfziger Jahre kam, stellten sich viele Leute die Frage der Schuld. Jiří Hendrych[2] sagte damals in der Parteivertretung: ›Wir sind alle schuldig, Genossen.‹ Die meisten von uns konnten diese Beschuldigung nicht annehmen. Diese Schuld war schließlich verschieden groß! Die Parteimitglieder, die zu den Häftlingen sagten ›Gestehe, du hilfst damit der Partei‹ und die dann ihre Hinrichtung zuließen, trugen doch eine weit größere Schuld als wir Studenten, die wir fast nichts wußten. Es mußte ein Stoß, eine Erschütterung kommen, damit wir etwas erfuhren und diesen Greueln glaubten.
Mit zeitlichem Abstand, nach neuen Erlebnissen, Erfahrungen und Erkenntnissen wird mir heute weit mehr bewußt, wie wir schon damals durch andere Vorgänge determiniert waren, durch globale Prozesse anderswo, die wir bei unserem Engagement für ›die Sache‹ und bei der unzureichenden Erkenntnis schwer, sehr schwer auseinanderhalten konnten.

[1] *Pázdernik,* deutsch Oktober, Anspielung an den Oktober 1956, als es in Polen zu Unruhen kam, und Wladislaw Gomulka, kurz zuvor noch Häftling, als »Retter« des Volkes an die Macht kam.

[2] Jiří Hendrych, vor 1968 ZK-Sektretär der KP, zuständig für Kultur. Ein ziemlich unbeholfener Dogmatiker, der stets jedoch die richtige Parteilinie zu verfolgen und zu befolgen verstand.

Wie oft sage ich mir: diejenigen, die ›gezeichnet‹ waren, die ›eins auf den Hintern bekommen hatten‹, lange vor uns, waren in gewissem Sinne besser dran. Sie hatten keine unfruchtbaren, ja schädlichen Illusionen. Aber sie wurden hinausgeworfen, viele aus ihrer Heimat vertrieben. Sie waren eigentlich nicht beteiligt. In vieler Hinsicht waren sie vielleicht glücklicher dran, aber zweifellos sind sie auch um vieles gekommen.«

»Was hat deiner Meinung nach die Charta 77 den Chartisten gegeben? Und was dem ganzen Land?«

»Die Charta 77 zeigte und bezeichnete vor allem den Weg aus dem moralischen Sumpf, der sich in unserer Gesellschaft nach dem Jahre 1970 auszubreiten begann. Was auf einer Lüge aufgebaut ist, kann keine hehren Ideen und kein anständiges Verhalten hervorbringen. So kann es nicht mehr weitergehen, sagten wir uns. Die Charta flammte auf wie ein Stern, wie eine neue Hoffnung. Zu Beginn der siebziger Jahre sagten wir herausgeworfenen Kommunisten uns: nur starke Persönlichkeiten können gegen Unsinnigkeiten, Unrecht und Unmoral Stellung beziehen. Josef Smrkovský[1] war der erste, der sich so verhielt, ihm gebührt große Anerkennung. Nach ihm kamen dann weitere. Wir schrieben Briefe, wir machten die führenden Funktionäre aufmerksam, wir protestierten einzeln und in Gruppen. Die Charta 77 übertraf alle unsere Erwartungen, mit ihrem Echo, ihrem Effekt und vor allem mit der Gruppenbildung vieler Menschen, bekannter und bisher unbekannter, Menschen verschiedener Meinungs- und Berufsrichtung, die beträchtliche Risiken und Verantwortung für bürgerliche Kollektiv-Kritik auf sich nahmen. Nach langen Jahren taten sich Kommunisten, Christen, radikale Sozialisten, Schriftsteller und Arbeiter zusammen und kamen

[1] Josef Smrkovský, einer der führenden Männer des Prager Frühlings 1968.

einander näher. Ohne jedwede Möglichkeit öffentlicher Versammlungen oder Mitteilungen und unter der Gefahr polizeilicher Ausschreitungen und Drohungen entstand etwas, das vielleicht nur in Böhmen entstehen konnte.
Was die Charta dem ganzen Land gab? Ich möchte nicht übertreiben. Ich kenne, zumindest glaube ich das, die Lebenseinstellungen und Ansichten unserer Leute, und ich weiß auch, daß viele von der Charta nahezu nichts wissen, oft nichts wissen wollen, sich nicht dafür interessieren. Aber für einen beträchtlichen Teil derer, die unsere gesellschaftliche Wirklichkeit kritisch sehen und denen daran liegt, in welchen Verhältnissen wir leben und leben werden, ist die Charta die Gewähr, daß sich vielleich doch etwas ändern wird. Daß da ein kleines Grüppchen besteht, eigentlich schon über Tausend Menschen, die, wenn auch ohne Macht, sich etwas ausdenken, etwas zu bewirken vermögen. Zumindest geben wir Einzelnen und vielleicht auch Gruppen den Anstoß, sich nicht von den Spinnweben der bürokratischen Netze einwikkeln zu lassen, sich um die ihnen zustehenden und auch um die sozusagen überflüssigen Rechte zu bemühen, sich um andere Menschen zu kümmern. Allein das Wissen, daß es solche Menschen wie die Chartisten gibt, die sich um etwas Gutes bemühen, hat großen menschlichen Wert. Weil Kafkas und Orwells Welt schon längst keine literarische Fiktion, keine Absurdität mehr ist, sondern absurde Realität, die nicht nur uns, auch der übrigen Welt droht. Ihre Invasion ist gefährlicher als jede andere. Jeder verantwortungsbewußte Mensch muß ihr die Stirn bieten. Und sei es nur schrittweise auf seinem eigenen Betätigungsfeld.«
»Und was gibt es weiter in der Charta? Hältst du Polemiken für eine Krisenerscheinung oder für ein Suchen?«
»Das möchte ich kurz und bündig ausdrücken: Man muß den Vogel-Strauß-Komplex loswerden. Wir dürfen nicht glau-

ben, daß das, was wir niederschreiben, Wirklichkeit ist. Daß das, was geschrieben wird, schon gegeben ist. Besonders in unseren Verhältnissen, wo wir ohne breitere Kommunikationsmöglichkeit sind, ist das wieder eine irrige, sehr verführerische Illusion. Außer den Texten, die völlig mittelalterlichen Hindernissen zum Trotz nur in Maschinenabschriften ›so oft es geht‹ in der *Edice Petlice* erscheinen, außer unseren Zusammenkünften, müssen wir uns mit kritischen und objektiv denkenden Bürgern treffen und uns Gelegenheiten für laufende Bürgerdebatten schaffen, Anstöße geben und kritisches Denken in unserer Umgebung pflegen. Wenn der offizielle Rundfunk, die Presse und das Fernsehen diese hochnotwendige Kritik an den wesentlichen gesellschaftlichen Problemen nicht betreibt, muß man Ersatz finden. Manchmal fällt mir sogar ein, man sollte zu den Bildungszirkeln der siebziger Jahre des vergangenen Jahrhunderts zurückkehren. Das klingt zwar naiv, ratlos, aber wenn man uns schon in die Zeit vor Gutenberg zurückdrängte, warum dann nicht gleich bis zu Pecka und Zápotocký[1]? Natürlich auf einer anderen Ebene ... Und was die Polemiken angeht, sie haben zweifellos ihren Sinn im Austausch von Meinungen. Aber ich glaube, wenn sich unser Wirkungsbereich und unsere Arbeitsmethoden ausweiten würden, sähen auch unsere Polemiken anders aus, sie wären fester verankert, realer.«

»Du bist Soziologin. Ich will sagen – du siehst die Welt objektiver, du hast dafür den geschulten Blick deines Berufs. Was wären deiner Ansicht nach die wirksamsten Aktivitäten, um die Verhältnisse zu verbessern?«

»Wenn ich an die internationalen Probleme denke, vor allem

[1] Josef Boleslav Pecka Strahovský, 1849–1897, Arbeiterjournalist, Ladislav Zápotocký, 1852–1916, einer der führenden Persönlichkeiten der tschechischen Arbeiterbewegung, Vater von Antonín Zápotocký, 1953–1957 Präsident der ČSSR.

die Verschärfung der Beziehungen der Länder untereinander, die Invasionen, die terroristischen Aktionen und Erpressungen durch Geiselnahmen, überhaupt die gemeinsamen Anstrengungen verschiedener Staaten und Nationen um Einhaltung der Menschenrechte, sehe ich als wichtigste Aufgabe, die Verbreitung und Pflege des ›Reichs der Freiheit‹, der Freiheit unter den Menschen und im Menschen an. Den Leuten zeigen, ihnen sagen, daß sie innerlich frei sind, sein können, sie die Freiheit lehren, auch wenn die Bedingungen für ein tatsächliches Leben in Freiheit und Wahrheit hier miserabel sind. Und auch diese Bedingungen langsam, schrittweise ändern und neu gestalten. Das ist eine Sisyphus- nicht nur eine Ameisen-Arbeit, aber wenn wir fleißig sind... Befreien müssen wir uns selbst, vor allem innerlich. Darum hat jede noch so geringe Arbeit, die wir verrichten oder verrichten sollten, immensen Wert, vor allem die freiheitsliebende und aufgeklärte Erziehung der Kinder und Jugendlichen, aber auch der Erwachsenen, nicht wortreich, sondern eher beispielgebend, andeutungsweise, das Wachrütteln und Aufrufen zu bürgerlichen und menschlichen Aktivitäten verschiedenster Art, vom Schutz der Natur und des Lebensraums bis zur Durchsetzung der Rechte. Das sind Samenkörnchen, aus denen einmal ein schöner, gesunder Wald erwachsen könnte. Und du sagst ›als Soziologin‹ – die bin ich schon lange nicht mehr, und wer weiß, ob ich sie je war... doch als Soziologin also sollte ich konstatieren: Diese Variante des Systems ist mangelhaft; solange sie sich nicht grundlegend verändert, bleibt es nur Flickwerk. Doch was geschieht, wenn es sich noch lange nicht ändert? Was tun? Ich sehe nur eine einzige Möglichkeit: Die Menschen zum Besseren zu verändern. Das menschliche Potential pflegen, die Kultur im weitesten Sinne, die Moral, das freie Denken und Handeln. Vom Wunsch und vom Gedanken bis zur Tat, und sei es auch die kleinste, hat es jeder Mensch weit. Erst wenn sich unsere heutige politische Variante dem größten Teil der Menschen wie auch den Systemträgern selbst als unsinnig und funktionsunfähig erweist, beginnt man zu verändern, zu reformieren. Es gibt Leute, die einen wirtschaftlichen Zusammenbruch erwarten; nicht, daß sie sich ihn wünschten, sie stellen dies nur fest. Viele Anzeichen deuten auf einen solchen Zusammenbruch, ich selbst glaube aber nicht, daß es in absehbarer Zeit dazu kommt. Dieses System hat sich eine Menge Umverteilungs-, Rettungs- und Sicherheitsmechanismen geschaffen. Und noch mehr: Man hat den Leuten beigebracht, sich anzupassen und zu schweigen. Sie schweigen aus Angst, und sie schweigen um so mehr, als sie dauernd dieses Säbelrasseln hören. Das macht nichts, sagen sie, das halten wir alles aus, wenn nur kein Krieg kommt! Kurz und gut – die Menschen zum Besseren verändern, die Bürger erziehen, und das nicht nur durch Erzählen und Schreiben, sondern in gemeinsamer Tätigkeit, in gemeinsamen oder selbständigen und unabhängigen Bürgerinitiativen, in gewerkschaftlichen, sozialen, Bildungs-, Kultur- und Erholungsaktivitäten, im guten menschlichen Zusammenleben und freiem, nonkonformistischem Lebensstil, darin sehe ich die wirkungsvollste Art, die Verhältnisse zu verbessern.«

»Was stellst du dir selbst als wichtigste Aufgabe?«

»All dem Guten zu helfen, soweit meine Kräfte reichen.«

»Unterliegst du nicht manchmal dem Gefühl von Sinnlosigkeit und Angst, sagst du dir nicht – lieber hätte ich Ruhe von allem?«

»Aber natürlich! Jeder Mensch hat solche Augenblicke oder Perioden, in denen er sich am liebsten verkriechen und nur noch für sich sein möchte. Unsereiner befindet sich manchmal in Situationen – bei Verhören, Verfolgungen der Familie und der Freunde, bei sinnlosen Schikanen – daß man nicht nur das Gefühl von Sinnlosigkeit, sondern auch des Ekels vor

der Welt, vor irgend welchen Leuten hat... In all unseren Troubles kommt sogar der Selbsterhaltungstrieb zum Vorschein: Auf einmal spürst du, daß es für dich zu viel ist, und du mußt ein paar Tage aussetzen. Wir Frauen haben es gut, zu Hause gibt es immer genügend Arbeit und man kann sich leicht beim Geschirrspülen, Parkettbohnern oder beim Nähen entspannen. Oder einfach ausruhen. In die Natur gehen. Das ist überhaupt die beste Medizin.«
»Und deine Wissenschaft – hast du noch manchmal Zeit für sie?«
»Glaubst du, daß ich wirkliche wissenschaftliche Arbeit geleistet habe? Es war mehr Eklektizismus, Gelesenes mit eigenen Gedanken zu vereinen oder gegenüberzustellen. Nur ein paar Jahre hatte ich das Gefühl, daß ich zur Wissenschaft durchdringe, daß ich vielleicht ihre fleißige und interessierte Helferin werden könnte. Und dann war Schluß. Ignoranten und Technokraten haben uns die schöpferische Arbeit, die wir liebten, genommen. Seither habe ich Berge von Artikeln und Büchern übersetzt, manchmal nur für mich, manchmal auch für Geld, ich schrieb selbst einige Artikel, die meisten unter anderem Namen, nicht einmal die Übersetzung einer Studie durfte ich mit meinem Namen zeichnen, sonst hätte sie nicht erscheinen dürfen. Aber zu einer systematischen schöpferischen Arbeit komme ich kaum. Ich habe einiges geschrieben, es sind Torsi. Ernähren muß ich mich meist mit einer völlig anderen Arbeit. Und das erschöpft einen viel mehr. Also suche ich und finde allmählich meine eigene Strategie, die, so glaube ich, jetzt und hier die einzig richtige ist: Beschränke deine materiellen Bedürfnisse auf ein Minimum, so wirst du weniger abhängig, und tue geistig mehr für dich. Und auch für andere...

15. März 1980

Dana Němcová:
»Das Leben in der Gemeinschaft gestaltet sich durch Einsatz des einen für den anderen«

Vom Innersten ihres Wesens verraten die meisten Menschen auch in einem langen Gespräch wenig. Manches dringt nur durch ein Wort, eine Geste, eine Handbewegung nach außen. Es ist durchaus nicht so, daß alle Masken tragen, nur decken die Spuren des Lebens oder des Berufes vieles an ihnen zu. Frau Dana Němcová war mir anfangs nur aus den Prozeßberichten, von Fotografien und aus kurzen Artikeln über sie bekannt. Auf dem Gang des Gerichtsgebäudes hörte ich ihre Kinder liebevoll über sie reden. Ich hatte mir also ein gewisses Bild von ihr gemacht, und als ich sie dann im Laufe dieses Gesprächs persönlich kennenlernte, war mir, als hätte ich an ein Geheimnis gerührt.

So oft ich mich ihr gegenübersetzte oder mit ihr durch die abendlichen Straßen zu der Schule ging, in der sie putzte, war mein grundlegender Eindruck – liebenswürdige Ausgeglichenheit. Und nicht etwa jene äußerliche Gewandtheit, die auf alles eine souveräne Antwort weiß, nein. Hier gab es keine lauten und erregten Worte. Hier wurde bewußt erlebt und dann gesprochen. Der Gesamteindruck ihrer Persönlichkeit beruhte auf dem harmonischen Einklang zwischen Wort und Tat. Das ist eine große Gabe, und wer sie besitzt, lebt nahe an den Quellen des Lebens. Deshalb – so scheint es mir zumindest – verwirklicht sich allgemein das Bestehen der menschlichen Existenz und wird gerade durch die Oszillation zwischen Wort und Körper, zwischen Denken und Handeln, zwischen sich Entfernen und Annähern ermöglicht. Dort irgendwo in einer nicht wahrnehmbaren Mitte, spüre ich das Geheimnis des Lebens.

Wäre ich also nicht zu Frau Dana Němcová aus beruflichem Anlaß gekommen, hätte sie mich unwillkürlich gezwungen, zurückhaltender zu sein, sie langsamer und gründlicher kennenzulernen, und ich hätte ihre Unlust, von sich zu sprechen, respektiert. So aber mußte ich sie mit meinen aggressiven Fragen fast bombardieren, damit sie sich zu einer Antwort provoziert fühlte. Aber dennoch bin ich froh, daß ihre Stimme in diesem Buch zu hören ist.

(Für den nicht eingeweihten Leser: Frau Dana Němcová wurde im Prozeß gegen die Chartisten Ende 1979 zu einer Gefängnisstrafe mit Bewährung verurteilt. Aus diesem Grund habe ich Fragen über den Prozeß und ihre Haft vermieden.)

»Frau Dana, Sie haben Ihr Psychologiestudium an der Philosophischen Fakultät abgeschlossen. Haben Sie auf die Möglichkeit, als Psychologin zu arbeiten, Ihrer Kinder wegen verzichtet?«

»Meinem Studium der Psychologie ging nicht die Entscheidung voraus, als Psychologin zu arbeiten. Ich wußte damals nicht so recht, was ich tun sollte, und da das Komotauer Gymnasium keine sogenannte Richtzahl für die Philosophische Fakultät erhielt, erwog ich sogar ein Studium an der tschechoslowakischen Theologischen Fakultät. Man begrüßte mich dort wärmstens und bot mir sogar ein Stipendium und eine Internatswohnung an, doch ich überlegte – was, wenn sich im Laufe des Studiums meine Beziehung zu Gott oder dem Glauben irgendwie anders entwickelte, wie würde ich dann den Beruf einer tschechoslowakischen Pfarrerin ausüben können? – und so ging ich nicht hin. Ein Jahr später, als ich in der zweiten Klasse Volksschule Unterricht gab, traf ich zufällig jemanden, der mir von der Möglichkeit eines Psychologiestudiums erzählte. Das interessierte mich, und ich fuhr nach Prag, um mich zu erkundigen. Das Studium selbst nahm ich dann als Ausgangspunkt, als Vorbereitung für das Leben, ich hatte keine direkte Neigung, mich als Psychologin zu betätigen. Ich wollte mit Hilfe der Psychologie eine tiefere, kenntnisreichere Beziehung zu den Menschen finden, die grundlegenden Fragen der menschlichen Existenz verstehen lernen.«

»Sie legen so starken Nachdruck darauf, daß Ihr Handeln nicht zielgebunden sei, was mich zu der Frage herausfordert: Sie bedenken nie etwas im Hinblick auf ein Ziel? Sie entscheiden sich ganz spontan?«

»Vielleicht könnte man sagen, daß ich mehr die Richtung und den Sinn als das Ziel selbst bedenke. Und was die Psychologie betrifft – mir lag nie daran, irgendeine Position zu erreichen. Mich interessierte hauptsächlich die klinische Psychologie. Führende Fachkräfte hielten bei uns Vorlesungen, zum Beispiel hervorragende Kenner der Kinderpsychiatrie. Professor Doležal aber, in dem Bestreben, die Kontinuität der Zusammenarbeit zwischen Pädagogen und Psychologen zu erhalten, entschied, daß ›drei Mädchen meines Jahrgangs Erziehungspsychologie machen sollten‹. Und ich, an klinischer Psychologie besonders stark interessiert, studierte beide Fächer. Meine Diplomarbeit wählte ich aus dem Grenzbereich dieser beiden Fächer – Psychische Komplikationen bei rheumatischen Herzentzündungen von Kindern. Professor Mertl, mein Opponent, bot mir eine Stelle an, aber ich war damals wieder schwanger, und Professor Doležal sagte beim Staatsexamen zu mir: ›Ich gratuliere Ihnen, aber ich wünschte, Sie würden Ihre außerordentlichen Fähigkeiten besser ausnützen.‹ Ich muß gestehen, daß ich diese Einstellung persönlich für ein Unrecht hielt und allgemein für einen außerordentlichen Mangel an Verständnis für die Psychologie allgemein.«

»Daß er den Anspruch vertrat, sich mehr der Wissenschaft als den Kindern zu widmen?«

»Mein Ehrgeiz hielt sich in Bahnen.«

»Sie hatten schon drei Kinder?«

»Zweiundeinhalb. Ich unterschätze die Wissenschaft nicht. Ich glaube, daß sie den Menschen hilft. Allerdings ist manchmal die Notwendigkeit zu helfen viel unmittelbarer, konkreter, zum Beispiel den eigenen Kindern gegenüber. Ich bemühte mich jedoch, nach Beendigung des Studiums, trotz der Kinder, um einen Teilzeitjob als Psychologin. Zum Beispiel arbeitete ich bei so einer Gelegenheit, da es noch keine Planstelle für einen Psychologen gab, an Untersuchungen von Logopäden in der Kinder-Phoniatrie[1] und bewies die praktische Nützlichkeit der Psychologie insoweit, daß mein Teilzeitjob als Psychologin zu einer vollen Planstelle ausgeweitet wurde, die ich dann für eine Kollegin freimachte, weil sich inzwischen auch meine Familie vergrößert hatte. Zu der Zeit, als mein Jüngster, Jakub, in die Schule kam, arbeitete ich bei taubstummen Kindern. Auch dieses psychologische Feld war unbearbeitet, die Arbeit machte mir Freunde und brachte Erfolg, ich hatte große Forschungspläne für die Bereiche Erziehung und Psychotherapie. Diese Stelle mußte ich allerdings im Jahre 1976 aufgeben, ebenso die Stellung als Psychologin in der Studentenberatung, wo ich jahrelang an den Abenden tätig gewesen war. Es war das Jahr des Prozesses gegen die Musiker aus dem Kreis der *Plastic People.* Ich war öffentlich für diese Freunde eingetreten und mußte das damit ›bezahlen‹. Ich bedauere nur, daß meine Arbeit für die taubstummen Kinder niemand anderer übernommen hat. Heute, da ich mich meinem Beruf widmen könnte, muß ich sogar um meine Stellung als Putzfrau bangen.«

[1] Stimmen- und Sprachheilkunde.

»In unseren Verhältnissen ist es sehr ungewöhnlich, sieben Kinder zu haben, vor allem, wenn die Mutter Hochschulabschluß hat. Manche Frauen, die sich zu zwei, maximal drei Kindern entschließen, überlegen nüchtern: Was kostet ein Kind? In was für eine Welt bringe ich das Kind? Manche aber versuchen aufrichtig, das Gleichgewicht zwischen Lebensbewährung und Mutterschaft herzustellen. Hat es Sie völlig befriedigt, sich viele Jahre hindurch überwiegend Ihren Kindern zu widmen?«
»So kann man das nicht sagen. Es ist kein Programm, Kinder zu haben. Sie kamen, und ich habe das akzeptiert. Als eine gute, selbstverständliche Situation. Es interessierte mich, was sich als Weg öffnet, nicht als Ziel. Das, soweit es um die Kinder geht. Richtungweisend war für mich das Öffnen einer Perspektive. Und auf diesen Wegen habe ich eher auf die Beschaffenheit jeder dieser Wege geachtet, als daß ich mich bemüht hätte, ihnen eine gewünschte Richtung zu geben. Als ginge man durch eine Landschaft – man blickt sich um, ohne das Verlangen zu haben, den Weg in eine Autobahn zu verwandeln. Das ist ein Dienen, ein Begriff, der unpopulär geworden ist. Doch würde ich ihn als Bereitschaft des Menschen sehen, sich der Situation anzupassen, die ihm begegnet.«
»Und auf diese Situation zu warten?«
»Das ist keine Passivität. Ich führe nur diese Situation nicht herbei. Doch wenn ich ihr begegne, setze ich mich voll ein. Normalerweise haben die Menschen einen Plan für sich und durch ihn sind dann die Beziehungen zur Umwelt bestimmt, nach diesem Ziel sind sie ausgerichtet. Ich bekenne mich zum Aufenthalt, zur Bewegung in der Struktur der Welt. Schauen und sich beteiligen, ohne daß ich einen Plan hätte, irgend etwas zu erreichen, durch das ich mich verwirklichen könnte.«

»Das ist sehr allgemein. In der Realität sieht Ihr Offensein, Ihr Annehmen und Ihre Beteiligung so aus, daß Sie sich eines jeden Geschöpfes annehmen, das sich an Sie wendet und Ihr Äußerstes tun, um ihm zu helfen?
Wer ist zum Beispiel dieser Junge, der nebenan im Zimmer Ihres Sohnes liegt?«
»Man hat ihn aus der Neurologie entlassen, die Mutter kann ihn nicht nach Hause nehmen, da sie krank ist und zudem darauf wartet, daß man ihr Kohle liefert. Sie hat nichts zum Heizen, so ist sie also mit dem Jungen bei uns.«
»Wieso machen Sie das alles? Ist es Ihnen ein Bedürfnis?«
»Ein Bedürfnis, sicher, das ich mir allerdings auch erarbeitet habe.«
»Sie haben mir hier einen Domažlicer Hochzeitskuchen angeboten, ein Mädchen brachte ihn, dem Sie auch einmal geholfen haben. Sie schenkte Ihnen dort diesen blauen Stoff und fügte hinzu, sie könne sich erinnern, daß Sie einmal sagten, daß Blau ihre Lieblingsfarbe sei. Sie konnten sich daran nicht mehr erinnern.«
»Wahrscheinlich. Ich muß allerdings gestehen, daß ich mir aus Kleidern nichts mache.«
»Sie erzählten mir, wie Sie sich in Ihrem Wochenendhaus den Fuß gebrochen hatten, er tat Ihnen weh, ein Spiralbruch, wie sich später herausstellte, aber weil es mitten in der Nacht war, warteten Sie mit der Fahrt zum Arzt bis zum Morgen. Warum?«
»Ich wollte die Kinder nicht wecken, die hätten wieder jemanden geweckt, der ein Telefon hat, und der wieder die Sanitäter ...«
»Also sind Sie opferfreudig? In Ihrer Opferbereitschaft denken Sie an die anderen?«
»Ich mag keine Opfer. Vor allem vor den Kindern möchte ich nicht als Mutter dastehen, die sich opfert. Was ich nicht mit

Freude machen kann, das mache ich nicht. Ich mache mich nicht zum Sklaven.«

»Wie haben Sie Ihre Kinder erzogen? Haben Sie sie in irgendeiner Weise geführt?«

»Die Erziehung war gegenseitig. Ich erzog die Kinder, und die Kinder erzogen mich. Ich halte es für das Wichtigste, Kindern keinen Zwang aufzuerlegen. Ihnen vielmehr zu helfen, einen Freiraum zu finden, der dem Kind am ureigensten ist und darin eine liebevolle Umgebung zu schaffen. So kann sich der Mensch am ehesten zu einer Persönlichkeit entwickeln. Dem Kind Zeit, Raum und Kredit gewähren.«

»Sie haben gute Kinder. Sie wirken ausgeglichen, ruhig.«

»Eines hat ihnen aber meine nichtrepressive Methode eingebracht: Meine Kinder haben keine Ellbogen. Sie können sich nicht durchsetzen. Jeder Weg hat sein Risiko, und es kann mir einmal jemand vorwerfen: Du bist verrückt! Aber ich kann nicht anders.«

»Erzählen Sie mir von jedem Kind etwas.«

»Marketa ist vierundzwanzig und ledig. Sie wäre gern Gärtnerin geworden, nachdem sie schon nicht studieren konnte.«

»Hat sie die Lehre beendet?«

»Nein, das nicht. Nach dem Abitur ging sie in den Botanischen Garten arbeiten. Im Veleslavíner[1] Krankenhaus arbeitete sie gleichfalls im Garten, doch jetzt versetzte man sie den Winter über ins Haus als Helferin, sie haben zu wenig Personal. Die Krankenhauserfahrung ist schwer, Marketa sieht Menschen leiden, sterben. Meine Kinder haben den Vorteil, daß sie es verstehen, selbst dem Schlimmsten etwas Positives abzugewinnen. Sie gehen an nichts gleichgültig vorbei, sie verstehen es, alle Erfahrungen zu verwerten.«

[1] Veleslavín, Stadtteil von Prag.

»Dann ist Jana da, sie ist dreiundzwanzig, seit drei Jahren verheiratet und hat einen Jungen, den drei Monate alten Stefan. Ehe Stefan zur Welt kam, arbeitete sie als Schwester in einem Säuglingsheim.«

»Lebt sie mit ihrem Mann auch hier bei Ihnen?«

»Sie haben jetzt ihre eigene kleine Wohnung. Aber sie besuchen uns oft. Ihr Mann ist Musiker, er spielt bei den *Plastic People.*«

»Die dritte ist Paula, sie ist zweiundzwanzig. Sie hat das Abitur gemacht, aber sie arbeitet durchweg als Putzfrau. Neben der Arbeit besucht sie eine Sprachenschule. Ondřej ist zwanzig, er hat als Reprotechniker ausgelernt, die Photographie interessiert ihn sehr. Er hat einen kleinen Jungen, Samuel.«

»Und die Schwiegertochter lebt mit Samuel bei Ihnen?«

»Ja. Dann ist noch David da.«

»Das ist der, dessen Bilder überall in Ihrer Wohnung hängen?«

»Ja. Seine Malerei kommt mir so vor, als führe er bereits weggeworfene und verkannte Dinge erneut irgendeiner Ordnung zu. In diesem Jahr beendet er seine Ausbildung als Kunst-Gürtler.«

»Wie sind Sie auf so ein schönes Handwerk gekommen?«

»Es ist mir so eingefallen ... es war schwer, etwas Passendes zu finden. Ich erfuhr von einer Werkstatt der Caritas.«

»Die vorletzte ist Veronika, sie ist sechzehn. Sie absolviert einen Zwei-Jahreskurs für Kunsthandwerk, sie lernt Klöppeln, Spitzenstickerei, Weben.«

»Sie werden im Kunsthandwerk eine autarke Familie sein.«

»Jakob, der Jüngste, geht noch in die Grundschule.«

»Die Kinder ähneln Ihnen in ihrer Lebenseinstellung, nicht wahr? Keines hat die Phase der Anti-Eltern-Rebellion durchgemacht?«

»Möglicherweise Jakub. Ich weiß es noch nicht. Es könnte ihm einmal schaden, daß er keine Ecke hat, die ihm gehört, daß er in sein Bett steigen will, und irgendeiner schläft darin.«

»Neben Ihren eigenen Kindern haben Sie auch eine Menge fremder Kinder. Patenkinder, junge Freunde, Kinder Ihrer Freunde. Können Sie sagen, wieviele es sind?«

»Viele. Bei uns ist immer jemand im Haus.«

»Wer wendet sich hauptsächlich an Sie?«

»Junge Leute. Sie wenden sich an mich in der Zeit des Heranwachsens, im kritischen Alter der Mißachtung aller Werte ihrer Eltern. Sie werden allmählich meine Freunde und helfen wiederum mir. Oder Menschen in verschiedenen Krisensituationen. Oder Leute, die ›nur so‹ vorbeikommen, um sich zu unterhalten, ein Weilchen sitzen zu bleiben.«

»Kommen sie von selbst?«

»Ja. Ich habe mir meinen Kreis nicht ausgesucht, eher haben die Leute mich gesucht und gefunden. So war ich eigentlich ständig unter jungen Leuten. Aber es scheint mir unpassend, nur von mir zu sprechen. Heute wie früher waren auch meine Kinder auf ihre Weise immer für die anderen da.«

»Und welcher Kreis ist nicht der Ihre?«

»Vielleicht bin ich in intellektuellen Kreisen etwas unsicher. Ich möchte ungern einen falschen Eindruck erwecken, der Mensch muß sich bilden, muß seine Intelligenzkapazität einsetzen, aber die Bildung allein nützt ihm nichts, wenn sie nicht dem Zweck dient, besser unter den Menschen leben zu können. Mich hat Bildung immer nur in dem Sinn interessiert, soweit sie sich zum Nutzen anderer verwenden ließ. Ich erkenne Bildung um der Bildung willen nicht an. Leute, die mit mir zusammenkommen, verständigen sich entweder mit mir oder nicht. Ich kann ihnen erklären, daß ihr Weg nicht die einzige Möglichkeit ist, daß es auch andere Wege gibt. Verständigen wir uns nicht, beeinflußt mich ihre Einstellung in keiner Weise. Aufgeschlossene Menschen beeinflusse eher ich. Aber worauf die Menschen nicht selbst kommen, da habe ich kein Recht dazu, ihnen etwas zu geben oder es ihnen zu nehmen. Und außerdem – was könnte ich ihnen schon geben! Ich habe nichts als meine Teilnahme. Ich überlasse es ihnen, ob sie meinen Rat annehmen.«

»Also sind Sie nicht vom Stolz der einzigen Wahrheit bedroht?«

»Ich habe überhaupt kein Gefühl von Überlegenheit. Und es wäre absurd, den Leuten irgend etwas aufzuzwingen. Da doch nicht einmal mein Weg klar vor mir liegt, auch ich tappe in Sackgassen, aus denen ich wieder zurückfinden muß. Mein Weg ist nicht ohne Risiken.«

»Eine konkrete Frage. Sie haben kein Bedürfnis nach materiellen Werten?«

»Überhaupt nicht. In keiner Weise. Besitz zu haben ist mir völlig fremd.«

»Sind Sie eine Asketin?«

»Nein! Ich freue mich über alles, was den Menschen runder, fröhlicher, sinnlicher macht.«

»Wenn ich mich in Ihrem Zimmer hier umsehe, gibt es viele Dinge, die auf mich heimisch wirken. Diese aufgeblühten Kastanienzweige, die Bilder Ihres Sohns David, dort die weißen Kacheln. Für Sie hat das alles doch irgendwelche Bindungen, Geschichte. Wie empfinden Sie das?«

»Ich habe keine Bindung an Gegenstände, ich konnte mich sogar in Ruzyň heimisch fühlen. Das Moment der Wurzeln ist etwas anderes als sich heimisch zu fühlen im üblichen Sinne.«

»Verzeihen Sie, wenn ich jetzt eine ganz triviale Frage stelle: Sie haben eine große Wohnung, eine Menge Leute gehen bei Ihnen aus und ein. Sie sagten mir, ich müsse die Schuhe nicht wechseln. Wie lösen Sie die Frage des Saubermachens? Parkettboden macht ungeheuer viel Arbeit...«

»Ich lasse mich nicht von diesen Dingen versklaven. Vor allem, als die Kinder klein waren und ich den Fußboden putzen mußte, stellte ich mir immer das Bild vor: Ich abgerackert vom Parkettputzen und die Kinder beiseitegeschoben. Die Kinder werden sich eines Tages nicht mehr daran erinnern, ob der Fußboden sauber war, sondern, daß Mama keine Zeit und schlechte Laune hatte. Und genauso ist es jetzt: Weil ich möchte, daß die Leute sich hier wohl fühlen, achte ich nicht darauf, ob sie Asche auf die Erde streuen. Und wenn es nötig wird, den Boden und die Fenster zu putzen, kommen alle und helfen mir, das hält dann wieder für eine Zeit vor.«

»Sie ordnen alles dem menschlichen Zusammenleben unter?«

»Der menschliche Lebensraum braucht die Atmosphäre der Gemeinschaft, die nicht an Dinge gebunden ist. Aber zugleich ist er von ihnen auch abhängig. Es zeigte sich zum Beispiel die Notwendigkeit, ein Haus zu kaufen. Keineswegs als Besitz, sondern als ein Dach über dem Kopf für Leute, die zueinander gehören, für ihr gemeinsames Leben, für Konzerte und Ausstellungen. In Rychnov wurde ein solches Haus aus einer Ruine wieder aufgebaut, ein zweites wurde auf diese Weise in Nordböhmen erworben. Die Jungen schafften es jedoch nur mit knapper Not, zehn Aktionen zu veranstalten, dann riß uns der Nationalausschuß das Gebäude nieder, in Nordböhmen kaufte es das Verteidigungsministerium auf.«

»Die Jungen?«

»Meist junge Arbeiter. Sie haben das Bedürfnis, zusammen zu sein und den Raum, der ihnen gehört, auch anderen zur Verfügung zu stellen. Ein Prinzip, das ich im Bereich einer

Familie wirken lasse, läßt sich auch im Bereich mehrerer Familien und mit größerer Reichweite realisieren.«

»Auf diese Weise kommen wir zum *Underground.* Frau Dana, entsteht das Leben in der Gemeinschaft als Programm?«

»Das Leben in der Gemeinschaft kann man nicht als Programm durchführen. Die Gemeinschaft an sich ist keine Ideologie, im Gegenteil, sie lehnt die Ideologie ab. Das Leben in der Gemeinschaft gestaltet sich durch den Einsatz des einen für den anderen.«

»Für so ein Leben müssen die Menschen aber irgendwie geeignet, vorbereitet sein. Das Leben in der Gemeinschaft muß sie anziehen.«

»In der Zeit des Heranwachsens werden die Werte, deren Träger die Erwachsenensphäre ist, umgewertet. Unter diesen Jungen gibt es sicher eine Menge Negativismus, aber es ist das Verneinen der Dinge auf der Grundlage einer bestimmten Wahl. Die Perspektive der geschlossenen Familie und das ambitionierte Streben nach bestimmten Massenbedürfnissen ist für sie unannehmbar. Sie lehnen die Realitäten, die entmenschlichen, ab. Das Leben in der Gemeinschaft ist für sie wichtiger als die Selbstbestätigung im Beruf oder der Besitz von Dingen.«

»Aus welchem Milieu kommen sie?«

»Sie kommen aus verschiedenstem Milieu. Und weil sie die vorgegebenen Forderungen nach Prosperität nicht erfüllen, sind es in der Mehrzahl Arbeiter.«

»Wieviele sind es?«

»Genug, und es werden immer mehr. Das ist das Herrliche daran! Unter Umständen fliegt durch den Äther eine Adresse – und die Leute kommen, wollen sich unbedingt kennenlernen, wollen sich beweisen, daß dieser Weg möglich ist und ihn schon einige Menschen gehen.«

»Ist das eine Bewegung?«

»Das hoffe ich. Aber es ist eine innere Bewegung, nichts Offizielles, es gibt keine Programme oder Parolen. Es ist eine Bewegung, die den Raum der menschlichen Koexistenz erschließt. Die Aera des Individualismus ist vorbei, die Menschen können unsozialisiert nicht leben. Sie suchen die Gemeinschaft, in der das Individuum nicht durch die Manipulation einer Macht zerstört wird. Von Bedeutung ist ihre Anspruchslosigkeit. Bescheidenheit bildet einen neuen grundsätzlichen Wert. Nichts bietet sich hier an. Nur das Grundlegende, was der Mensch geben muß und wieder bekommt, und das sich nicht kaufen läßt. Mitschöpferisch kann da sein, wer den grundsätzlichen Trend des Lebens begreift. Sobald er sich dagegen stellt, verschließt sich ihm dieser Weg.«

»Aber wenn das Ziel unwichtig und nur der Weg wichtig ist, wählen Sie sich da Ihren Weg nicht selbst?«

»Gewiß.«

»Wonach richtet sich diese Wahl?«

»Vor allem danach, was man nicht will. Der festgelegte Weg muß immer weiterführen und zwar so, daß man auf ihm im Einklang mit sich und den anderen Menschen steht.«

»Diese Doppelpoligkeit – ich und die anderen – bildet die Ganzheit Ihrer Definition?«

»Ja. Die menschliche Persönlichkeit entwickelt sich durch die Beziehungen zu anderen Menschen und im Aufrechterhalten dieser Beziehungen.«

»Und wie kann man im Einklang mit den anderen Menschen leben? Sie sagen durch die Liebe. Und wenn Sie jemand verrät? Sie hereinlegt? Sie mißbraucht?«

»Jeder Weg hat seine Risiken. Ich kann nicht ohne Vertrauen leben, und wenn das jemand mißbraucht, ist das seine Sache.«

»Aber es würde Ihnen leid tun, nicht?«
»Wahrscheinlich. Aber ich habe diese Möglichkeit von vornherein mit einbezogen. Ich kann vorher nicht ausschließen, daß dies eintritt. Wenn ein fremder Mensch zu mir kommt, von dem ich nichts weiß, riskiere ich, mißbraucht zu werden, aber diesem Risiko muß ich mich ausetzen.«
»Wären Sie in der Lage, sich zu rächen?«
»Ich bin unfähig zu hassen. Neulich dachte ich in einem Gefühl der Traurigkeit darüber nach, wovor ich mich aus tiefster Seele fürchte. Und es kamen dabei drei Dinge zum Vorschein: jede Form von Haß, Willkür und Dummheit.«
»Und wie kann man sich vor ihnen schützen?«
»Da kann der Mensch nur sich selbst einsetzen, eine andere Waffe gibt es nicht. Erkenntnisse können dem Menschen helfen, aber er darf sie nicht als Instrumente bei diesem Kampf einsetzen, als Instrumente sind sie untauglich. Er kann nur Beispiel und Zeugenschaft des Lebens geben, in dem für diese Übel kein Platz ist. Er kann höchstens ›seine Haut zu Markte tragen...‹«
»Und wenn man Ihnen anbieten würde...«
»Nein, nein! Ich will nichts!«
»...Sie wissen ja noch nicht, was ich sagen möchte. Wenn man Ihnen ein Heim anbieten würde, einen großen Zufluchtsort für junge Leute und Kinder, den Sie nach Ihren Vorstellungen leiten könnten...«
»...das allerdings würde ich annehmen. Nur bietet mir das niemand an. Also müssen wir von dem ausgehen, was wir haben und es zur Verfügung stellen, müssen uns solche Heimstätten selbst schaffen.
Wir haben ein Wochenendhaus von nur 36 Quadratmeter, dennoch sind jeden Sommer irgendwelche Kinder dort, die sonst keine Möglichkeit haben, aufs Land zu gehen, und an manchem Wochenende schläft sozusagen unter jedem Baum

einer unserer jungen Freunde. Oder wir wandern in den Ferien. Ich suche Orte aus, die vom Tourismus noch verschont sind, und wir gehen von Dorf zu Dorf, wir schlafen, wo es geht, kochen auf offenem Feuer, kaufen Milch und Eier von den Bauern, schlafen bei ihnen in der Scheune, reden mit ihnen über ihr Leben. So sind wir durch die Novohrad-Berge, den Böhmerwald, durch Südmähren gewandert, wir waren auch einige Male in der Slowakei. Nur im vergangenen Jahr blieb uns ein weißer Fleck auf der Landkarte.«

»Haben Sie für dieses Jahr schon eine Wanderung geplant?«

»Noch nicht, aber es wird langsam Zeit, daran zu denken.«

»Frau Dana, Sie würden wahrscheinlich mit schwerem Herzen ins Ausland gehen?«

»Freiwillig niemals. Man hat es mir schon zynischerweise angeboten, die Vorteile ausgerechnet, die für mich dabei herauskämen ...«

»Ich verstehe den Underground mit seinen Liedern, seiner Musik, seiner Literatur, seinen Bildern und den neuen Moral-Normen als die Schaffung einer anderen Welt, die dem schutzlosen Individuum eine nähere, naturgemäßere und für ihn rettende Kultur inmitten der bürokratisierten, totalitären und versachlichten Welt bereithält. Aber man sagt von den Leuten im Underground auch, sie seien Neurotiker, entwurzelte, schwache Menschen, unfähig, das Leben zu meistern, man spricht von ihnen als zersetzenden Elementen. Dazu würde ich gern Ihre Ansicht hören.«

»Zersetzende Elemente ... sie zersetzen Dinge, die das verdienen. Sicher leiden sie darunter, daß sie querliegen, denn es setzt sie neurotisierenden Elementen aus. Sie geraten in Konflikt mit der Familie, mit dem Arbeitgeber, mit der Schule. Nicht alle haben die Voraussetzungen, zu einer positiven Lösung und zu neuen kulturellen Wertmaßstäben zu kommen, aber auch die, denen die Voraussetzungen zur aktiven Bewältigung fehlen, könnten daran teilhaben, wenn sie dazu Gelegenheit hätten. Doch sie bleiben nur in Kneipen hängen, wo sie sich zerstören. Sie sind durch ungenügenden Freiraum eingezwängt, und gerade weil sie ungenügende eigene Fähigkeiten haben, sich einen offeneren Freiraum zu schaffen, muß man ihnen die Möglichkeit dazu geben, muß ihnen die Hand reichen. Sie sind jung und ihre größte Stärke sollte es sein, eine Zukunft vor sich zu haben. Aber gerade die Zukunft macht ihnen die Gesellschaft streitig. Sie verhält sich zu ihnen, als würde sie sie von vornherein abschreiben, und das ist das größte Unrecht, das man ihnen antut. Die Gesellschaft treibt sie in die Enge nicht nur dadurch, wie sie selbst organisiert ist, sondern sie treibt sie geschwächt dorthin, weil sie ihnen nicht erlaubt, auf die ihnen eigene Art zu leben. Und dabei bedroht ihre Art Leben die Gesellschaft überhaupt nicht, deshalb ist es unsinnig, sie mit Gewalt irgendwo hineinzwängen zu wollen.«

»Man wirft ihnen immer vor, daß sie ungebildet sind und Bildung verachten.«

»Sie sehnen sich nach Bildung! Aber außer der Tatsache, daß sie nicht in höhere Schulen aufgenommen werden, steckt in ihnen ein starkes Mißtrauen gegen die offizielle Bildung. Und die Möglichkeit zur Selbstbildung suchen sie dann bei denen, die ihnen helfen.«

»Und wenn es zu einer Lockerung der Verhältnisse käme?«

»Ließe man ihnen ausreichende Freiheit, würden sie nicht der Kriminalität verfallen, wie man allgemein zur Abschreckung der Bürger behauptet, und eine große Anzahl von ihnen wäre zumindest imstande, sich um ein menschliches Konzept der Gesellschaft im positiven Sinne des Wortes zu bemühen.«

»Wäre der Underground überhaupt entstanden, wenn unsere Gesellschaftsform freier wäre?«

»Es ist ein inneres Bedürfnis, es ist keine Abgrenzung gegen den Druck, es ist eine Notwendigkeit, die Gemeinschaft auch ungeachtet des Druckes zu realisieren. Einen Vorteil hat dieser Druck – er macht die Hierarchie der Werte deutlicher. Wenn der Mensch nicht alles haben kann, so läßt er sich Zeit dafür, sich auszuwählen, was für sein Leben das Wichtigste ist.«

»Sie meinen also, daß der Underground nicht gesellschaftlich, sozial motiviert ist?«

»Vom psychologischen Standpunkt aus ist es ein unleugbares Faktum, daß sich die Persönlichkeit nur in der Beziehung zu anderen entwickeln kann. Das hier sind junge Leute, die von Kindheit an anstelle einer natürlichen Entwicklung die Erfahrung der Manipulation durchlaufen. In der Krippe, im Kindergarten, im Lehrverhältnis wird über sie entschieden. Häufig nehmen sie die Welt nur als äußere institutionelle Strukturen wahr, die sie zu einer Form bearbeiten, in der sie sich nicht wiederfinden. Diese Erfahrung ist ihnen gemeinsam, und eine liebevolle Gemeinschaft ist ihr berechtigter Anspruch. Deshalb suchen sie einander und schaffen sich ihre Gemeinschaft.

Sie sind anspruchslos. Alles, was sie haben, stellen sie anderen zur Verfügung, sie handeln nie zum Nachteil des anderen, der Besitz spielt bei ihnen keine Rolle. Meist haben sie eine gute Beziehung zu Kindern. Opferfreudig solidarisieren sie sich mit betroffenen Leuten. Wenn jemand keine Unterkunft hat, nehmen sie ihn bei sich auf. Bekleidung für den Säugling wandert von Familie zu Familie, sie helfen einander ohne jedes Gefühl von Wohltätigkeit: Ich habe das, was du brauchst, ich brauche es gerade nicht, also nimm es. Wenn jemandem die Hosen kaputtgehen und ein anderer hat noch ein Paar, gibt er sie her. Und aus dem gleichen Grund brauchen sie zum Beispiel Musik: durch sie teilen sie mit anderen ihre Freude und ihre Angst. So werden Nester geschaffen, die dann die Machthaber liquidieren wollen. Und diese jungen Menschen sind unfähig der Gewalt, es graut ihnen vor Machtmitteln und selbst vor Machtpositionen. Die terroristische Mentalität liegt ihnen absolut fern. Fast schaudert es mich manchmal, mit welchem Fatalismus sie Willkür annehmen. Sie glauben, wenn sie anders sind, müssen sie es eben ausbaden.«

»Es ist vielmehr ein Sichentziehen. Aber sondern sie sich da nicht in eine Sekte ab?«

»Überhaupt nicht! Auf keinen Fall! Eine Sekte ist eine Institution, die feste Regeln hat. Hier geht es um eine offene Gemeinschaft von Menschen, die einen Weg für sich und den anderen suchen.«

»Ihre Erläuterungen sind aufregend, bestechend... meine Skepsis aber sagt mir, ob Sie in Ihrer Güte und Liebenswürdigkeit die jungen Leute nicht idealisieren...«

»Ich habe sie gern.«

»Kann diese Lebensmöglichkeit vielleicht eine neue Gesellschaftsform werden?«

»Wenn die Welt eine Chance haben soll, sich nicht in eine Vernichtungskatastrophe zu stürzen, dann ist dieser Gesinnungswandel die unmittelbare Bedingung des biologischen Überlebens. Die Welt muß die Sozialisierung vom totalitären System zur Gesellschaft liebevoller Ordnung durchmachen, in der die Menschen sich ihrer Abhängigkeit voneinander bewußt sind und zugleich die Gewißheit haben, als Individuen nicht zerstört zu werden, weil sie diese Gesellschaft freiwillig annehmen. Diese neue Gesinnung bietet eine Umwandlung an, die es der Menschheit ermöglichen würde, sich zu erhalten, ohne gegeneinander Werkzeuge einzusetzen, die sie selbst geschaffen und mit denen sie ihre Beziehung zur Welt instrumentalisiert hat, und zwar einschließlich der menschlichen Beziehungen. Denn der Mensch wurde auch nur durch das Werkzeug zum Menschen, sei es nun durch die Beherrschung des Werkzeugs oder dadurch, daß er zur Arbeitskraft wurde.«

»Gleiche Gedanken irren durch die ganze Welt. Meinen Sie nicht auch, daß wir uns in einer Situation befinden, die dem Beginn des Christentums ähnelt?«

»Eigentlich ja. Das Christentum hat auch die Sklaverei überwunden. Wir haben uns aus Hochmut versklavt und suchen nun eine Möglichkeit, uns zu befreien. Ich glaube nicht an einen Umsturz. Die Veränderung muß in der Gesinnung vor sich gehen, von Mensch zu Mensch. Die Welt muß der Herrschsucht entsagen, will sie sich retten ...«

»Es gibt aber Länder, in denen man atmen kann.«

»Mir scheint, als verliefen die Grenzen nicht zwischen Ländern und Staaten, sondern in der Gesinnung der Menschen. Und daß ich – wohin auch immer ich käme – überall Wesen fände, mit denen ich mich verstehen würde. Es gibt allerdings unterschiedliche Systeme. Dem Menschen muß daran liegen, daß das System nicht die schlechten, sondern die guten Seiten herausfordert.«

»Auch andere Menschen suchen und bemühen sich um eine natürliche und sinnvolle Lebensweise und beziehen das nicht in den Glauben an Gott ein. Was gibt Ihnen der Glaube, Frau Dana?«

»Wenn Sie mich fragen würden, wo mein Glaube herrührt, könnte ich Ihnen das schwer erklären. Er ist ein Geschenk. Gott ist für mich die Liebe. Davon hängt auch mein ganzer Glaube an die Menschen ab und an alles, worum ich mich bemühe.«

»Wenn ich sagen sollte, was ich in den Begriff Gott hineinlege, würde ich sagen, es ist die Moral.«

»Gott ist für mich keine Autorität, es ist nicht der Gott des

Alten Testaments. Gott bedeutet für mich den neutestamentarischen freudigen Zustand.«

»Aber im Neuen Testament wurde Gottes Sohn gekreuzigt.«

»Diese Vernichtung ist eminent menschlich! Das ist so eine Modell-Situation, die keine Ideologie werden kann, sie ist das Leben selbst!«

»Und wenn es dazu käme, wie Er höchste Rechenschaft abzulegen?«

»So etwas kann man nicht im voraus sagen, das wäre Vermessenheit. Die Dinge haben, wie sie sich ereignen, ihre eigene Logik, und möglicherweise würde man es fertigbringen, dem nicht auszuweichen, vielleicht aber doch. Man muß auch mit der eigenen Schwäche rechnen. Ich sagte es schon – ich mag keine Opfer. Wenn es dazu käme, würde ich es entweder als Selbstverständlichkeit ansehen, die mir zugefallen ist und die ich akzeptiert habe... aber so schlimm ist es ja noch nicht.«

»Frau Dana, sind Sie glücklich?«

»Das ist allerdings eine impertinente Frage... – ich antworte Ihnen mit dem Satz, den Osip Mandelstam seiner Frau sagte: ›Und warum sollten wir glücklich sein?‹«

Ostern 1980

Marta Kubišová: »Sobald man sich krampfhaft an etwas klammert, mißlingt es meist«

Die Nüchternheit der Tschechen ist immer mit etwas Sentimentalität verbunden, der wir in Böhmen viele Melodien und Lieder zu verdanken haben. So auch unsere Nationalhymne und Martas ›Gebet‹[1] aus dem Jahre 1968. Das tschechische Volksbewußtsein machte Marta Kubišová wegen dieses Liedes zum Symbol. Ein Symbol, dem erst die Charta 77, deren Sprecherin Marta war, zur entsprechenden Verbreitung verholfen hat.

Ich war dabei, als Marta ihr Lied nach der Invasion für die Fernsehsendung ›Wir sind mit Euch, seid ihr mit uns!‹ aufnahm, eine Parole, mit der das Volk vergeblich seine politischen Repräsentanten zur Verantwortung aufrief. Marta und Valdimír Škutina[2] und mein Mann wurden mit dem Kran, von dem aus gerade der Turm des St. Veits-Domes repariert wurde, hoch über den dritten Burghof befördert, der Kameramann drehte während der Fahrt und hatte angeordnet, daß Marta am oberen Rand des Fahrkorbs steht und mit ihrem Lied am Himmel Prags aufsteigt. Vladimír Škutina scherzte gutmütig darüber, und mein Mann erlitt der Sängerin wegen in dieser Höhe Schwindelanfälle. »Hatten Sie da keine Angst?« fragten wir sie, noch in der gemütlichen Atmosphäre der Vikárka Weinstube schaudernd. »Ich sehe schlecht«, sagte sie, »ohne Brille konnte ich gar nicht bis in die Tiefe

[1] Mit ihrem Lied »Gebet« drückte Marta Kubišová nach dem August 1968 alle Verzweiflung der Tschechen und Slowaken aus.

[2] Vladimír Škutina, Satiriker, im Jahr 1968 vielleicht der populärste Fernsehjournalist in Prag. Nach 1968 über fünf Jahre in Haft. Lebt jetzt in Zürich im Exil.

sehen.« Aus ihrer Antwort ist mir bis heute im Gedächtnis geblieben, daß außergewöhnliche Taten oft unbeabsichtigt entstehen.
Das letzte Mal hörten wir Martas Lied im ausländischen Rundfunk zum zehnten Jahrestag der russischen Invasion. Es war abends, schon dunkel, vom Bezirk schickte man Miliz zu den Gebäuden der Landwirtschaftlichen Einheitsgenossenschaft. Wir machten einen Spaziergang, das Dorf war still wie sonst, der Fluß unter der Brücke floß gleichmütig dahin, kein Hund bellte, nur die brennenden Zigaretten der Wachen vor dem Kuhstall glühten bisweilen auf. Martas Stimme hallte von der niedrigen Decke unserer Hütte wider, ein Häuschen, das vor mehr als hundert Jahren als Schutzhütte für den Gemeindehirten auf einer Anhöhe gebaut worden war. Das Lied wirkte immer noch stark, dennoch wurde mir bewußt – das liegt hinter uns, ist weit weg, wir befinden uns anderswo, von Erinnerungen kann man nicht leben.
Als ich Marta wiedertraf, war sie eine völlig normale junge Frau. Sie und ihr Mann Jan Moravec zeigten mir eine wunderschöne, neun Monate alte Tochter, ein Prachtkind, das seine ersten acht Zähne hat und die Welt zufrieden aus der Bauchlage betrachtet. Papa und Mama suchen verstohlen in ihrem Gesichtchen nach Ähnlichkeiten. Zu dem Haushalt gehören noch zwei Königspudel, der weiße ist ein Schmuser, und der schwarze hört nichts mehr. Eine vornehme Perserkatze schleppte gerade ihren Bauch über den Boden, sie erwartet Junge. Es war höchst erfreulich zu beobachten, wie die glückliche Marta Kubišová ihren vielleicht schönsten Lebensabschnitt durchlebt, indem sie endlich in ihrem Heim eine eigene Familie um sich versammelt.

»Ist es rücksichtslos, Marta, Sie zu fragen, wie es gekommen ist, daß Sie, ein Star der Pop-Musik, schon Jahre nicht mehr auftreten dürfen? Dennoch würde ich gern hören, wie Sie sich diesen Umschwung erklären. Zehn Jahre sind eine lange Zeit, und möglicherweise haben Sie selbst das Bedürfnis, sich damit öffentlich auseinanderzusetzen. Ich beginne einmal so: Waren Sie damals, als Sie auf dem Gipfel des Ruhms standen, völlig zufrieden?«

»Während meiner Karriere als Sängerin wurde ich oft gefragt, ob mich meine Erfolge voll befriedigen oder ob ich außer ihnen noch irgend welche, möglicherweise unerfüllbaren Wünsche habe. Es war eher eine nebelhafte Vorstellung, wie ich mir damals die Entwicklung meines Lebens für die nächste Zukunft gewünscht hätte und man konnte darüber mit den Journalisten nicht unverbindlich plaudern. Das erforderte eher eine Tat – nur, woher sollte ich einen liebenden Mann und mindestens drei Kinder nehmen? Woher ein Haus nehmen, das ich nicht dauernd verlassen muß, um nur für ein paar Tage oder gar Stunden zurückkehren zu können? Wie sollte ich es schaffen, Herr meiner Zeit und meines Tuns zu sein, ohne nicht dabei meine beiden Kollegen von der zu diesem Zeitpunkt am gefragtesten und bestverdienendsten Gruppe *Golden Kids* in ihrer Existenz zu gefährden?«

»Der Erfolg allein hat Sie also nicht völlig befriedigen können?«

»Die Erfolge freuten mich zwar, aber bei weitem nicht alle und nicht so, wie man annehmen würde. Erfolge stellen sich überhaupt in anderer Form ein, als in der, um die wir uns bemühen.«

»Wenn ich Erfolg sage, meine ich nicht nur das Äußere der Popularität. Sie wurden nicht nur als hervorragende Sängerin berühmt, das Publikum liebte Sie auch wegen des tieferen Sinns, den Sie Ihren Liedern zu geben vermochten.«

»Eine Befriedigung über meine Arbeit stellte sich bei mir so außergewöhnlich selten ein, daß ich das noch heute an den

Fingern einer Hand aufzählen könnte. Ich war die Sklavin meines Berufs. Gefangen von der Unsicherheit, daß ich dem Publikum etwas schuldig geblieben war und beim nächsten Mal eine bestimmte Passage anders singen würde, brachte ich es sozusagen nicht fertig, mich von der Freude emporheben zu lassen. Ich hatte Angst, die Stimme könnte mir auf der Bühne versagen oder das Gedächtnis, und vermeintliche Fehler sang ich mir oft die ganze Nacht vor. Mein Verantwortungsgefühl erlaubte mir nicht die geringste Abweichung vom eingefahrenen und einförmigen Leben, um das mich nur Uneingeweihte beneiden konnten, denn ich selbst begann seiner überdrüssig zu werden.«

»Und da die Dinge nicht so gelegen daherkommen, wie wir sie uns wünschen und wie wir sie brauchen ...«

»Ja. In dieser Zeit ›verstrickte‹ ich mich gesellschaftlich mehr, das heißt ich zeigte mich in der gleichen Herrenbegleitung an einigen Abenden in stark frequentierten Restaurants. Es folgte eine ›Liebeserklärung‹, indem jemand in meine Fensterscheiben schoß. Die Presse trat den Zwischenfall breit, wobei sie die Initialen des Täters, von mir aber, dem Opfer, den vollen Namen brachte. Ein halbes Jahr später heiratete ich aus Angst vor der öffentlichen Meinung und unter dem Druck ständig drohender Skandale. Es ist wahr, dies wich etwas von meinen eigentlichen Absichten ab, nichtsdestoweniger war der erste Schritt zur Selbständigkeit getan. Mir verblieb, dem neuen Leben auch die Arbeit unterzuordnen – ich wollte die Konzerte wesentlich einschränken und mich vor allem der Arbeit im Studio widmen.«

»Nur begann man jetzt aus ganz anderer Richtung, Ihnen Ihre Sünden aufzuzählen: Ihr Auftreten im Sommer und Herbst 1968, ein Besuch bei Alexander Dubček, Teilnahme im TV-Programm ›Wir sind mit euch, seid ihr mit uns!‹ ...«

»Meinen kühnen Plänen setzte die Episode mit den pornografischen Fotos den Schlußstrich.«
»Es ist schwer, sich die Ungeheuerlichkeit vorzustellen, daß man einen anständigen Menschen, der noch dazu Verantwortung vor der Öffentlichkeit in sich verspürt, durch einen künstlich konstruierten Skandal in die Knie zwingen will.«
»Erst einmal schien die ganze Affaire unglücklich gewählt und sollte wohl die Antwort auf meine öffentliche Tätigkeit im Jahre 1968 sein. Nach und nach erging es mir so wie Herakles in seinem Kampf mit dem Drachen; kaum hatte ich ihm einen Kopf abgehackt, wuchsen zwei neue nach. Schicksalhafte Umrisse nahm sie durch den neu eingesetzten Direktor von Pragokoncert an. Auftrittsverbot bis zur Untersuchung der ganzen Angelegenheit – das hatte es hier noch nie gegeben!«
»Wie haben Sie auf diese Schweinerei reagiert?«
»Ich stellte fest, daß die Fotos, mit denen man nicht nur bei Pragokoncert, sondern auch im Rundfunk und an anderen kompetenten Stellen um sich warf, aus einer dänischen Pornoserie stammten. Es gelang mir, sie ausfindig zu machen und käuflich von einem leidenschaftlichen Sammler aus Pilsen zu erwerben für den Fall einer Gerichtsverhandlung. Der Betrug war evident durch den bloßen Vergleich des Mädchens aus der Serie mit mir, das nachzuweisen wäre eine Angelegenheit von fünf Minuten gewesen...«
»Ihnen wurde aber sicherlich eine ganz andere Möglichkeit angeboten, wie Sie aus diesem Skandal herauskommen könnten.«
»Einige Journalisten bestellten mich zu Gesprächen. Sie begannen und endeten immer gleich: es wäre doch am vernünftigsten, eine Erklärung oder einen Aufruf an die Jugend zu unterschreiben, in dem ich neben einer Gewissenserforschung auch meine bisherige sängerische Tätigkeit einer Ana-

lyse unterwerfe und gegebenenfalls der sogenannten neuen Führung meine Unterstützung zusichere.«

»Man wundert sich manchmal, daß sich diese Leute nicht schämen, wie durchschaubar sie taktieren.«

»Es ging dabei überhaupt nicht um diese Fotografien. Es war reine Manipulation, ein Druck von zwei Seiten. Den einen Stoß fing ich durch eine ordnungsgemäße gerichtliche Klage gegen Unbekannt ab, und gegen den mir bekannten Direktor von Pragokoncert klagte ich auf Ehrverletzung. Bei dem zweiten Stoß habe ich mir damit geholfen, daß ich mir sagte, Malheure klären sich stufenweise, das heißt, in der Reihenfolge, in der sie entstanden sind. Was würde das Volk von einer Sängerin halten, die, vom Geheimnis eines unaufgeklärten Skandals umwittert, sich in den Zeitungen mit Politik herumschlägt? Alle würden doch glauben, daß ich das anscheinend nötig habe und deshalb tatsächlich etwas Unlauteres begangen habe.«

»Sie haben sich erfolgreich gewehrt – und gleich danach war es mit dem Singen vorbei. Marta, hat Ihnen damals, auch von den anständigen Leuten, niemand gesagt, daß Sie lieber einen Ausweg hätten suchen sollen, um weiter für das Publikum singen zu können?«

»Eine Frau sagte mir damals, auch wenn Sie etwas unterschrieben hätten, uns hätte das nichts ausgemacht, wir wollen Ihre Stimme hören. Sie hätte keinen Klang mehr, sagte ich, mir würde das Selbstbewußtsein zum Singen fehlen. Wenn man in der Öffentlichkeit arbeitet, muß man genau wissen, was man sich noch zumuten kann.«

»Wie empfanden Sie das Vorgehen gegen Sie als Künstlerin?«

»Ich habe Ihnen schon mein überspitztes Verantwortungsgefühl mit allen seinen Ängsten und anderen unliebsamen Gefühlen geschildert. Dank seiner habe ich mich an das

Leben gewöhnt. Ich hatte eigentlich immer Angst vor einem Absturz, und als es schließlich dazu kam, gestand ich mir die Nachteile nicht ein. Ich registrierte dabei nichts unerwartetes, im Gegenteil, ich war erleichtert.«

»Offenbar sind Sie eine Natur, die nicht durch das Fenster nach dem Glück Ausschau hält.«

»Wissen Sie, das Glück war mir immer ungeheuer verdächtig. Es machte mich nervös. Ich rechnete dann immer mit dem Schlimmsten. Und damals war es wirklich so. Die erste Gerichtsverhandlung, an der ich persönlich teilnehmen konnte, fand fünfzehn Monate nach der ersten Anklage statt. Der Direktor von Pragokoncert, Dr. Hrabal, plötzlich ›war und ist nicht der Meinung, daß auf den Fotografien Marta Kubišová abgebildet ist‹. Doch fünfzehn Monate genügten, um alle Kontakte abreißen und Verträge ablaufen zu lassen oder gar mutwillig zu lösen und die Honorare zurückzuhalten. Von all dem fiel vor Gericht nicht ein Wort. Warum auch, ich war für sie ›definitiv erledigt‹. Existenziell, physisch und psychisch. Zur Gerichtsverhandlung kehrte ich nach dreimonatigem Krankenhausaufenthalt ins Leben zurück. Zweimal überlebte ich den klinischen Tod. Ohne Ende beweinte ich mein totes Kind. Eine barmherzige Gleichgültigkeit schützte den erschöpften Körper. Die Ereignisse drangen zu mir wie durch eine Glaswand hindurch. Überdies gewöhnte ich mich daran, alles fatalistisch zu betrachten, so, als sollte ich eigentlich gar nicht mehr hier auf der Welt sein. Und damit der ›bittere Kelch‹ bis zur Neige geleert werde, folgte auf den Verlust des Kindes und den Verlust des Berufes die Scheidung.«

»Also eine Lebenskrise.«

»Ich wollte damals nicht mehr unter Leute gehen, obgleich alle rücksichtsvoll zu mir waren. Für eine Wendung zum Guten hielt ich es, daß es mir gelang, Heimarbeit zu bekommen – das Kleben von Igelith-Säckchen für die Genossenschaft *Směr*[1]. Da ich immer noch ein eigenes Auto hatte, war ich nicht von der firmeneigenen Verteilung abhängig und holte und brachte das Material, wie es erforderlich war. Für eine Frau verdiente ich relativ anständig – 1600 bis 1800 Kronen netto monatlich.«

»Gegenüber Ihren Einnahmen als Sängerin war das aber ein schwerer Rückschritt.«

»Die hohen Einnahmen zuvor waren eher fiktiv, sie reichten gerade, um die Ausgaben für Garderobe, Schminksachen, Taxen und andere Unerläßlichkeiten dieses Berufs zu decken. Aber natürlich, wäre nicht die allseitige und damit auch finanzielle Hilfe meiner Mutter gewesen, hätte die Situation für mich oft nicht gerade rosig ausgesehen.«

»Und wie sind Sie innerlich mit der Stellung einer Heimarbeiterin fertig geworden, Marta?«

»Es erscheint mir nicht so wesentlich, wie man sich ernährt, die Hauptsache ist, man tut es auf ehrliche Weise. Ich bin zu der Überzeugung gekommen, daß man sich an nichts klammern darf. Sobald man sich krampfhaft an etwas klammert, mißlingt es meist. Und erstaunlicherweise gelingt einem dann etwas ganz anderes.«

»Also ließ man Sie endlich in Ruhe?«

»Es war mir vergönnt, etwas länger als ein Jahr verhältnismäßig ruhig zu leben. Dann aber schockte mich die Mitteilung, daß man bei der Firma für mich keine Arbeit mehr hätte und weiterhin nicht haben würde. Die panische Angst vor möglicher polizeilicher Verfolgung wegen Parasitentums[2] und

[1] *Směr*, deutsch: *Richtung*, einer von den unzähligen genossenschaftlichen Kleinbetrieben.

[2] Jeder, der in der ČSSR nicht einer Beschäftigung nachgeht und im Personalausweis nicht den Stempel seines Arbeitgebers vorweisen kann, gilt als Parasit.

dringende existenzielle Probleme ließen mir nicht viel Zeit, eine neue Beschäftigung zu suchen. Ich hatte aber Glück. Man nahm sich meiner beim Aufbaureferat der Hauptstadt Prag an. Ich wurde als Sekretärin angestellt, obgleich ich nie zuvor eine ähnliche Arbeit gemacht hatte. Nach dem Abitur brachte ich es zwar in der Poděbrader Glashütte von einer ungelernten Arbeiterin bis zur Normenkontrolleurin, doch war das keine solche Stellung wie die einer Sekretärin in einer Abteilung der städtischen Verwaltung.«

»Wie kamen Sie nach dem Abitur als Arbeiterin in die Poděbrader Glashütte?«

»In meinen Sweet Teens kam ich durch einen merkwürdigen Zufall zur Arbeit einer Normenkontrolleurin. Aus meinem Abiturjahrgang meldeten sich von uns mehr an die Hochschule, und statt die Anmeldungen zu den Zulassungsgesprächen auszufüllen, empfahl man uns eine einjährige manuelle Arbeit. Sie sollte angeblich der zuverlässigste Weg zum weiteren Studium sein. Auch wenn ich das nicht ganz verstand, meldete ich mich, denn in den sechziger Jahren kam es auf ein Jahr mehr oder weniger nicht an. So stürzte ich mich mit einigen Mitschülerinnen in die Arbeit bei dem einzigen örtlichen Betrieb, der Glashütte.«

»Wie ging es weiter?«

»Nach einem Jahr füllte ich regulär die Anmeldung für die Hochschule aus, und der Betriebsausschuß der Gewerkschaft sollte sie mit der entsprechenden Empfehlung versehen. Das Verdikt lautete: Verschieben, vielleicht das nächste Mal, vorläufig hat die Arbeiterklasse kein Vertrauen.«

»Und woher kam dieses Mißtrauen?«

»Keineswegs von fehlender Arbeitsamkeit meinerseits, ich habe mich bei der Arbeit sehr bemüht! Es kam durch meine Herkunft. Ich stamme aus einer Arztfamilie. Ich machte einen Kurs als Normenkontrolleurin und blieb so drei Jahre in der Glashütte hängen – doch genoß ich während dieser Zeit nie das Vertrauen der Arbeiterklasse.«

»Damals begannen Sie zu singen?«

»Ich sang mit Amateuren, es war mein Hobby. Als ich nicht an die Hochschule durfte, beteiligte ich mich an einem Wettbewerb und wurde am Stop-Theater in Pardubice aufgenommen. Von dort kam ich nach Pilsen und dann nach Prag.«

»Aber Marta! Wie kam es, daß man im Aufbaureferat in Prag zu Ihnen so entgegenkommend war, wenn man Sie vorher mit Ihrer Heimarbeit aus der Genossenschaft *Směr* hinausgeworfen hatte?«

»Mein Erstaunen nahm kein Ende! Am meisten wunderte ich mich, daß gerade die Beurteilung aus der Poděbrader Glashütte den Entschluß der Städtischen Behörden, mich nach Ablauf der Probezeit beim Aufbaureferat nicht weiterarbeiten zu lassen, aufhob.«

»Also setzt sich doch manchmal das Gute gegen das Böse durch.«

»An meinen Arbeitsplatz beim Aufbaureferat kann ich nicht anders als liebevoll zurückdenken. Ich war dort von lauter lieben Leuten umgeben. Nach fünfzehn Monaten wurde ich zur ›Bestarbeiterin‹ erklärt. Aber den Titel verlieh man mir nicht aus patriotischer Begeisterung, die leitenden Herren zerstreuten meine Befürchtungen und versicherten mir bei der Übergabe der Auszeichnung, daß ich ausschließlich für meine Arbeitsleistungen bewertet wurde. Ich war die einzige kinderlose Sekretärin dort, die übrigen mußten immer mal von Zeit zu Zeit bei ihren Kindern zu Hause bleiben. Zusammen mit meinen wachsenden Befugnissen und den sich daraus ergebenden Pflichten erhöhte sich auch mein Gehalt. Die Mitarbeiterinnen sagten oft im Spaß zu mir: ›In ein paar Jahren bringen Sie es noch zum Stellvertreter.‹«

»Doch Sie gingen weg von dort.«

»Der Grund des Weggangs war meine zweite Heirat. Sonst wäre ich gerne geblieben.«
»Erlauben Sie mir hier eine skeptische Bemerkung: Sicherlich hätte sich dann doch der Wille der Städtischen Behörden durchgesetzt, als Sie die Charta 77 unterschrieben und ihre Sprecherin wurden! Marta, arbeiten Sie zur Zeit an etwas? Eine Schallplatte von Ihnen ist in Schweden herausgekommen.«
»Das ist schon zwei Jahre her. Ich wollte Volkslieder ausprobieren, ich habe sie mit Jaroslav Hutka[1] aufgenommen. Jetzt singe ich für meine kleine Kateřinka.«
»Kateřinka wurde im vergangenen Sommer geboren. Sie sehen, trotz allem sind Sie Ihrem Glück nicht entronnen.«
»In Gedanken habe ich mich ständig mit dem Kind befaßt. Wie konnte mir das damals überhaupt geschehen? Ich erfreute mich absoluter Gesundheit, also woher kamen so viel unglückliche Zufälle, die im siebenten Monat der Schwangerschaft das Austragen des Kindes und seine, wenn auch vorzeitige, glückliche Geburt verhinderten? Das unerwartete physische Versagen, den Verrat meines eigenen Körpers konnte mir niemand erklären. Der Gynäkologe empfahl mir, mich in die Häuslichkeit zurückzuziehen. Er sagte mir: ›So abgehetzt würde nicht einmal eine Katze schwanger.‹ Ich habe ganze achteinhalb Jahre auf Kateřinka gewartet.«
»Kateřinka ist aber auch der Haupttreffer in Ihrem Leben.«
»Ja, mit Kateřinka habe ich alles zurückgewonnen. Die größte Karriere ist nicht mit einem Kind zu vergleichen. Kateřinka ist ohne Zweifel der größte Erfolg meines Lebens.«
»Ihrer Kateřinka ging aber die Charta voraus. Ich erinnere mich sehr lebhaft an den Augenblick, als Sie und Ladislav

[1] Jaroslav Hutka, Poet und Sänger, lebt jetzt im Exil in Rotterdam.

Hejdánek nach dem Tod von Professor Patočka[1] zu Sprechern gewählt wurden. Es war sympathisch, daß man diese ungewöhnliche Wahl traf. Möglicherweise haben gerade Sie als Sprecherin der Charta viele junge Menschen gewonnen. Sagen Sie mir, wie haben Sie selbst Ihren Beitritt zur Charta erlebt?«

»Bis zur Unterzeichnung der Charta habe ich konsequent und absichtlich alles innenpolitische Geschehen ignoriert. Bürger-Petitionen habe ich grundsätzlich nicht unterschrieben. Ich litt unter der Angst, daß meine Unterschrift mißverstanden werden könnte. Die ›Charta 77‹ habe ich spontan unterschrieben. Ich hatte dabei das Gefühl, daß nach Jahren ›der Morgen zum Singen anbricht‹.«

»Als Sprecherin der Charta haben Sie bestimmt mehr Gelegenheit zu polemisieren als zu singen.«

»Die Sicherheitsorgane garantierten mir rechtzeitig, daß ich ›hier nie mehr ein Lied anstimmen würde‹, und so war ich ihnen in gewissem Sinne zumindest für diese Gewißheit und präzise Erledigung meines Falles dankbar. Unmittelbar nach der Übernahme der Funktion als Sprecherin der Charta 77 wurde ich einem zwölfstündigen Verhör unterzogen. Man fragte mich nach meinen Motiven für die Unterschrift unter das Manifest der Charta. Und damals habe ich herausgefühlt, daß nicht einmal der Staatssicherheitsdienst imstande ist, das Vorgehen und die Methoden zu vertreten, die in den Jahren 1969–1970 gegen mich angewendet wurden. Aber das betraf ja keineswegs nur mich! Erst nach der Veröffentlichung der Charta begann ich erstaunliche und weniger erstaunliche Schicksale kennenzulernen, die allerdings durchwegs eines gemeinsam hatten – Existenzgefährdung und Berufsverlust!«

[1] Dr. Ladislav Hejdánek, Prof. Dr. Jan Patočka, beide Philosophen, wesentlich an der Charta 77 beteiligt. Prof. Dr. Patočka starb 1977.

»Was hat Ihnen die Arbeit in der Charta gegeben?«
»Die Charta bedeutete für mich so manche Begegnung mit Menschen, mit denen ich in meiner Sänger-Karriere kaum jemals zusammengetroffen wäre. Mit Menschen, die das ganze Volk weiterhin achtet. Ich hatte beinahe Lampenfieber, als ich zum erstenmal vor so viele Menschen trat. Ich hatte Angst, nicht fähig zu sein, eine gemeinsame Sprache zu finden. In den letzten zehn Jahren verzeichnete ich tiefe Lücken im eigenen Wissen. Mein Beruf verlangte kurzerhand den Tribut, die Zeit für Lektüre und fundierte Bildung zu beschränken. Inzwischen sind mir alle diese Zusammenkünfte gerade wegen ihrer Ungezwungenheit, als die schönsten Augenblicke meines Lebens im Gedächtnis geblieben. Die Charta vermittelte mir auch einen gründlichen Einblick unter die Oberfläche des öffentlichen Geschehens, durch die Literatur oder durch die Veröffentlichung von Unrecht. Dies brachte mich zu der scheinbar schizoiden Feststellung, daß man auf der Welt immerzu ›für die Unschuld büßen‹ kann. Im Falle von Václav Havel, meinem langjährigen und nahen Freund, kann ich mich mit dieser Tatsache nicht abfinden.«
»Marta, und die Politik stößt Sie nicht ab?«
»Die Politik kann man ignorieren, hassen, verachten oder im Gegenteil – sich als Bürger dafür engagieren. Ich glaube, in Helsinki forderte man die Weltöffentlichkeit gerade zum Bürgerengagement auf. Übrigens sind die durchschnittlich sechzig Jahre des menschlichen Lebens eine zu kurze Zeitspanne, als daß sich der Mensch erlauben könnte, untätig zuzusehen, wie andere sein Schicksal manipulieren.«
»Ich kenne eine Menge Leute, die sich ihrer Haltung als apolitische Neutrale rühmen. Das ist in ihrer Art eine vorteilhafte und bequeme Pose. Die Politik von vornherein als etwas Unzugängliches, hoffnungslos Unübersichtliches zu bezeichnen, entbindet einen solchen Menschen scheinbar von

dem Gefühl der Mitverantwortung. Politik machen jedoch die Politiker nicht für sich selbst, sie betrifft uns alle. Sie übt deshalb auch auf den apolitischen Neutralen ihre gesetzmäßige Wirkung aus. Mit reinem Gewissen kann ich dann zu seinem Fall nur hinzusetzen: ›Waren Sie stumm, taub, blind? Dann heulen Sie jetzt nicht!‹«

»Was für eine Vorstellung von Bürger-Aktivitäten haben Sie?«

»Ich bin nicht wie jener Ire, der, kaum war er an fremden Ufern dem Meer entstiegen, sagte: ›Habt ihr hier eine Regierung? Dann bin ich gegen sie!‹ Nur meine ich, daß es auf der Welt besser aussähe, wenn die Menschen sich besser kennenlernen würden. Die Grenzen durchlässig zu machen ist das einzige, was den Menschen nützen kann, nicht schaden. Und dann denke ich mir, daß die Übertragung der politischen Macht in weibliche Hände ein ausgesprochen glücklicher Einfall wäre. Frauen entscheiden weit umsichtiger, schon weil sie den Wert des Lebens besser kennen. Sie wissen, wieviel Schmerzen es kostet, wieviel mütterliche Energie nötig ist, ehe so ein kleines Menschenwesen auf eigenen Beinen steht. Ich begreife nicht, daß Diplomatie, Takt und der sogenannte Grundsatz von der Nichteinmischung in innere Angelegenheiten zum Beispiel die Geschehnisse in Kambodscha zulassen konnten. Wie konnte es geschehen, daß die Welt diesen Aufschrei so spät vernommen hat? Der Einzelne vermag natürlich nicht viel Einfluß auszuüben. Nur von der öffentlichen Weltmeinung wird es in Zukunft abhängen, ob ihre Überzeugungskraft ausreicht, die Katastrophe, den Tod und das Unrecht dort abzuwenden, wo die Politik das nicht verhüten kann.«

»Marta, was würden Sie sich jetzt am meisten wünschen?«

»Daß Sie mir einen ehrlichen Rat geben! Meine krankhafte Ängstlichkeit hat sich auf Einkäufe übertragen. Gestern habe

ich mir einen Rock gekauft, einen ziemlich teuren, und jetzt quäle ich mich damit, ob ich die richtige Größe genommen habe.«
Wir gingen den Rock probieren. Er saß.

April 1980

nicht als Feministinnen. Der Feminismus wurde übrigens aus unserer Gesellschaft mit Hilfe einer groben Verdrehung verbannt – die der Frau aufgezwungene Berufstätigkeit wurde zu einer neuen Form ihrer Versklavung. Wenn also die Frauen in der Tschechoslowakei etwas anstreben, dann ist es eher das Weiblich-Menschliche ohne Deformationen, und nicht die Karriere.

Dieses Buch zu schreiben hatte aber einen anderen Grund: Einige Ehefrauen der in den politischen Prozessen der letzten Zeit verurteilten Männer wollten gern öffentlich etwas sagen. Im Verlauf meiner Arbeit begann sich allerdings die ursprüngliche Absicht zu erweitern und verwandelte sich in eine Art Terrainerforschung. Aus Standpunkten, Erfahrungen und lebensalterbedingten Reaktionen meiner Gesprächspartnerinnen begann sich das Gesamtbild eines Phänomens abzuzeichnen, das mich fesselte.

Gewiß läßt sich einwenden, daß die Erforschung der Wirklichkeit zwangsläufig problematisch wird, wenn man sich ausschließlich auf Frauenstimmen konzentriert. Dieser Einwand kann jedoch auch zu meinen Gunsten umgekehrt werden: Daß bei mir nur Frauen zu Wort kamen, führte schließlich nicht zur Einseitigkeit, sondern zu größerer Genauigkeit. Eine Frau hat nämlich so wenig Sinn für das Abstrakte, daß ihr nicht droht, sich durch Begriffe oder Überlegungen von der Welt, wie sie tatsächlich ist, zu entfernen. Und indem mir meine Gesprächspartnerinnen von ihrem Leben erzählten, erzählten sie auch Wesentliches über unsere Welt.

Die Grenzen meines Terrains sind deutlich durch die Charta 77, durch die Zugehörigkeit meiner Gesprächspartnerinnen zu ihr und durch ihre Aktivitäten innerhalb der Charta abgesteckt. Doch muß man bedenken, daß die Charta nicht die einzige Initiative dieser Art ist, und außerdem ist es schwierig, diese Aktivitäten zu definieren. Beschriebe ich sie nur von außen her, würde ich über die Charta sicherlich kaum etwas aussagen. Die Charta entmystifiziert das Regime, hält ihm einen Spiegel vor, enttarnt seine Sprache, sein *Ptydepe*, wie es Václav Havel nennt. Aber dies alles tut die Charta eher nebenbei.

Das Wichtigste: In der Charta, in ihren Aktivitäten und ebenfalls in den mit der Charta verwandten Initiativen entsteht eine bisher nicht gekannte Verhaltens- und Denkweise, kurz und gut eine neue Wertorientierung. Es ist nicht ein Prozeß, in dem die Überreste der gestrigen Kulturen integriert werden, die ungeachtet der allgemeinen Wertdevastierung immer noch vorhanden sind. Es ist eine neue Kultur. Und die Charta 77, die kein Geheimbund ist, sondern eine öffentlich handelnde Gemeinschaft, zu der sich die Chartisten öffentlich durch ihre Unterschriften bekannten, macht auf all das, was erst entsteht, sich im prenatalen, noch nicht reflektierten Zustand befindet, aufmerksam: Auf die Welt, aber vor allem auf die Menschen bei uns, und auch auf uns selbst, die Unterzeichner der Charta.

Ich möchte nicht mein eigenes Buch interpretieren, das überlasse ich anderen. Nur eines will ich unbedingt sagen: Jene neue Wertorientierung, die sich in der Charta 77 konstituiert, ist gerade dadurch neu, daß sie ihren allerersten Ausdruck im praktischen Handeln findet. Es ist nicht nur eine natürliche und selbsterhaltende Reaktion auf die stumpfsinnige und unfruchtbare Verideologisierung, die uns würgt, sondern es ist vor allem die Suche nach einem Weg und der Rückkehr zu den Quellen des Lebens. Eine solche Wende ist nur dort denkbar, wo das Wort aus dem Leib, und der Leib aus dem Wort gerade entstehen, und wo das Handeln und seine

Reflektierung noch ungetrennt als organische Einheit existieren.

Das alles wird in Zukunft sicher noch analysiert, unter anderem auch deswegen, da die Ausstrahlung dieser Neuerung nicht auf die Tschechoslowakei und ihre Charta 77 begrenzt ist. Für heute scheint mir wichtiger, daß in der Reichweite jener Initiative die alten Definitionen ihre Gültigkeit verlieren. Es ist keineswegs so, daß hier abgestandene, ein wenig modernisierte Verhaltensmuster angesichts ihrer kritischen Lage vereint wurden, um zu retten, was noch zu retten ist. Nein. Die Bedrohung bezieht sich auf so grundlegende Dinge, daß in diese Gemeinschaft Menschen kommen, die früher ganz andere Positionen vertraten. Und das erscheint mir hoffnungsvoll: daß Menschen, die der ungeheure Druck der totalitären Macht zu einsamen Atomen verwandelt, und die in Verbannung und Isolation gedrängt werden sollen, sich wieder zusammenzuscharen beginnen.

Zum Abschluß möchte ich mich bei meinen Gesprächspartnerinnen bedanken. Wenn dieses Buch auch andere Dimensionen beinhaltet, als die unmittelbare politische Aktualität, so ist das vor allem ihr Verdienst.

Eva Kantůrková

Prag im April 1980